経済学

大瀧雅之

keiso shobo

はじめに

「本書は自分の力で経済学を理解すること，言い換えれば自分自身で経済学の地図を描けるようになること」，を目的とした経済学の入門書です．最近の受験勉強はパターン学習が人気のようですが，ここではそうではなく，「なぜそうなるのか」を理解すること重視しています．つまり条件反射のように，このパターンにはこの手法や理論をというハウツーではなく，なぜそれらが生み出されたのかという論理的必然性を理解することを大切にしています．

これには次のような狙いがあります．すなわちパターン学習では，相互の考え方なり理論なりがどういう具合に関連しているかを理解することが難しいと考えます．したがってそれでは経済学の構造を系統的に把握することが困難となる可能性が高いのです．経済学は社会科学の中では，最も論理的で系統だっている学問であると，私は思います．この最も優れた特性を活かしさらに深い学習に基づいた創造性を養うには，個別事項のパターン認識は明らかに不向きなのです．

理解するということは，暗記することではなく，学んだ内容を自分で復元できるようになることです．ですから本書を読むみなさんは，読み飛ばすのではなく，読んだ後自分で紙に書いて計算して，紹介された理論なり考え方なりを復習・復元してみてください．どんな学問でも，越えなくてはならない最低限のハードルがあります．このハードルを越えるには，ある一定の努力と集中力が必要です．簡単にあるいは楽に，この障害を越えることはできないのです．理解は投資であり，暗記は消費であることを，ぜひ本書から読み取ってください．

付言しますが，経済学は人間・社会を対象とする学問であることを忘れないでください．自分だけでなく他の人たちへの empathy のない経済学は，経済学とは言えないのではないでしょうか．数理言語の使用は，経済学の無機化あるいは似非自然科学化を目的としているわけではなく，表現の効率性の向上，

はじめに

言い換えれば論理のキレの良さのために用いられるべきものであると，私は考えます．ですから，経済学の考え方を学ぶときには，それがどういった現実の人間行動や社会現象と対応しているのかを，つねに意識することはとても大事です．

　最後に勁草書房の宮本詳三氏には，丁寧に原稿を読んでいただきかつ有用なコメントを多々賜ったことを，ここに深謝いたします．

2017 年 9 月 16 日

大瀧雅之

目　次

はじめに

第1章　本書のねらいと構成 ……………………………………………… *1*

1.1　物々交換経済と貨幣経済 ……………………………………… *2*
1.1.1　市場の働き　*2*
1.1.2　欲望の二重付合の困難と貨幣　*3*
1.1.3　貨幣はなぜ流通するか　*3*
1.1.4　価格の働きは物々交換経済と貨幣経済では異なる　*4*

1.2　市場の働きとゲーム理論 ……………………………………… *6*
1.2.1　ミクロ経済学の重要性　*6*
1.2.2　市場の働きとその限界　*7*
1.2.3　市場の失敗とは何か　*8*
1.2.4　ゲーム理論は市場の失敗を分析するツール　*9*

1.3　不確実性の経済学 ……………………………………………… *10*
1.3.1　不確実性・リスクとは何か　*10*
1.3.2　不確実性はなぜ市場の失敗の原因となるか　*11*
1.3.3　保険は不確実性による市場の失敗の解決策　*11*

1.4　社会的契約としての貨幣 ……………………………………… *12*
1.4.1　「信頼」は無限の経済価値を持つ　*12*
1.4.2　社会的契約は国の基礎をつくる　*13*
1.4.3　貨幣への信頼維持と経済政策の限界　*13*
1.4.4　インフレは貨幣経済の機能を麻痺させる　*14*

1.5　経済成長理論 …………………………………………………… *15*

iii

目 次

1.6 人間の認識の限界と歴史を学ぶ重要性を知る ················· 16

1.6.1 限定合理性とは *16*

1.6.2 限定合理性のもとでも秩序は形成される *17*

1.6.3 限定合理性と歴史を学ぶことの大切さ *17*

1.6.4 会社の姿はこの 30 年間で激変した *18*

1.7 数学の考え方を身に付けよう ···································· *18*

第Ⅰ部　ミクロ経済学

第**2**章　物々交換経済における市場の働き ················· *23*

2.1 功利主義の考え方：効用とは？ ································ *24*

2.2 個人の経済活動：生活と労働 ·································· *25*

2.3 企業の経済行動：得られた利潤はどこへ行くか ··········· *35*

2.4 価格はどうやって決まるか？ ·································· *39*

2.4.1 市場均衡の考え方 *39*

2.4.2 一般均衡という考え方：ワルラス法則とは何か？ *41*

2.4.3 市場はなぜ均衡するか：流通業の役割 *45*

2.5 理想状態の市場経済：「神の見えざる手」を証明する ······· *47*

2.5.1 パレート効率性（Pareto efficiency）をいう考え方 *47*

2.5.2 市場経済はそれ自体で素晴らしいか：
アダム・スミスの「見えざる手」を証明する *49*

2.5.3 厚生経済学第一基本定理の読み方：「見えざる手」の限界 *52*

第**3**章　ゲーム理論と市場の失敗 ······················· *55*

3.1 経済行為の外部性とゲーム理論 ······························ *56*

3.2 ゲーム理論の考え方 ··· *57*

3.2.1 プレーヤーの特定 *57*

3.2.2 戦略変数の特定 *57*

目　次

　　3.2.3　利得行列の特定　*57*

　　3.2.4　支配戦略（dominant strategy）の存在　*59*

　　3.2.5　ナッシュ均衡の求め方　*60*

　3.3　「手番」の重要性 ·· *61*

　　3.3.1　部分ゲームの完全性（subgame perfectness）という考え方　*62*

　　3.3.2　部分ゲームの完全性によって逐次手番のゲームを解く　*62*

　3.4　ナッシュ均衡が複数ある場合：
　　　　協調の失敗（coordination failure） ·················· *64*

　3.5　囚人のディレンマとフォーク定理：
　　　　信義はどこから生まれるか？ ····················· *66*

　3.6　進化論的ゲーム（evolutionary game）の考え方 ········· *68*

　3.7　シュタッケルベルグ均衡の考え方：
　　　　「契約理論」（contract theory）への導入 ··········· *72*

第 4 章　不確実性の経済学と契約理論 ············· *75*

　4.1　不確実性の存在は「抱き合わせ商品」の売買を意味する ········ *76*

　4.2　不確実性と情報 ·· *77*

　4.3　価格は情報を運ぶ：アカロフのレモン ··············· *79*

　4.4　「不確実性」は機会の不均等を呼ぶ：
　　　　有限責任下のモラルハザードと立証不能性 ········ *81*

　4.5　確率という考え方 ·· *83*

　4.6　不確実性と人々の行動 ··································· *87*

　4.7　保険契約の理論 ·· *93*

第 II 部　マクロ経済学

第 5 章　貨幣経済の世界（その 1）：物価の理論 ········· *103*

　5.1　欲求の二重付合の困難 ··································· *104*

v

目 次

5.2	貨幣の経済的機能	105
5.3	世代重複モデルの考え方	109
5.4	貨幣経済における物価の決まり方	112

　5.4.1　貨幣経済の循環論法：
　　　　貨幣価値はそれ自身の予想によって決まる　*112*

　5.4.2　貨幣経済の基本方程式　*113*

| 5.5 | 政府・中央銀行の役割 | 120 |

第 6 章　貨幣経済の世界（その2）：失業の理論　*125*

6.1	有効需要の理論	126
6.2	労働市場の動き	130
6.3	ワルラス法則の成立の確認	131
6.4	非自発的失業の存在	132
6.5	経済政策と経済厚生	134
6.6	インフレーションの理論	136
6.7	現実の日本経済と経済政策	138

第 7 章　経済成長理論　*143*

7.1	はじめに	144
7.2	ハロッド・ドマーの成長理論	145
7.3	ソロー・スワンの新古典派的成長理論	151
7.4	ラムジーの最適成長理論	156

第 III 部　応用編

第 8 章　限定合理性（個人の多様性）と社会秩序　*165*

| 8.1 | はじめに | 166 |

8.2 「経済人」と「職人」の作る社会 ································ 168

8.2.1 「経済人」と「職人」の定義　168

8.2.2 「職人社会」は1つの社会秩序　169

8.2.3 「経済人社会」はESS足りうるか？　174

8.3 社会のエンジンとESS ·· 177

8.3.1 社会の自己組織力　177

8.3.2 エトス（ethos）の力　180

8.3.3 社会秩序の生成と摩擦的ESS　185

8.3.4 厚生経済学的分析と社会の多様性　195

付録 差分方程式の安定性を考える ··································· 199

第9章 日本経済の繁栄と危機の歴史 ·························· 205

9.1 この40年余りの日本経済のあらまし ························ 206

9.2 繁栄と狂熱の1980年代 ·· 211

9.2.1 日本的雇用慣行　211

9.2.2 プラザ合意から狂熱のバブルへ　216

9.3 経済危機の序曲としての1990年代 ····················· 224

9.3.1 バブルはなぜ起きたか　224

9.3.2 バブルの帰結　225

9.4 危機の顕在化 ·· 233

9.4.1 アジア金融危機と国内経済への波及　233

9.5 今世紀に入っての日本経済：新自由主義とケインズ派の妥協 ··· 236

9.5.1 新自由主義とケインジアンの確執　236

9.5.2 小泉内閣の「構造改革」：協調の失敗？　239

9.5.3 ばく大な対外直接投資の発生と経済の空洞化　242

9.5.4 超低金利時代の財政・金融政策　245

9.5.5 なぜインフレは起きないのか：貨幣数量説との訣別　251

補論1 ニューケインジアンの考え方 ····························· 255

補論2 大数の（弱）法則の証明 ····································· 257

目 次

第10章　数学の基本を学ぼう ································· 263

10.1　一次関数・二次関数の考え方 ················· 264

10.1.1　一次関数の考え方　*264*

10.1.2　二次関数の考え方　*268*

10.2　より深く学ぶために ·· 271

10.2.1　微分法という考え方　*271*

10.2.2　積の微分法　*278*

10.2.3　合成関数の微分法　*282*

10.2.4　商の微分法　*284*

10.2.5　逆関数の微分法　*285*

10.2.6　応用問題：冪（べき）関数の微分法　*287*

10.2.7　$y = e^x$ という関数の性質　*295*

10.2.8　e という数は本当に収束するか　*296*

10.2.9　$y = e^{ax}$ の微分商　*297*

10.2.10　簡単な微分方程式：経済成長とはどんなことか？　*297*

10.3　偏微分の考え方 ··· 300

用語解説 ··· 305
索　引 ··· 311

コラム

1. 割り算 5
2. ゲーム理論 9
3. 日本列島改造論 15
4. 経済学における関数の考え方 26
5. 名目賃金と実質賃金 34
6. 資本主義・社会主義・混合経済 40
7. ゲームの要素 61
8. 確率論 85
9. ジョン・メイナード・ケインズ 106
10. 貨幣の収益率 120
11. セイ法則 127
12. ハロッド・ドマー理論と下村理論 145
13. 微分商 147
14. 微分方程式 148
15. 資本係数 150
16. 一次同次関数 152
17. *dt, da* の意味 159
18. ソースティン・ヴェブレンとデイヴィッド・リースマン ... 167
19. フリードリッヒ・ハイエク 178
20. ハンナ・アーレント 179
21. ジョン・スチュワート・ミル 194
22. バブル景気 208
23. IT の進展 212
24. 金本位制 234
25. 設備投資の社会化とは 245
26. リーマンショック 247
27. マイナス金利政策 248
28. 対偶命題による証明 281

第1章

本書のねらいと構成

第1章　本書のねらいと構成

1.1　物々交換経済と貨幣経済

1.1.1　市場の働き

　ほとんどすべての経済学の入門書は，ミクロ経済学とマクロ経済学の二本立てからなっています．しかしでは同じ経済問題を扱うはずなのに，この2つの分野はどのように関連しているのでしょうか．こうした素朴ですがきわめて本質的な問いに誠実に答えている書物は，皆無といってよいでしょう．本書は基本的には中学・高校で学ぶ一次関数・二次関数だけの数学的な知識をもとに，1つの一貫した体系として，経済学を学ぶことを目的としています．

　本書の区分では，ミクロ経済学は物々交換経済を描くための道具であり，マクロ経済学は，それをもとに私たちが生きる現実の経済である貨幣経済で起きるさまざまな経済現象を記述し分析することを目的としていると考えます．以下に述べるように，貨幣経済は物々交換経済では発生しない特有な現象が存在します．たとえばインフレーションや景気循環・失業はこれに当たります．ですがこうした貨幣経済固有の現象でない経済問題を考える際には，より取り扱いが簡単な物々交換経済のモデルを用いた方が良いのです．なぜならば，理論は平易であるほど，多くの人が共有できて経済問題を考える大切な視点を提供してくれるからなのです．

　またより複雑な現象を扱うマクロ経済学を学ぶためには，その基礎となるミクロ経済学についての十分な基礎知識が不可欠となります．経済学は選択と交換の学問です．たとえば，アルバイトをするのも，遊んでいる時間（余暇）をあきらめて自分の欲しいものを買うという選択をしているわけです．そしてそうした選択が実現できるのも，みなさんの働く（余暇をあきらめる）こととモノを買うことが交換できる場，すなわち，市場があるからにほかなりません．このように貨幣が存在しなくとも，市場とは，個人にとっても企業にとっても選択と交換の場なのです．こうした経済学の基礎を徹底的に学ぶのが，ミクロ経済学の守備範囲です．

2

1.1.2 欲望の二重付合の困難と貨幣

しかしながら，ここで注意しなくてはならないことがあります．アルバイト先に同時に皆さんの欲しいものが売っている必然性は何もないことです．たとえばコンビニでアルバイトしているとして，みなさんはそこで売っているパンやお菓子を欲しいと思っているとは限らないはずです．むしろ CD や iPod を買うために働いていることが普通でしょう．

貨幣が存在しない物々交換では，こうした取引は成り立ちません．みなさんが働こうと思っても，コンビニの店長さんには皆さんの欲しがっているものを提供することができないからです．これはその店長さんの側からも同じことが言えます．彼はみなさんの働きによって生まれる「儲け」によって家を欲しがっているとしましょう．すると物々交換の世界でみなさんと店長さんとの間に取引が成り立つためには，みなさんに家を建ててもらって，その代価としてコンビニの商品を受け取ってもらわなくてはなりません．無論こうしたことは，不可能ですね．

つまりみなさんと店長の欲しがっているものが異なると，物々交換は成立しないのです．これを一般に「欲求の二重付合の困難」と呼びます．貨幣はこうした困難を克服するために自然発生的にできあがった「社会的契約」なのです．貨幣が流通することができるとするなら，働きたい・雇いたいということでは，みなさんも店長さんも共通なのですから，貨幣を媒介にアルバイトという取引は成立することができます．このように貨幣は経済取引の効率性を著しく高める働きをしています．

1.1.3 貨幣はなぜ流通するか

ではなぜ貨幣は流通することができるのでしょうか．この根源的な問いは本書の後半部分で解説しますが，一言で言うなら，貨幣はみんなが価値があると信じているから価値があり流通できるという，一種の循環論法が成立します．このことはたとえば，貨幣の信頼を著しく損ねる「偽札作り」にはきわめて厳しい刑罰が用意されていることからも，一端をうかがうことができます．

貨幣経済には貨幣の固有の性質ゆえに，物々交換経済では起きえないことがたくさん存在します．これを扱うのがマクロ経済学の役割ですが，これまでの

第1章　本書のねらいと構成

議論の流れからも明らかなように，より簡単な理論である物々交換経済の理論すなわちミクロ経済学の基礎知識なしには，とうてい，現実の経済を描くマクロ経済学をマスターすることはできません．この意味で，ほとんどのテキストの主張とは異なり，ミクロ経済学とマクロ経済学は一体と考えるべきものなのです．

1.1.4 価格の働きは物々交換経済と貨幣経済では異なる

この節を閉じるにあたって，簡単な予告編をお話ししておきましょう．高校の政治経済の教科書では，図 1-1 のような右下がりの需要曲線と右上がりの供給曲線の交点に，すなわちモノの需要と供給を一致させるように価格が決定されると教わります．しかしながら，貨幣経済ではこのような理屈は罷り通りません．

貨幣の価値とは貨幣1単位でどれだけモノが買えるかを意味しますから，これは価格の**逆数**（⇒用語解説）となります．すなわち，

$$\text{価格（万円）} \times \text{購入量} = 1\text{万円} \quad \Rightarrow \quad \text{購入量（貨幣の価値）} = \frac{1\text{万円}}{\text{価格（万円）}}$$

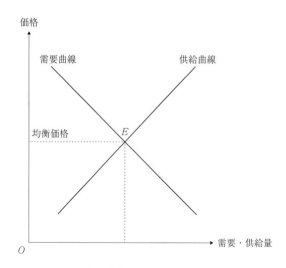

図 1-1　物々交換経済の需要と供給

1.1 物々交換経済と貨幣経済

というわけです.

ところで先ほど述べたように貨幣の価値は,「信頼」すなわち将来も同じ価値で貨幣が通用すると,みんなが信じることで定まりますから,その「信頼」が揺らがない限り,貨幣の価値,言い換えれば,価格は需給とは無関係に定まることになります.

したがって貨幣価値への「信頼」が低いときには,すなわち将来,物価が上昇し貨幣価値が低下すると予想されるときには,現在の価格も図1-2のように,財の需給を均衡されるより高く定まり,*AB*だけの売れ残りが出てしまうことになります.詳しくは本論で解説しますが,このような場合企業は損失をこうむります.そして売れないものをつくっても仕方がないので,供給量を減らし同時に雇う必要のなくなった人を解雇することになります.こうして失業とい

コラム 1 割り算

経済学を理解するうえで,当たり前のようですが,とても大事なことがあります.割り算(分数)とは,分母1単位当たりに直す計算であるということです.たとえば,100キロの道のりを2時間で走ったとしましょう.すると1時間当たりで走った距離は,

$$100 \div 2 = \frac{100}{2} = 50\,\text{km}$$

ということになります.つまりこの計算の場合,時間の長さ2が分母になりますから,走った距離をそれで割るということは,時間1単位すなわち1時間当たりの走行距離を計算することにほかなりません.

同様の議論をここでの計算に適用すれば,持っている1万円を製品の価格で割っているわけですから,分母である製品価格を1万円としたときに1万円がどれほどの大きさになるかを計算していることがわかります.ところで製品価格を1万円とすることは,1単位だけ財を購入することと同じですから,ここでの計算は,貨幣でどれだけの量の財が買えるか,すなわち財の購買力を求めていることがわかります.

第1章　本書のねらいと構成

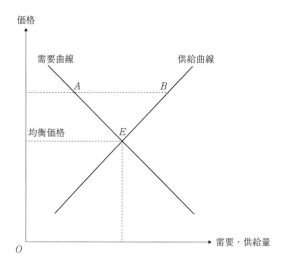

図 1-2　貨幣経済の需要と供給

う経済でもっとも深刻な問題が，だれにも責任がないのに，貨幣固有の性質により発生しうることを，初めて明らかにしたのが，20世紀の生んだ最大のイギリス人経済学者ジョン・メイナード・ケインズです．

1.2　市場の働きとゲーム理論

1.2.1　ミクロ経済学の重要性

　貨幣の働きこそが国民経済の働きを左右するとはいえ，それはミクロ経済学の経済分析に果たす役割が重要ではないとの主張につながるわけではありません．むしろ事実は，その正反対と言えましょう．なぜならば貨幣経済に比し，より単純な構造を持つ物々交換の世界に立脚したミクロ経済学において，資本主義経済の中心的役割を担う市場の働きとその限界をしっかり理解して経済学の基礎を固めていないと，さらに複雑な分析に進むことはとうていおぼつかないからです．また同時に，貨幣の存在を簡単化のために無視しても差し支えない経済問題も数多く存在するからでもあります．ゆえにこそ，ミクロ経済学に練達することは，経済学のあらゆる分野の基礎学力を養うことにつながるので

1.2 市場の働きとゲーム理論

す.

1.2.2 市場の働きとその限界

　このような考え方のもと本書は，まず物々交換経済における市場の働きとその限界について考えることから，議論が始まります（第Ｉ部「ミクロ経済学」）. 最近の経済学者には，市場の働きにすべてを委ねれば，ほとんどの経済問題は解決すると信じている人が少なくありません. いわゆる「規制緩和」による「成長戦略」や「官から民へ」という政治的スローガンは，こうした考え方に根差しています.

　しかし，ミクロ経済学の基礎をしっかり理解すると，こうした議論が著しく偏ったものであることを知ることができます. 次章以降で詳しく解説しますが, 市場の働きだけで経済がうまく運ぶためには，つまり，みなさんが高等学校で学んだアダム・スミスの「神の見えざる手」が働くためには，たいそう理想的な条件が整っていなくてはなりません. このことを第2章「物々交換経済における市場の働き」で学びます.

　一例を挙げてみましょう. 個々の個人・企業が自分の利益しか考えないことを前提とする市場経済がそれだけでうまくいくためには，互いの行動が他に迷惑をかけていないことが，どうしても必要となります.

　つまり市場経済がうまくいくということは，限りある資源を無駄なく利用できることとして定義されます. このとき私たちは，次の事実に気づかねばなりません. すなわち自分の欲望を許される限りで最大限実現しようとするならば, 必要とされる費用を極力切り詰める必要があるということです. もし無駄になっている費用があれば，それをほかの用途に回すことによって，より高い欲望を達成できるからです.

　したがって，個人や企業が自分の経済的欲求を最大にしようとすることは, その与えられた目標を達成するために，最小の費用で賄おうと行動していることと等価になります. もし先ほどの前提，すなわちこうした行動がお互いに迷惑を及ぼしあうことがないとするなら，社会全体でも限りある資源を最大限有効に活用することにつながり，何の助けも借りずに，市場経済は所期の目的を達成できることになります. もちろんこうした利己的利益の最大化が費用の最

7

第1章 本書のねらいと構成

小化すなわち社会全体での資源の節約につながるとは，だれも意識して行動しているわけではありませんから，それをアダム・スミスが「神の見えざる手」と表現したことも，十分納得できるはずです．

1.2.3 市場の失敗とは何か

しかし市場経済がうまくいくための基礎的条件の1つ，すなわち，お互いの行動が迷惑をかけあわないという条件は，つねに満たされるのでしょうか．つまりいつも価格の調整を通じて，お互いの節約行動が正しく行われる保証はあるのでしょうか．答えは否です．

たとえば昨今問題になっている石油や石炭などの化石燃料の消費による地球温暖化や大気汚染の問題を考えてみましょう．こうしたことは，化石燃料（石油・石炭）が手軽に手に入るところでは，安く工業製品をつくれるわけですから，費用の節約となります．しかし硫化化合物に代表される大気汚染，および地球温暖化の主因とされている二酸化炭素は，そうした地域だけでなく，他の地域ひいては世界全体に広まりますから，この節約行為は，明らかに他の地域に迷惑をかけ，大気汚染防止費用という本来自分に責任のない費用を生じさせます．

大変深刻なことですが，現在の世界では，大気の使用費用は事実上ゼロとなっています．このためこうした迷惑行為は，留まることを知りません．まとめれば，現在のように市場メカニズムに委ねて石油・石炭が安く手に入るということは，実はその正当な迷惑料（すなわち大気の使用価格）が支払われておらず，余分な迷惑を甘受せざるをえないという意味で，無駄のない資源の配分（大気こそは人類の生存にかかわるという意味でもっとも重要な資源であることをしっかり弁えてください）が達成されていないことの証拠なのです．

詳しくは次章以降で解説しますが，所有権つまりだれのものかが特定できない資源を有効に活用することについて，市場機構は無力なのです．なぜならば，これまでの議論から明らかなように，人は自分のものであるからこそ大切にする，という力を利用して市場経済は本来の機能を発揮できるからです．

8

1.2.4 ゲーム理論は市場の失敗を分析するツール

　では，市場による資源の配分がうまくいかないとき（市場の失敗と呼びます）には，どういった経済理論を用いて分析し，またその改善策を練るべきなのでしょうか．第3章「ゲーム理論と市場の失敗」で学ぶゲーム理論は，応用範囲の広い優れた分析ツールですが，こうした場合にも大きな力を発揮してくれます．なぜならば，自分の行動が価格というシグナルを通じることなく，直接相手の経済的利得に影響を与えかつ逆に相手の行動が自分の利得に影響を与え合うという様子を描き出すことができるからです．こうした価格を経ない行動は，特に競争相手が限られ，市場参加者が少数であるときに，顕著となります．

　したがって，本書では市場が本来の働きをする条件を解説した後に，ゲーム理論の初歩を解説し，ナッシュ均衡・シュタッケルベルグ均衡という考え方に基づいて市場の失敗を描写する方法を学び，それを解決する手段・政策を考えるという方針をとることにします．

　このとき重要となるのは，時間（将来）と信頼という存在です．つまり市場

コラム2　ゲーム理論

　ゲーム理論とは，自分と相手の行動が直接に相手に影響を与え合う状況を分析する理論的ツールです．たとえば隣人がごみを勝手に捨てるかどうかは，私たちが快適な生活を送れるかどうかに直接関係します．また逆にそれに対して私たちがどう行動するかも，相手の生活に影響を与えます．こうした状況にあるとき私たちと隣人の経済行動の帰結（均衡と呼びます）がどうなるかを分析するのが，ゲーム理論の主たる役割です．後に詳しく説明するように，自分と相手が対等な立場にあることを前提に分析するのがナッシュ均衡と呼ばれる考え方です．これに対しシュタッケルベルグ均衡は，自分あるいは相手のどちらかが優位な立場にあり，自分の行動が（この場合ごみを捨てるかどうかということ）相手の行動にいかなる影響を及ぼすかを読み込んだうえで，行動を決定する余地を認める考え方をとります．

第1章　本書のねらいと構成

の参加者にとって将来の継続取引の可能性があるということは，それ自身が行動に対して規律を与えます．つまり現在身勝手なことをすると，相手から見限られ，将来の利潤機会を失うという大変な経済的損失を蒙る恐れがあるからです．こうした場合に一時の裏切りの利得を堪えて，誠実であろうとする経済的動機が生まれることになるのです．

　こうしたゲームの性質を一般的にフォーク定理と呼びますが，これは経済効率を高める信頼という得難い財産の経済理論的な基礎を，私たちに教えてくれます．つまり不特定多数の競争相手の存在を前提とする市場取引とは異なり，相手が限定されるときには，ある特定の相手と暗黙裡に長期的な取引関係を結ぶことは，決して悪いことではないのです．言い換えれば，将来の経済的利得の確保のためにする信頼という暗黙の契約は，大変重要な働きをすることがわかります．こうしたことは，みなさんの身の回りにもたくさん存在しているはずです．たとえば，その場限りの付き合いと深い友情の間には，大変な隔たりがあります．

　以上のフォーク定理の性質から明らかなように，不特定多数で匿名の個人・企業が競い合う市場取引と限られた競争相手で織り成される取引の性質の間には，まったく異なった性質があります．一概にこのどちらの分析が正しいということはできませんが，最近の風潮のように市場機構こそがすべてを解決するという考え方には，無視できない偏りあることだけは，理解することができるでしょう．

1.3　不確実性の経済学

1.3.1　不確実性・リスクとは何か

　経済学では，将来起きるべき「状態」(states) がいくつかあるにもかかわらず，それがどれであるかを事前に知ることができない状況を「不確実性」(uncertainty) と呼んでいます．そして不確実性に基づく経済的損失の可能性を「リスク」(risk) と定義します．こうした「リスク」の存在が，人々の行動にどんな影響を与え経済問題を引き起こすのか，そしてその対策にはいかなる制度があるのかを，第4章「不確実性の経済学と契約理論」で学びます．

たとえば，乗用車に乗るというサービスを買うという経済行為を考えましょう．こうした行為には，事故を起こさないという当たり前の「状態」のほかに，事故を起こすという稀な「状態」のドライブという余暇を同時に購入していることを意味します．つまりドライブというサービスの購入には，事故による「リスク」が存在するのです．言い換えれば，ドライブするという行為は，「事故のないドライブ」と「事故が起きるドライブ」を抱き合わせで購入していることになります．

1.3.2 不確実性はなぜ市場の失敗の原因となるか

1.2.2 節で議論したように，個人は価格と自らの所得に合わせて，好きなものを好きなだけ買えるからこそ，最小限の費用で最大の経済的満足感を得られます．上のような「無事故」・「事故」の抱き合わせ販売は，こうした個人の選択の自由を束縛することになりますから，市場の健全な働きを妨げ，効率的な資源の配分を損ねることになるのです．より一般的に言えば，不確実性の存在は市場の失敗の一因となります．

1.3.3 保険は不確実性による市場の失敗の解決策

ではどうしたらよいでしょうか．これに解答を与えるのが，保険理論です．一般に保険は，「状態」（無事故・故障）ごとに被保険者（保険を購入する人）の受け取る所得を極力平均化させ（無事故のときには保険料がそのまま保険会社の収入となる代わりに，事故が起きると損害を手当てするために保険金が下りる），あたかも，「状態」に依存しない1つのサービスを創り出すことを目的としています．これによって先ほどの「抱き合わせ販売」問題は解決するのです．

さて保険理論に代表される契約理論は，シュタッケルベルグ均衡と呼ばれるゲーム理論の一種の応用です．後に詳しく解説しますが，シュタッケルベルグ均衡には，ナッシュ均衡にはない著しい特徴があります．

つまりゲームのプレーヤーがナッシュ均衡では対等であるのに対して，シュタッケルベルグ均衡では，先ほどコラムで紹介したように，プレーヤーはリーダーとフォロワーに分かれて，前者は後者の反応を読み込んで行動するという非対称性が存在します．言い換えれば，リーダーは自分の行動（戦略）を通じ

第1章 本書のねらいと構成

て，相手をコントロールできると考えるところに大きな特徴があるのです．

これを先の自動車損害保険の例で考えてみましょう．保険を販売する保険会社は，ある一定の収入を要求するとしましょう．このとき，保険会社の提示する（保険料，保険金）の組み合わせは，要求する水準に見合うものとならねばなりません．被保険者（ドライバー）は，そうした組み合わせの中から，自分にとってもっとも有利なものを選び取って，保険会社と契約を結ぶことになります．

すなわちこの自動車損害保険に関する契約理論は，フォロワーである保険会社の行動を読み込んで，リーダーである被保険者（ドライバー）が（保険料，保険金）の組み合わせを決めるシュタッケルベルグ均衡として描写されることになるのです．

1.4 社会的契約としての貨幣

1.4.1 「信頼」は無限の経済価値を持つ

第II部「マクロ経済学」は，第5章「貨幣経済の世界（その1）：物価の理論」，第6章「貨幣経済の世界（その2）：失業の理論」と第7章「経済成長理論」からなります．さて確かに，契約理論が経済社会の一断面を描くことに成功していることには間違いがありません．しかし，少し立ち止まって考えてみましょう．契約は人が隙あらば嘘をついたり怠けたりすることを前提にばかりできあがっているのでしょうか．事実はそうではありません．たとえば1.1.3節で議論した貨幣経済（通貨制度）の問題を考えてみましょう．これが経済政策の考え方とともに第5章・第6章の主たる内容となります．

貨幣は金貨・銀貨など現在は稀な存在となったものを除き，ほとんどがそれ自体は無価値です．しかし私たちはみな，そうした本来価値を持たないものと交換に貴重な財・サービスを交換することに，ハイパーインフレーションなど特異な場合を除き，何ら躊躇していません．つまり貨幣経済というのは，無価値な貨幣と財・サービスをほぼ無条件に交換するという暗黙の契約が成立している社会なのです．

「偽札作り」への重刑やそれを防止するために紙幣に巧みな技術が用いられ

12

ていることは事実ですし，またきわめて重要な予防措置です．しかしながら，それだけで貨幣経済は成立しうるでしょうか．私たちの日常経験から明らかなように，紙幣をやり取りする場合に，それが本物か偽物かをいちいちチェックすることが，きわめて稀であることも否定できない事実です．

つまり貨幣経済を維持しているものは，契約理論が主張するような嘘やごまかしを予防する工夫というよりも，貨幣とは経済活動に欠かせないほど重要なものであり，またそれゆえに本来それ自身が価値あるものであるという「信頼」によって支えられていると考えるのが自然なのです．

1.4.2 社会的契約は国の基礎をつくる

踏み込んでいうなら，契約理論の守備範囲はたかだか個別の契約の領域にとどまるものであり，通貨制度のような社会的契約を分析するには不向きであるといえましょう．こうした社会全体での約束事，すなわち社会的契約は，何も通貨制度に限られているわけではありません．たとえば民主主義を構成する重要な要素である「言論の自由」・「思想・信教の自由」は，国をある偏った方向へ暴走させないための重要な社会的契約なのです．こうしたことと契約理論の内容には，大変な隔たりがあることは，みなさんにもよく理解できるはずです．

1.4.3 貨幣への信頼維持と経済政策の限界

さて元へ戻って，通貨制度が貨幣の信じがたい利便性とそれに裏打ちされた「信頼」によって維持されているとするならば，きわめて密接な関係にある金融政策・国債管理政策（国債は貨幣で償還されるので貨幣価値の安定は，国債の価値の安定につながります）もまた，そうした「信頼」を傷つけない範囲で考えられなくてはなりません．つまり，市民が信じている貨幣固有の価値を裏切らないという制約のもとで，これらの政策は立案・運営されねばならないのです．

経済に資源の遊休があり（失業も労働という貴重な資源の遊休としてとらえられます），財・サービスを追加的に生産できる余裕があるとき，公共投資などの支出を通じて貨幣が民間経済に注入されると，新たな貨幣によってより多くの財を買うことができるようになります．なぜなら，企業に生産を増やす余裕があり，増発の裏付けとなる財・サービスが経済に潜在的に存在するからです．

第1章　本書のねらいと構成

　失業して明日の生活に困る不幸な市民が増えている不況下では，こうした拡張的な財政政策と金融の緩和（貨幣を借りやすくして間接的に財・サービスの需要を掘り起こすこと）によって経済全体での購買力（**有効需要**（⇒用語解説）と言います）を高め，生産を刺激することで雇用を増やそうとする政策は，大いに市民のためになります．

　このとき貨幣価値への「信頼」があつく，現在の1万円が将来もそのままの価値で通用すると考えられていれば，1.1節で触れたように価格は据え置かれたまま，経済全体で取引される財・サービスが増加することになります．つまり貨幣数量（貨幣供給量）と物価水準（モノの値段）の間には，貨幣価値への「信頼」が維持されている限りにおいて，直接の対応関係は存在しないのです．

　こうした新しい考え方，すなわち経済に流通する貨幣量とは無関係に貨幣には固有の価値があるという考え方は，現在の日本経済の置かれた状況，すなわち貨幣供給量を増やしているにもかかわらず一向に物価水準が上昇する気配がないという現象を説明するうえで，大変有用な働きをすることが，後に明らかにされます．

　しかしある意味では繰り返しになりますが，最後に強く留意すべきことがあります．貨幣経済の安定性は，市民の貨幣へのあまねくあつい「信頼」を基盤にしており，それを掘り崩すような政策は，いかなるものでも認めるわけにはいかないという毅然とした姿勢を持つことの重要性です．先ほど述べた景気回復のための財政・金融政策も，こうした節度の中で本来立案されるべきものなのです．

1.4.4　インフレは貨幣経済の機能を麻痺させる

　貨幣そのものは無価値に等しいわけですから，人々がそれを無価値だと一斉に信じると，本当に無価値になって経済は恐ろしく効率の悪い物々交換へと退化してしまうことになります．インフレとは物価が持続的に上昇することですから，貨幣の価値は著しく目減りすることになります．したがってインフレが起きるとみんなが確信した時点で，つまり貨幣への「信頼」が著しく揺らいだ瞬間に，物価は騰貴を始めるでしょう．そうなると，みなさんのご両親が苦労して貯めた教育資金・老後の生活費はもちろん給料も著しく目減りして，ほと

コラム3 日本列島改造論

　1973 年から 74 年にかけて，田中角栄内閣の「日本列島改造論」によって全国に散布された当時としては巨額の財政資金は，第一次石油危機による原油価格の暴騰と相俟って，「狂乱物価」と呼ばれる一時的なハイパーインフレーション（消費者物価水準は，1973 年に約 10 パーセント，1974 年に約 20 パーセント上昇した）を引き起こしました．つまり貨幣の流通量に比べてモノの供給が著しく不足するというパニックを伴った予想が形成され，それが物価を著しく押し上げた（言い換えれば貨幣の価値が急速に低下した）と考えられるわけです．現在（2010 年代）の金融政策については第 9 章で学びますが，この側面では日本は本当にぎりぎりの危険水域に入っているといっても過言ではありません．

んどの市民は大変な経済的困難に直面せざるをえなくなります．

　こうした誠に危険な政策を声高に叫んでいる人たちに驚くほど共通なのは，なぜインフレが起きると経済が良い方向に向かうのかをまったく説明していない，あるいはできていないことです．いわばインフレを起こすことが自己目的化しているところに，彼らの著しい特徴があります．したがって，社会的契約としての貨幣経済（通貨制度）の安定性を重視する本書の立場からすれば，こうした政策的主張は，良識ある節度での自由な財政・金融政策の域を逸脱していると考えざるをえません．

1.5　経済成長理論

　第 7 章「経済成長理論」では GDP で計った経済規模が時間とともになぜ拡大するのかを考えます．この章は少々数学的なハードルが高いので，第 10 章の「数学の基本を学ぼう」を参照しながら読んでください．この章では最初に，対照的な性質を持つハロッド・ドマー理論とソロー・スワン理論が解説されま

第1章　本書のねらいと構成

す．ハロッド・ドマー理論は市場経済で成長の原動力を担っているのは企業家であり，彼らの設備投資の意思決定が経済成長を規定すると考えます．そしてその意思決定プロセスに内在する不安定性ゆえに，一度経済に不均衡が生ずると市場経済にはそれを是正する仕組みが備わっていないという主張に至ります．

これに対しソロー・スワン理論は，経済成長を決めるのは，効率単位で計った労働人口の成長率であり，また1人当たりのGDPは貯蓄率に左右されると考えます．つまり財の需要側の動きを強調するハロッド・ドマー理論とは対照的に，ソロー・スワン理論では供給能力の増加が経済成長を左右する要因であるとみなすのです．そして資本蓄積の速度が労働人口の増加率を上回ると資本の限界生産力が低下するために，次第に貯蓄量の伸びが鈍化し資本蓄積速度が低下し，経済成長率は究極的には効率単位の労働人口成長率に収束することが明らかにされます．この意味で市場経済は長期的に考えれば安定であるというのがソロー・スワン理論の考え方です．

最後にケンブリッジ大学の生んだ天才の一人ラムジーによる最適成長理論が紹介されます．上で論じた2つの成長理論では消費・貯蓄の意思決定が何を根拠になされているかがはっきりしませんが，ラムジーはこれを現在と将来の消費の選択と捉えて，そうした要素まで考えに入れたとき，経済の長期的な動向にどのような影響を与えるかを分析しています．経済成長理論の研究が隆盛を迎えたのは1950年代後半からですが，ラムジーの研究は1928年になされており，30年も先んじています．しかも論理は整然としてかつ簡明です．天才の頭脳のキレというものを味わってみてください．

1.6　人間の認識の限界と歴史を学ぶ重要性を知る

1.6.1　限定合理性とは

第III部「応用編」は，第8章「限定合理性（個人の多様性）と社会秩序」と第9章「日本経済の繁栄と危機の歴史」の2つの章から構成されます．第I，II部で前提とされていた個人，すなわち人間は，自分の価値観や好みを完全に把握している人間でした．しかし日常から考えて，人間の自己認識に限界がある，つまり自分が何者であるかを自分が知る能力には限りがあるのは確かでし

ょう．そしていろいろな人との対話や仕事によって，人は何かに気づき考え方が変わったり成長したりするとするのがむしろ自然でしょう．こうした人間の捉え方を，経済学では，「限定合理性」（bounded rationality）と呼んでいます．

限定合理性を前提とすると，人は他との出会いや相互作用によって新たな自分を見出し，価値観や生き方が変化します．そうした多様な個が共存する社会（つまり現実の社会）には価値観の共有という意味での秩序は生まれて来ないのでしょうか．第8章ではこの問題を，第3章で解説された進化論的ゲームというツールを用いて分析します．

1.6.2 限定合理性のもとでも秩序は形成される

第8章では，利潤追求という価値観を持った個人（経済人）と製品の質へのこだわりを持つ（職人）2つのタイプからなる個人が形成する社会を考えます．結論を先にすれば，すべての人が企業家あるいは職人になる社会が，このゲームの均衡となります．したがって初期の経済がいかなる状態にあれ，時の淘汰とともに，この社会には良きにつけ悪しきにつけ，ある秩序が生まれるのです．

秩序が生まれるのは，経済の「自己組織力」（self-organization power）によるものです．自己組織力とは，ことわざで言うところの「朱に交われば赤くなる」を指します．つまり機能美を尊ぶ職人が社会に多く存在するほど，職人の生き方に接し学ぶことが多くなり，その影響を受けて育つ若者あるいは考え方を変える経済人がますます増え，職人社会が現出するというわけです．もちろんこれと同じ論理が，経済人社会の形成についても成り立ちます．要約すれば，どの種の人間との接触頻度が高いかによって，いかなる社会秩序が形成されるかが決まるというのが，ここでの考え方です．

1.6.3 限定合理性と歴史を学ぶことの大切さ

第9章では，1980年代から現代に至る日本経済の歴史を，これまで学んだ考え方を応用して解説します．人間の限定合理性を認めることは，歴史を学ぶ重要性を認めることをも意味します．なぜでしょうか．

限定合理性や経済社会の自己組織力を認めることは，私たちが過去の世代や他の経済社会の影響を受けながら価値観を形成してきたこと，そして現代日本

第1章　本書のねらいと構成

経済社会の制度・秩序もそれを基盤にしていることを意味します．したがって歴史を学ぶことは，自分自身を知ることであると同時に，なぜ経済社会がいまのような姿にあるのかを知ることでもあるのです．ですから，これからの日本のあるべき姿を探るうえでも，歴史を学ばねばなりません．

1.6.4　会社の姿はこの 30 年間で激変した

　歴史の流れ全体の詳細は本文に譲ることとし，会社のあるべき姿（企業統治：corporate governance と呼ばれます）ひとつとっても，1980 年代と現在とでは，わずか 30 年余りで，まったく考え方が変わってしまいました．日本が繁栄を極めた 1980 年代にはほとんどが正社員であり，暗黙のうちにではありますが会社は社員のものであり，経営陣の評価は社員の給与ばかりでなくその福利厚生をいかに高めたかが基準となっていました．そして株主は基本的には会社のアウトサイダーであり，そこからの圧力と社員の利益を調停することが経営陣の重要な仕事の 1 つでありました．

　しかしながら 30 年を経た今日，みなさんの前にある企業は正反対と言ってよい性質を持つ企業となりました．すなわち企業は株主のものであるとされ，社員の半分近くは不安定な雇用環境にある非正規社員となり，社員は利潤を上げるための単なる労働力とみなされるようになってしまったのです．つまり 1980 年代とは逆に，株主が会社のインサイダーとなり社員はアウトサイダーとなったのです．

　もしこうした企業統治の変化が，国民全体の経済厚生を高める方向で作用しているなら問題はありません．しかし現実はこの逆で，日本経済が長い停滞状態にあることを覆うべくもありません．ではどうしてこうした不合理ともいうべき変革が起きたのでしょうか．第 9 章では，対外直接投資や株式持ち合いの解消といった 1990 年代のバブル崩壊以降のマクロ的現象との関連において，こうした問題も考えてみることにします．

1.7　数学の考え方を身に付けよう

　「補論」である第 10 章「数学の基礎を学ぼう」は，中学校で学ぶ一次関数や

二次関数の考え方を，本文中で用いられた例に即して，もう一度捉え直します．その後に，より進んだ経済学を学ぶためには避けて通れない微分法の考え方が導入されます．高等学校では詳しく紹介されませんが，微分とは一般的な曲線をもっとも単純な関数である一次関数で近似する方法なのです．複雑なものを，よりシンプルなものに還元してクリアーに理解することは，数学・経済学に限らない学問の醍醐味です．是非この補論で，それを味わっていただきたいと考えています．

微分法には対象となる関数の形状によって，積・商の微分則，合成関数・逆関数の微分則がありますが，いずれの規則も微分法の本来の考え方にまで遡って，目的地である規則へ辿り着けるよう配慮したつもりです．微分の意味がわからないけれども是非知りたいという人は，この章を読んでください．

さらに具体的な関数の微分則として，べき関数と呼ばれる $y = x^a$ および経済成長などダイナミックな問題を扱う際には必ず現れる指数関数の一種である $y = e^x$ についての規則を計算しておきました．これらの関数は経済学では頻繁に現れますので，その微分則を是非マスターしてください．

以上が本書の大まかな内容です．本書は基礎的な経済理論の解説書ですが，私の考えでは現実に適用できない理論は，つまり「理論のための理論」はまったく無意味であると思います．したがって，随所に現実問題への応用が織り込まれているのが，本書のもう1つの大きな特徴となっています．みなさんも自分の生活と現実の経済で言われていることと照らし合わせながら，本書を読み進まれることを強くお薦めします．

❗ 要点の確認

・ミクロ経済学とマクロ経済学の守備範囲について
ミクロ経済学は物々交換経済を描写しています．これに対してマクロ経済学は貨幣経済の分析が主たる目的です．もちろん貨幣経済といえども，経済学の基本な考え方である選択と交換の連鎖からなっていますから，ミクロ経済学の理論との間に齟齬があってはいけません．本書ではこの考え方が貫かれています．

・貨幣の役割について
貨幣は「欲求の二重符合の困難」を解決する，信じがたい程便利な社会的契約です．

第1章　本書のねらいと構成

しかしそれは人々の貨幣の価値に対する「確信」によって支えられています．貨幣の価値に対して人々が疑問を抱くようになると，われ先に貨幣を財・サービスに代えようとしますから，高率のインフレーションが発生します．したがって，貨幣価値への確信をいかに維持するかは，政府・日銀に課された至上命題です．
・歴史を学ぶことの重要性について
　哲学者のハンナ・アーレントの『人間の条件』（ちくま学術新書）によれば，人間とは条件付けられた存在です．このとき「条件付けられた」というのは，自分が抱く価値観が，生まれた社会の時代・習俗・宗教などから，決定的な影響を受けているという意味です．したがって昔からずっといまのような世の中が続いていたと考えることも，また現代がもっとも進んだ社会であり昔の人は無知だったと考えることも，まったく誤っています．自分の考え方の狭さをよく弁え，視野あるいはものの考え方を広げようとするとき，歴史を学ぶことは欠かせない知的な営為なのです．

文献ガイド

竹内啓著（2013）『社会科学における数と量：増補新装版』東京大学出版会
　　　▷著者は数理統計学の大家です．経済学における数理言語使用の意味，また「測る」ということの意義について，均整がとれて透徹した議論をしている書物を，私は寡聞にして知りません．無内容な理論の厚化粧のために用いられる数理言語，あるいはとうてい測ることのできないものを測ったと称して回帰分析にかける奇態な実証分析が山のように積み重なっている現在，以下の著者の見識をみなさんはどう思いますか．
　　　「一つの数学的論理の体系に統一と調和をもたらすものは，その背後に想定されている具体的な“もの”のイメージではないかと考えられる」（p. 153）
　　　「事実，科学的研究の表面的には急速な発展にもかかわらず，それが人間の真の“必要”と結びつくことは，かえって稀になりつつあるとさえ考えられる」（p. 241）
　　　「しかしそのような学問あるいは科学は少なくとも“意味”のあるものでなければならない．すなわちある意味で人類の共通の財産となるような，それだけ人間の精神生活を豊かにするようなものでなければならない」（p. 241）
間宮陽介著（1999）『市場社会の思想史：「自由」をどう解釈するか』中公新書
　　　▷この本で学ぶ経済学の体系ができあがるまでには，たくさんの偉人がさまざまな貢献をしてきました．アダム・スミス，リカード，マーシャル，ジェボンズ，ワルラス，ケインズはその中でももっとも有名な人たちです．本書では，これら経済学史上の偉人たちが何を考えたのかが，手際よくかつやさしく解説されています．新書で手軽なので，一読を強く薦めます．

第Ⅰ部

ミクロ経済学

第 2 章

物々交換経済における市場の働き

　この章では，経済学の根ともいうべきミクロ経済学の基礎を学びます．経済学では，個人・企業・政府がある一定の原理によって行動することを前提にします．これらそれぞれの経済主体の活動がどのように描かれているかを，簡単な数式を用いながら考えます．そしてそれらの出会う場としての市場（しじょう）の機能を分析します．これによって市場経済の利点と限界を明らかにします．

第2章　物々交換経済における市場の働き

2.1　功利主義の考え方：効用とは？

　この章では，貨幣が存在しない物々交換経済の仕組みが解説されます．しかしその前に，経済学全体の人間の経済活動に対する見方・考え方を紹介しておきましょう．この考え方は，物々交換経済ばかりでなく貨幣経済においても適用されます．

　経済学は主として，人間の物的欲望を扱う学問ですが，そうした欲望のあくなき追求を善いこと（「善」：good）として肯定的にとらえるところに大きな特徴があります．このような考え方は一般に，「功利主義」（utilitarianism）と呼ばれ，もっぱら18世紀のイギリスを中心に形成・発達してきた哲学です．

　日常生活を多少省みれば明らかなように，確かに私たちが少しでも豊かな生活を送りたいと考えていることは否めません．それを慎みがないと目くじらを立てるのではなく，積極的に肯定しようというのが，功利主義の基本にあります．この章に登場するアダム・スミスの「神の見えざる手」の考え方もこれに立脚しています．

　しかしながら，以上の主張は「何をしても勝手」という所謂「新自由主義」（neoliberalism）の考え方とは大いに異なります．功利主義の説く経済的自由とは，社会を形成する他者へ迷惑・困難を課さない範囲で許されているからです．

　またケインズがかつて説いたように，人間には物的欲望だけでなく知的欲望が存在し，ともに飽くことを知りません．物的欲望を満足させることで人間は幸せになることはできないのです．しかしまた貧困や差別のように経済的な困難・機会の不均等など，物的欲望を過度に抑圧することもまた，人間を不幸の底に陥らせる忌むべき経済要因です．

　つまり経済学の使命は，こうした貧困や差別をいかに排除し，人間の幸福の基礎的条件を整えるかにあるのです．決して，うまい儲け口を見つけ出して人間を金持ちにするためにあるものではありません．言い換えれば，経済学はお金儲けのための学問ではないのです．

　さて経済学では仮説的に「効用」（utility）という概念を用います．これは1人の人がどれほど自らの経済行為により高い満足感を達成しているかを表す指

標です．効用は，それぞれの人が消費しているたくさんの財やサービスの量に
依存すると考えます．この中には，必ずしも効用を高めるものばかりが含ま
れているとは限りません．大気汚染や騒音などは，明らかに，効用を低下させ
る一種のサービスとみなすことができます．またより身近な例では，労働は
（よほど熟練した人でない限り）人に疲労・苦痛を与えるサービスであると考え
るのが自然です．人々の効用にはこうした「負の効用」をもたらす財・サービ
スも含まれることになります．

　こうした消費する（消費させられる）財・サービスと，そこから得られる効
用の対応関係を数式によって表したものを「効用関数」（utility function）と呼
びます．式で表せば，効用関数 U は，

$$効用 = U(正の効用を持つ財・サービスの消費量,$$
$$負の効用を持つ財・サービスの消費量)$$

とすることができます．

　ここで1つ注意を要することがあります．それは関数というものの考え方で
す．経済学では，関数は一般に因果関係を表す数理言語として用いられます．
つまり上の効用関数の定義も

$$正・負の効用を持つ財・サービスの消費量　\rightarrow　効用$$
$$（\rightarrow は因果関係の方向を表す）$$

という因果関係を表しているのです．言い換えれば効用関数は，多数の財・サ
ービスの消費量が決まると，その結果として，得られる効用が決定されるとい
うことを表現しています．

2.2　個人の経済活動：生活と労働

　いまお話しした，個人は他を顧みず飽くことなく物的欲望を追及するという
功利主義の描く人間像を，効用という言葉を用いて言い換えれば，効用を最大
にするようにさまざまな財・サービスの消費水準を決めるのが，実際の人間行
動であるということになります．そしてこの考え方に従えば，個人は際限なく

第 2 章　物々交換経済における市場の働き

コラム 4　経済学における関数の考え方

経済学では因果関係（causality：原因と結果）を表す道具として関数を用います．たとえば，

$$y = f(x)$$

という関数 f は，x という量で表される経済要因（原因）が，y という量で表される別の経済要因を引き起こしている（結果）となっていることを表しています．

消費を増やそうとするはずです．

　しかしながら，現実にはそうしたことは起こりませんし，また不可能です．なぜでしょうか．それは予算の制約があるからにほかなりません．つまり所得（収入）以上に消費（支出）を増やすことができないからです．もしこの原則が守られないとするなら，その個人は経済的に破たんしてしまいます．

　以上をまとめると，予算制約が守られる範囲の中で，効用を最大にしていると考えるのが，功利主義の描く個人の経済活動であるということになります．

　　経済学が描く個人の経済活動　⇔　予算制約の範囲内での効用の最大化

予算制約を式で表せば，

$$所得 \geqq 支出$$

という具合になります．

　これをもう少し具体的に考えてみましょう．経済には消費することで効用が得られる財と負の効用をもたらす労働というサービスしか存在しないものとします．問題は，こうした経済で個人の予算制約がどのように表すことができるかということです．

　まず所得から考えましょう．個人は働くことによってしか所得を得ることが

2.2 個人の経済活動：生活と労働

できないとするならば，

$$所得 = 時給 \times 労働時間$$

という式が得られることがわかります．

　一方，支出はどうなるでしょうか．支出は財の価格にその消費量（購入量）をかけたものですから，

$$支出 = 価格 \times 消費量$$

という関係が成り立つことがわかります．予算制約は支出が所得を上回ってはいけないという意味ですから，この例の場合には，

$$時給 \times 労働時間 \geqq 価格 \times 消費量 \tag{1}$$

として表されることになります．

　別に難しいことを言っているわけではありません．みなさんの日常に沿って言うなら，親からの仕送りがなければ，アルバイトの収入以上にお金を使うことができないということを述べているにすぎません．

　では効用を最大にする労働時間や消費量は，どのようにして決まるのでしょうか．先にも述べたように，個人は予算制約下で効用を最大にするように行動するわけですから，この問題を考えるためには，財・サービスの消費量とそこから得られる効用の関係を表す効用関数に関する知識が必要となります（経済学では，乗用車・携帯電話・テレビなどさまざまな「モノ」のことを，財（goods）と呼びます）．

　より一般的な議論は本書の範囲を超えますので，ここでは効用関数 U が，以下のようなもっとも簡単な場合について考えてみることにしましょう．すなわち，

$$U = -(消費量 - a)^2 - 労働時間 \tag{2}$$

という場合です．

　(2)式の右辺第1項は消費から得られる効用を表しており，グラフにすると図2-1 のようになります．つまり消費量が a を超えない範囲では効用は高まり，

第2章 物々交換経済における市場の働き

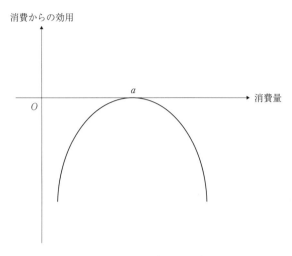

図 2-1 消費から得られる効用

それ以上は飽きてくるので，逆に効用が下がると考えます．

たとえばお酒はある程度までは楽しく飲めて効用も上昇しますが，それ（a）を越すと気持ちが悪くなったりして逆に効用が低下します．消費にこうした「飽き」（飽和：saturation と言います）が来る様子を a という文字を使って表現しているわけです．

さらに右辺第1項の前にマイナスの符号が付いているのは，次のような意味を持ちます．つまり効用は足したり引いたりできないものであって，より大きい・より小さいという比較でしか意味を持たないということです．すなわち，効用が負の値をとりうるということ自体が，幸せではなく不幸であることを表しているわけではありません．少し難しいので，例で考えましょう．

たとえば，効用が5から3に変化することは，2だけ効用が下がることを意味しているわけではないのです．5が3より大きいことだけが重要であり，不幸になったことに誤りはないのですが，その不幸になり具合が2であることを意味してはいないのです．

ですから(2)式において

2.2 個人の経済活動：生活と労働

$$消費量 = \frac{a}{4}, \quad 消費量 = \frac{a}{2}$$

の場合に消費から得られる効用は、それぞれ、$-\dfrac{9a^2}{16}, -\dfrac{a^2}{4} = -\dfrac{4a^2}{16}$ となりますが、マイナスが付いていることは消費することで不幸になること指しているのではありません。

$$-\frac{9a^2}{16} < -\frac{a^2}{4} = -\frac{4a^2}{16}$$

ですから、先に述べた大小の比較だけが問題であるという考え方からすれば、たとえ(2)式の第1項の前にマイナスの符号が付いていても、消費が増えることで効用が上昇している様子は描写できているのです。

また第2項には、労働時間の前にマイナスの符号が付いていますが、第1項の消費量とは異なり一次関数であることに、注意せねばなりません。つまり消費量とは異なり、労働時間が増えるほど、それに比例して労働に由来する苦痛（これを不効用と呼びます）が一方的に（単調に）増加することを表しています。これは労働が負の効用をもたらすサービスであることを意味します。

さて繰り返しになりますが、予算制約(1)をみたす消費量・労働時間の組み合わせで、効用関数(2)の値がもっとも大きくなるように、個人は行動します。つまりアルバイトでの疲れを考えたうえで財を買うことで得られる満足（消費から得られる効用）がもっとも大きくなるように、アルバイトの時間と財を買う量を決めると考えるわけです。数学的には、(1)式をみたす労働時間・消費量の組み合わせのうち、(2)式を最大化する問題として定式化されることになります。

そこでこの問題を具体的に解いてみることにしましょう。まずアルバイトで稼いだお金を使わないことは損ですから、結局、収入はすべて支出されることになります。したがって、望ましい労働時間・消費量の組み合わせは、(1)式から、

$$時給 \times 労働時間 = 価格 \times 消費量 \quad \Leftrightarrow \quad 労働時間 = \frac{価格}{時給} \times 消費量 \qquad (3)$$

という関係をみたします。

29

第2章　物々交換経済における市場の働き

これを(2)式へ代入してみましょう．すると，

$$U = -(消費量 - a)^2 - \frac{価格}{時給} \times 消費量 = -\left\{(消費量)^2 - 2\left(a - \frac{価格}{2 \times 時給}\right) \times 消費量\right\} + a^2$$

となります（基本の公式は $a^2 - 2ab + b^2 = (a-b)^2$ です）．詳しい考え方は第10章の「数学の基本を学ぼう」でお話ししますが，{ }の中に注目すると，上の式は，

$$U = -\left\{消費量 - \left(a - \frac{価格}{2 \times 時給}\right)^2\right\} - \left(a - \frac{価格}{2 \times 時給}\right)^2 + a^2 \tag{4}$$

と書き換えることができます（自分でも計算してみてください）．

　私たちの目的は消費量について U を最大化することですが，(4)式の右辺第2項・第3項は，それを含みません．したがって，第1項のみに注意を集中すればよいことがわかります．ところで，第1項は0または負の数です（0でないある数の二乗は正の数×正の数または負の数×負の数ですから，必ず正です）．したがって U が最大となるのは，第1項が0となるときであることがわかります．

　したがって，

$$最適な消費量 = a - \frac{1}{2} \times \frac{価格}{時給} \tag{5}$$

が成り立つことがわかります．これをグラフにしたものが図2-2です．最適な消費量とは，実際に財を買う量すなわち需要量のことですから，(5)式は需要関数の方程式であることがわかります．

　つまり高等学校の政治経済に出てくる右下がりの財の需要関数は，こうした考え方，すなわち，

予算制約の範囲での効用最大化　⇒　財の需要関数

という考え方から導かれるものなのです．

　もちろん需要関数も関数の1つですから，先に述べたように，因果関係を表しています．具体的には，時給で測った財の価格が高くなると，財に対する需要が減少するという因果関係を記述しているわけです．図式的には，

2.2 個人の経済活動：生活と労働

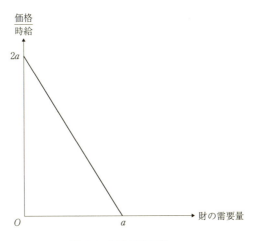

図 2-2 財の需要関数

$$\frac{価格}{時給} \Rightarrow 需要量$$

という因果関係を表しています．($\frac{価格}{時給}$ は労働の価格である時給で，財の価格を割ったものですから，1単位の財を買うのにどれほど働かなくてはならないかを表しています．)

ではどうして，需要関数は図 2-2 のように右下がりなのでしょうか．その答えは，図 2-1 と (2) 式にあります．つまり，労働による苦痛は時間に比例して増加します．しかし一方，財の消費から追加的に得られる効用は，図 2-1 から明らかなように次第に減少します．したがって財の価格が相対的に安くなって，少しの労働でよりたくさんの財が手に入るようにならない限り（$\frac{価格}{時給}$ が低くならない限り），財に対する需要は増えることがないのです．これが，需要関数が右下がりとなる経済学的解釈です．

なお (5) 式の関係を利用すると，予算制約条件 (3) を利用して，労働の供給関数を求めることができます．労働を供給するとは，働くということですから，労働の供給関数とは労働と財の相対価格が与えられたとき，どれだけ働くかを表す関数を意味します．早速求めてみましょう．

すると，(3) 式に (5) 式を代入することで，

第2章　物々交換経済における市場の働き

$$\text{最適な労働時間}(\text{労働供給量}) = \frac{\text{価格}}{\text{時給}} \times \text{消費量} = \frac{\text{価格}}{\text{時給}} \times \left[a - \frac{1}{2} \times \frac{\text{価格}}{\text{時給}} \right] \quad (6)$$

ですから，これを整理すると

$$\text{労働供給量} = -\frac{1}{2} \times \left[\frac{\text{価格}}{\text{時給}} \right]^2 \times a \frac{\text{価格}}{\text{時給}} = -\frac{1}{2} \times \left[\frac{\text{価格}}{\text{時給}} - a \right]^2 + \frac{a^2}{2} \quad (7)$$

となります．10.1.2.2 を参照しながら考えると，これは**図2-3**のようなグラフになります．

つまり(7)式から明らかなように，

$$\frac{\text{価格}}{\text{時給}} > a \quad \Leftrightarrow \quad \frac{\text{時給}}{\text{価格}} < \frac{1}{a} \quad (8)$$

であれば，つまり財の単位で測った賃金（実質賃金）がある一定水準以下なら，図のように，実質賃金の上昇（$\frac{\text{価格}}{\text{時給}}$の低下）とともに労働供給量は増加します．逆に

$$\frac{\text{価格}}{\text{時給}} < a \quad \Leftrightarrow \quad \frac{\text{時給}}{\text{価格}} > \frac{1}{a} \quad (9)$$

であれば，逆に実質賃金の上昇は労働供給を減少させてしまいます．

働いてよりたくさんの財が手に入るようになるなら，たくさん働くようになると想像されるのに，なぜこんなことが起きるのでしょうか．それは実質賃金の変化に「代替（だいたい）効果」（substitution effect）と「所得効果」（income effect）という2つの効果があるからにほかなりません．

「代替効果」は，通常私たちが感じる効果で，相対的に安くなったものが買い進まれ（この場合には財が対応します），高くなったもの（この場合労働の裏側にある余暇）が買い控えられる効果です．これは実質賃金の上昇により，財の消費が増えると同時に労働供給も増える方向で作用します．

これに対して，「所得効果」は次のような二次的な作用を指します．すなわち，実質賃金の上昇はそれだけで個人を豊かにする効果（所得を増加させる効果）を持ちます．したがって，十分に豊かになったのだから，もうあまり働かないでお金持ちになった分だけ消費を増やそうという動機が，個人の心に芽生えることになります．したがってこの効果は，労働供給を減らし財への消費を増やす方向で作用します．

32

2.2 個人の経済活動：生活と労働

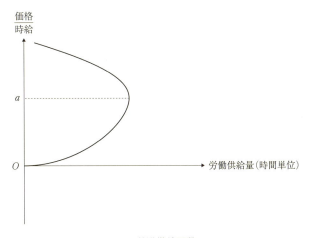

図 2-3　労働供給関数

このため，実質賃金の上昇が労働供給に及ぼす影響関して，次の図式が成り立ちます．

労働供給の変化＝代替効果（労働供給の増加）＋所得効果（労働供給の減少）

したがって実質賃金の変化が労働供給に与える影響は一概に確定できないのです．しかしながら，「所得効果」が「代替効果」を上回るのは，その個人がよほどお金持ちで高い実質賃金を受け取っている場合に限られます．この様子は(8)式と(9)式に現れています．ですから，普通の収入しかない人が，実質賃金の上昇とともにたくさん働くようになると考えることには（労働供給関数が実質賃金に関して右上がりであると考えることには），一理あるのです（財やサービスの価格が需要に与える影響は，「代替効果」と「所得効果」の2つに分解することができます）．

さてこの項を閉じるにあたって，これから先きわめて重要となる事実を指摘しておきましょう．それは需要曲線に現れる「価格」がお金の単位で測った何円という「絶対価格」(absolute price) ではなく，時給との比率で定義された「相対価格」(relative price) であることです．

分数は分母1単位に直す計算であると先に注意を喚起しておきましたが，相

33

第2章　物々交換経済における市場の働き

対価格である $\frac{価格}{時給}$（あるいはその逆数である $\frac{時給}{価格}$）は，労働1単位で計った財の価格，すなわち，財1単位を買うにはどれほど働かなくてはならないかを表しています．またその逆数である，実質賃金（$\frac{時給}{価格}$）は，財1単位で測った労働の価格であり，労働1単位でどれほど財が買えるかを表していることになります．経済学的な言い回しをすれば，財1単位に対する労働の交換比率（$\frac{時給}{価格}$の場合は労働1単位に対する財の交換比率）に対応します．したがって相対価格の単位は何円という単位（次元）を持つものではなく，単に1や2といった具合に単位のない無名数（単位のない数）なのです．

　つまり物々交換経済に必要とされる情報は，財どうしあるいは財と労働の交換比率である相対価格で十分であり，貨幣との交換比率である絶対価格は不要であるということです（物々交換経済では，交換比率である相対価格だけが重要で，貨幣との交換比率である絶対価格は無用の存在です．ここから考えても容易に想像できるように，物々交換経済でも貨幣が併用されうると考えるには無理があります）．これが究極的に経済分析（特にマクロ経済学）で大変重要なポイントとなることを記憶しておいてください．

コラム5　名目賃金と実質賃金

　お金の単位で測った賃金（時給）は，名目賃金と呼ばれます．これに対して，財の単位で測った賃金（$\frac{時給}{価格}$）は，実質賃金と呼ばれます．お金の単位で測られているか（名目：nominal），あるいは財の単位で測られているか（実質：real）の区別は，経済学を理解するうえで，大変重要な区別です．なぜならば，個人の経済的な幸福感（効用）に関連するのは，財をどれだけ消費できるかであり，お金は財を消費するための手段にしかすぎないからです．したがって，重要な変数は実質であり名目ではありません．

2.3 企業の経済行動：得られた利潤はどこへ行くか

　企業は国や自治体によって経営されるものを除き，営利つまり利潤（儲け）を獲得することを目的とした組織です．ここでは経済学の初歩を学ぶことが目的ですから，もっとも簡単な場合である，その企業の製品を売買する市場や人を雇うための労働市場の規模に比べ，きわめて小さい規模の企業の行動を分析します．

　このような企業が自分だけ生産量や雇用量を変化させても，製品市場の価格や労働市場で決まる時給に影響を与えることはないと考えて差し支えありません．なぜならば，次の節で学ぶように，価格や時給は，物々交換経済では，経済全体の需要と供給を一致させるように決定されますが，私たちの砂粒企業はあまりに小さくて，こうした全体の経済動向に影響を与えることができないからです．まとめれば，ある一定の価格・時給のもとで，好きなだけ財を売り，必要な人を雇うことができる企業を考えます．こうした企業の置かれた状況を，「**完全競争**」（perfect competition）（⇒用語解説）と呼びます．

　企業とはどんなに小さなものであっても，「技術」（technology）というものを持っています．ここでの「技術」とは，いかに無駄なく製品を作り上げるか，具体的にいえばより少ない労働時間でより多くの製品を作り上げるかという知識を指しています．こうした「技術」の体系を数式化したものが，生産関数（production function）です．

　ここでは

$$\text{必要な総労働時間} = \left[\text{生産量}\right]^2 \tag{10}$$

という生産関数を持った企業を考えましょう．この生産関数の様子は，**図 2-4**によって表されます．**図 2-4** から明らかなように，(10)式のような生産関数は，上に向かって凸になります．このことは，生産量が増えるほど，追加的に 1 単位生産を増やすのに必要とされる労働量が増加することを意味します．つまり増産すると労働以外に必要とされる生産要素の希少性が増し，生産の効率が悪くなることを表しているのです．

35

第2章 物々交換経済における市場の働き

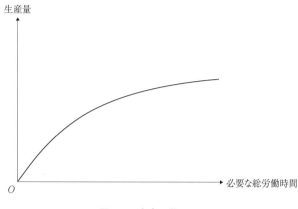

図2-4 生産関数

すると企業は利潤（儲け）を最大にするように行動すると考えているわけですから，それを描写するには，利潤を定義しなくてはなりません．利潤は生産額（完全競争のもとでは，生産量＝売上量となることに注意しましょう）から人件費を差し引いたものですから，

$$\text{利潤（円単位）} = \text{生産額} - \text{人件費} = \text{価格} \times \text{生産量} - \text{時給} \times \text{総労働時間} \qquad (11)$$

という式が得られます．これに生産関数の関係(10)を代入すれば，

$$\text{利潤} = \text{価格} \times \text{生産額} - \text{時給} \times [\text{生産量}]^2 = \text{時給} \times \left[\frac{\text{価格}}{\text{時給}} \times \text{生産量} - [\text{生産量}]^2 \right] \quad (12)$$

となります．先に述べたように，時給は経済全体の動きで決まってくるもので，私たちの砂粒企業にはどうしようもない要因ですから，結局企業は(12)式の大きな [ ] の中，すなわちお金ではなく労働で測った実質利潤を最大にするように，生産量を定めることになります．

すると前節で財に対する需要関数を導いたときのテクニックが使えることがわかります．つまり(12)式の大きな [ ] の中は，

2.3　企業の経済行動：得られた利潤はどこへ行くか

$$\frac{価格}{時給} \times 生産量 - [生産量]^2 = -\left[[生産量]^2 - \frac{価格}{時給} \times 生産量\right]$$

$$= -\left[生産量 - \frac{1}{2} \times \frac{価格}{時給}\right]^2 + \frac{1}{4} \times \left[\frac{価格}{時給}\right]^2 \tag{13}$$

と書き換えられます．右辺第2項は，砂粒企業には動かすことができませんから，結局右辺第1項が最大となるように生産量を決めると，利潤が最大となることがわかります．

ところで前節で述べた理由により，第1項は必ず0または負の値をとりますから，最大となるのは0のとき，すなわち，生産量（供給量）が

$$生産量 = \frac{1}{2} \times \frac{価格}{時給} \tag{14}$$

という水準に定まるときになります．(14)式が財に対する供給関数を表しています．つまり，財の価格が時給に比べて高くなると（$\frac{価格}{時給}$ が上昇すると），それに比例して供給も増加する，ということがわかります．これを図で表すと図2-5のように右上がりの供給関数として表すことができます．つまり需要関数を導いたときと同様に，

$$\frac{価格}{時給} \Rightarrow 供給量$$

という因果関係があるわけです．以上をまとめれば，

利潤最大化行動　⇒　財の供給関数

という手続きを踏んで，財の供給関数は導き出されるのです（財の供給関数は企業の利潤最大化行動から導き出されます）．

ではなぜ供給関数は右上がりとなるのでしょうか．それは**図2-4**を参照することでわかります．つまり財を追加的に1単位だけ生産するのに必要な労働時間は，生産量の増加とともに次第に上昇します．一方売り上げは生産量に比例するだけですから，追加的に生産が増えるためには，財1単位からの収入である価格が，労働1単位の費用である時給に比べ高くなる必要があるのです．したがって，供給関数は右上がりとなります．

第2章 物々交換経済における市場の働き

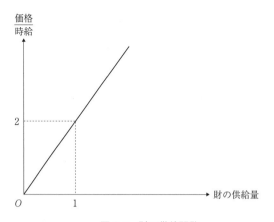

図 2-5 財の供給関数

　さらに個人の経済行動の分析において，財の需要関数の裏側として労働の供給関数が導き出されたことを思い出してください．じつは企業においても財の供給関数に対応して，労働の需要関数（与えられた実質賃金のもとでどれだけの労働時間を募集するか）が導き出されます．これは比較的単純な計算で求めることができます．そこで(14)式を(10)式に代入してみましょう．
　すると，

$$労働需要量（必要とされる総労働時間）= \left[\frac{1}{2} \times \left[\frac{価格}{時給}\right]\right]^2 = \frac{1}{4} \times \left[\frac{1}{実質賃金}\right]^2 \quad (15)$$

という需要関数が導かれることになります．ここでいうまでもなく，実質賃金 $=\frac{時給}{価格}$ です．これは図 2-6 のように右上がりのグラフで示されますが，実質賃金が上昇すると，製品価格に比べ1単位当たりの人件費が嵩むために，労働への需要が減少することを表しています．
　さて最後に，企業が上げた利潤はどこへ行くのでしょうか．その問題を考えておきましょう．結論を先にすれば，それはすべて個人に分配されると考えます．つまり個人が先祖から受け継いだ株式やボーナスなどによって，利潤は分配され尽くすとするのが，もっとも基本的な考え方です．
　もちろん，現在の日本企業がそうであるように，利潤は直接には個人に分配されず，企業内に内部留保として留め置かれることも珍しくありません．しか

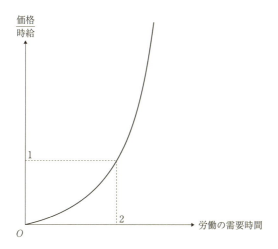

図 2-6　労働の需要関数

しながら，こうした内部留保も，企業年金の積み立てなど企業が個人（社員）の代理で貯蓄している部分もかなりな比率に上ります．したがって本書のような初歩的な分析では，単純化のために，企業の稼いだ利潤は，すべて直接・間接的に個人に分配されると考えます（初歩的な分析では，企業の稼いだ利潤は，株式の配当やボーナス・企業年金を通じて，すべて個人に分配されると考えます）．

2.4　価格はどうやって決まるか？

2.4.1　市場均衡の考え方

　前々節と前節では，個人や企業が市場で成立している価格や時給を知ったときに，どのように行動するかを考えました．では価格や時給は，どうやって決まるのでしょうか．これがこの節で取り扱う問題です．

　経済学では，売り手と買い手の出会う場を抽象的に「市場」（market）と呼んでいます．たとえば，財の売買をする市場は財市場と呼ばれますし，労働を売り買いする（雇う・働くことをこう表現します）市場には，労働市場という名前がついています．

　もし市場がそうした出会いの場であるとするなら，なぜそうなるかはさて置

第2章 物々交換経済における市場の働き

き，市場は個人や企業の利害調整の場であるわけですから，価格や時給は需要
と供給を一致させるように決まると考えるのが自然でしょう（さまざまな財・
サービスの価格は，需要と供給を同時に一致させるように決定されます）．大まかな
話をすれば，売れないものは安くなり，供給が追いつかないほど売れるものは
高くなると考えられるからです．こうして市場において需要と供給が一致した
状態のことを，「市場均衡」（market equilibrium）と呼びます．

　つまり一種の社会である市場とそれを構成する個人や企業は，さまざまな
財・サービスの価格を通じて，お互いに影響を及ぼし合っているのです．図式
的に表現すれば，

個人　⇔　市場（価格）　⇔　企業

という具合に，私たちの経済はできあがっているのです．このようにそれぞれ
の個人・企業が自らの利益のために活動し，その利害を市場という社会が価格
を通じて調整する経済のことを，「資本主義」（capitalism）と呼びます．

　では前節まで解説した私たちの経済における，市場均衡を計算してみましょ
う．そこで，財の需要関数である(5)式と供給関数である(14)式に着目してみ
ましょう．かりに財の売り買いが一致するように価格が決定されるとするなら
ば，

コラム6　資本主義・社会主義・混合経済

　個々の個人・企業の経済活動の自由を認め，それを市場によって調整させよ
うという経済の仕組みを「資本主義」と呼びます．これに対して，政府が中心
となって経済を運営しようという仕組みを「社会主義」（socialism）と言いま
す．この際には個人や企業の経済活動は，かなり厳しい制約を受けます．どち
らの考え方のみで経済を運営できるとするのは，偏った考え方です．実際に世
界の国の多く（特に先進諸国）では，市場と政府が補い合って経済を運営する
「混合経済」（mixed economy）の考え方がとられています．

$$(5)式 = (14)式$$

が成立するように，時給で測った価格である$\dfrac{価格}{時給}$が決定されます．上の式に実際の方程式を当てはめてみると，

$$財の消費量 = a - \frac{1}{2} \times \frac{価格}{時給} = \frac{1}{2} \times \frac{価格}{時給} = 財の供給量 \tag{16}$$

という方程式が成立します（一次関数・一次方程式の考え方については，第10章の「数学の基本を学ぼう」を読んでください）．これを$\dfrac{価格}{時給}$について解くと，

$$\left(\frac{価格}{時給} \right)^{*} = a \tag{17}$$

という解が求まります．ここで＊は均衡での値を表しています．

　ところで，(16)式を財の需要関数(5)あるいは供給関数(14)に代入してみましょう（どちらにしても同じことですが）．すると，

$$市場均衡における財の消費量 = 市場均衡における財の供給量 = \frac{a}{2} \tag{18}$$

という答えが出てきます．この有様を描いたものが，**図 2-7** です．つまり市場均衡とは，需要関数と供給関数の交点 に価格と取引量が定まるということを意味しているのです．

2.4.2　一般均衡という考え方：ワルラス法則とは何か？

　ここで1つ気になることがあります．私たちの考えている経済には，財の売り買いをする財市場のほかに，労働時間の取引をする労働市場があります．財市場で(16)式と(17)式をみたすように，相対価格と取引量が決まるとき，労働市場の事情はどうなっているのでしょうか．

　財市場が均衡していても，労働市場の需給のバランスがとれていないとしたら，大変困ったことになります．なぜならばかりに，個人全体が働きたいと思っている時間の合計が企業全体で募集している労働時間の合計を上回っていたとしましょう．すると俗に言う「人余り」（正確な言葉ではありませんが）が発生して，時給が低下し相対価格である$\dfrac{価格}{時給}$が上昇します．

　この結果は再び財市場にはね返って，財の値段が時給から比べて高くなりま

第2章 物々交換経済における市場の働き

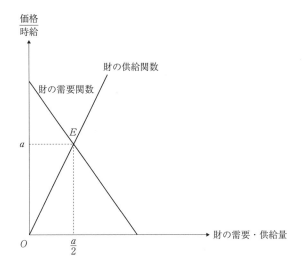

図 2-7 財市場の均衡

すから，財市場の需給のバランスも崩れます．こうなっては，(17)式や(18)式での分析も無意味になってしまいます．この問題をどう捉えたらよいのでしょうか．これがこの節での目的です．

結論を先にすれば，こうした心配は無用なことなのです．経済全体で見れば，財市場が均衡しているときには，労働市場の需給も必ずバランスしていることを示すことができます．論より証拠．(16)式と(17)式が成立し財市場が均衡しているとき，必ず労働市場も均衡していることを，計算によって確かめてみましょう．

そこでまず，労働の供給関数(7)に均衡相対価格(16)を代入してみましょう．この際ぜひ注意して欲しいのは，前節でお話しした企業の利潤が結局は個人に分配されるという考え方です．すると(3)の予算制約式は，

$$労働時間 = \frac{価格}{時給} \times 消費量 - 実質利潤$$

となることです．つまり企業から実質利潤の分配を受ける分だけ働かなくともよくなるということを表しています．この効果は，(4)式と(5)式で表される最適な消費量を決める意思決定には影響を与えませんから（なぜか？）結局労働

42

2.4 価格はどうやって決まるか？

供給量は(7)式の右辺から利潤を減じた量となります。

したがって，

$$労働供給量 = -\frac{1}{2} \times \left[\left[\frac{価格}{時給}\right]^* - a\right]^2 + \frac{a^2}{2} - \left[\frac{価格}{時給}\right]^* \times 実質利潤$$
$$= \frac{a^2}{2} - a \times 実質利潤$$

(19)

が成り立つことがわかります。

さて次に，労働の需要関数(15)に均衡相対価格(16)を代入しましょう。この結果，

$$労働需要量 = \left[\frac{1}{2} \times \left[\frac{価格}{時給}\right]^*\right]^2 = \frac{a^2}{4}$$

(20)

という結果が得られます。ところで，均衡価格(13)を前提に，(20)式を用いて実質利潤を計算すると，それが $\frac{a^2}{4}$ であることを確認できます。したがって(19)式から，財市場が均衡しているときの労働供給量とその需要量は

$$労働供給量 = \frac{a^2}{2} - \frac{a^2}{4} = \frac{a^2}{4} = 労働需要量$$

という関係にあることがわかります。上の式は，つまり先に予告したように，財市場の需給がバランスしているときには，必ず労働市場でも均衡が達成されていることを表しているのです。

これで数式のうえでは，私たちの心配，つまり一方の市場が均衡していても他方の市場の需給バランスが保たれなかったら，経済全体はどうなるのかという懸念は無用だということが理解できたと思います。しかしそれは現実的には，どういう意味を持っているのでしょうか。もう少し深く考えてみましょう。

この問題にアプローチするにあたっては，まずここで分析されている経済が貨幣経済ではなく，物々交換経済であるということに注意しなくてはなりません。より具体的には，個人は全体として労働というサービスと交換に財を得ようとしているに対し，企業は全体として財を提供する代わりにそれを生産するため労働を欲しがっているのです。

つまりこの2つの経済主体の集合の間で，財と労働が市場を通じて交換されているのです。したがって財の交換について互いに不満がなければ，労働のそ

43

第2章　物々交換経済における市場の働き

れについても不満がないのも当然です．交換は互いに不満がなくてはじめて成立するものであることは，私たちの日常生活からも明らかでしょう．

　さらに不満がないということは，2.4.1 での経済用語を用いれば，どちらの売り買いあるいは需給もバランス（均衡）していることを意味します．したがって，財の市場が均衡しているときには必ず労働市場は均衡していますし，逆に，労働市場が均衡しているときには財市場が必ず均衡しているともいうことができます．

　こうして経済全体を見渡すと，すべての市場の均衡条件を考える必要はなく，そのうちどちらかだけを分析すれば事足りることがわかります．経済の持つこのような性質を一般に，「**ワルラス法則**」（Warlas' law）（⇒用語解説）と呼びます．ワルラス法則を前提とすると，また1つ気になることが起きてきます．私たちは財の売り買いをする財市場だけに注目すればよいわけですが，財市場の均衡は(16)式という方程式によって表され，その結果は(17)式と(18)式によって記述されます．つまり，

$$\left(\left[\frac{価格}{時給} \right]^{*}, \ [実現される取引量] \right) = \left[a, \ \frac{a}{2} \right]$$

です．

　このとき経済全体の市場を均衡させる（一般均衡：general equilibrium と呼びます）には，相対価格である $\left[\dfrac{価格}{時給} \right]^{*}$ が決定されれば十分であって，お金で測った絶対価格である「価格」と「時給」が個別に決まる必要はないということがわかります．もう少し厳密な言い方をすると，ここで考えている物々交換経済には，財と労働のお金で測った価格を個別に決める力はなく，その比率である相対価格だけしか決まらないということになります．

　どうしてでしょうか？　それは相対価格 $\left[\dfrac{価格}{時給} \right]^{*}$ の経済的意味を考えれば得心がいきます．先にも論じたように，この相対価格は労働1単位でどれだけのものと交換できるかを表す，交換比率なのです．物々交換では，言うまでもなく直接に財と労働を交換するわけですから，この比率さえわかれば個人や企業が自らの行動を決するに十分なのです（物々交換経済では財と労働の交換比率で

ある相対価格のみが重要な情報であり，お金で計った価格である絶対価格そのものを決める力はありません）．こうした理由で，物々交換経済では絶対価格を定めることができないのです．

このことは後に第5章で解説する，貨幣経済の理論であるケインズ経済学との対比できわめて重要な事実です．つまり物々交換経済には（考えてみれば当たり前ですが），貨幣の出る幕がないのです．逆から言えば，第1章で述べた「欲望の二重付合の困難」の存在が，物々交換経済ではあらかじめ排除されていることを意味します．物々交換経済の理論は経済学の基本であり，かつそれ自身十分有用な考え方ですが，限界があることをわきまえておくのも，また大切です．

2.4.3 市場はなぜ均衡するか：流通業者の役割

2.4.2では価格は市場の需給を均衡（バランス）させるように決定されることを前提として，議論を展開しました．しかしどこにこうした保証があるかには，ほとんど触れないで，やってきました．この項では，この問題に取り組むことにしましょう．言い換えれば何らかの理由で，価格が均衡から外れたところに定まったときに何が起きるか，そしてそれは価格の変化を通じて経済を均衡へ押し戻す力となりうるのかを検討しようというわけです．

ここで重要となるのが，流通業者（小売商店やデパート・スーパーなど）の存在と彼らどうしの競争です．彼らはできるだけ安い価格で生産者である企業から製品を仕入れ，高い価格で売ることで利潤（儲け）を得て，生計を立てています．

さてそこで，**図 2-8** を見てください．この図は本質的には図 2-7 と変わりませんが，流通業者の経済活動が書き込まれている点で異なっています．図の線分 OA に注目してください．この長さは流通業者が販売量の予想を立てて，実際に企業に注文しそれを個人に販売した量です．このときの企業からの卸値は p_A^s であり，個人への販売価格は p_A^d になります．すると売りさばいた製品1単位当たり，$p_A^d - p_A^s$ だけの利益が出ることがわかります．これは大変「うまい話」です．

しかし「うまい話」は長続きしません．業者間の競争があるからです．つま

第2章 物々交換経済における市場の働き

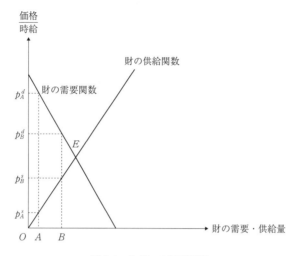

図2-8 均衡への調整過程

り新しい業者が参入してきて、より高い値段で企業から仕入れ、より安く個人に販売したとしましょう。たとえば、仕入れ・販売量が線分 OB の長さになる場合です。この場合売上1単位当たりの利益は $p_B^d - p_B^s$ となり減少はしますが、まだ儲かっています。

したがって流通業への参入費用（お店や事務所を借りたりすること）を単純化のために無視できるほど小さいと考えると、製品1単位当たりの利益が正である限り、次々に新規業者の参入が続くことになります。そうすると図から明らかなように、ひとたび何かの拍子で経済が均衡から外れても、流通業者の間の競争が経済を調整する役割を担って、最終的には経済は均衡へと押し戻されることになるのです。

こうした外的なショックが働き、経済がその均衡から一時的に離れても、再びそこへ戻る力のある均衡を「安定である」（stable）と言います。均衡が安定的であれば、多少の「ズレ」があっても経済はその近辺で動くことになりますから、均衡を分析するだけでも、大まかな経済情勢やそのあり方は分析できるのです。こうした意味で、分析の対象となる均衡が「安定」であるかどうかは、進んだ分析では大変重要となります。

2.5 理想状態の市場経済：「神の見えざる手」を証明する

2.5.1 パレート効率性（Pareto efficiency）をいう考え方

さてこの節は，この章の締めくくりとして，とても大切な問題を議論します．私たちはこれまで資本主義経済あるいは市場経済の構造を，**一般均衡分析**（⇒用語解説）により描いてきました．しかしそこで起きている経済現象は，「良いこと」なのでしょうか．それとも「悪いこと」で改善を必要としているのでしょうか．こうしたきわめて大切な判断をいかになすべきかに，まだ私たちは辿りついていないことがわかります．

このように経済のあるべき姿を提案する経済学の分野を，「厚生経済学」（welfare economics）と呼んでいます．厚生経済学では経済の良し悪しを判断するわけですから，これまでの分析には持ち込まれていなかった「価値判断」（value judgment）が必要となります．人それぞれに違った価値判断を持つことを許容すると（たとえば，自分一人が豊かになるなら他の人すべてがどうなっても良いというのも，1つの社会に対する価値判断です），社会全体でまとまった評価やあるべき政策の姿を提示することが不可能になります．そこで 2.1 節で述べた功利主義のもとにおける自由に沿った形で，価値判断を導入する必要が出てきます．

そこで標準的な経済学では，「パレート効率性」（Pareto efficiency）という価値判断が用いられることになります（パレートは，19 世紀のフランスの経済学者です）．パレート効率性とは

「ある個人が有利になるためには，少なくとも他の 1 人の個人が不利になってしまう状態」

として定義されます．一見何を言っているのかわからない定義ですが，これには奥深い経済学的意義があるのです．

パレート効率性は「社会全体でまったく無駄がない状態」を指していると，言い換えることができます．なぜならば，社会全体で資源が余っていて無駄が発生しているとするならば，その余剰資源を分かち合うことで，だれが不利に

第2章　物々交換経済における市場の働き

なることなく，個人はそろって有利になることができるからです．そうした無駄が存在しないほど，資源が有効に用いられている状態をパレート効率性がみたされていると呼ぶわけです．

これは 2.1 節で述べた功利主義的自由と，以下の意味で密接な関連があります．すなわち，功利主義はだれもが豊かになろうとすることを「善いこと」であると考えます．しかし個人が 1 人ではなく社会の中で生きている以上，他の個人も同じように財的な幸福を追い求める権利を認めねばなりません．したがって，欲望追求の自由も他の個人のそうした権利を侵害しない範囲でのみ認められることになります．

経済社会がひとたびパレート効率性を達成してしまうと，その定義から明らかなように，他人の欲望追求を阻まない限り自分が有利になることができないわけですから，いま述べた功利主義的自由が最大限に実現されている状態であると，解釈できるのです．

こうしたパレート効率性の深い経済学的背景を知らない人が，（近代）経済学は，効率重視で生きた人間の悩みを介しないという批判をなすことがよく見かけられます．このゆえなき批判に，身の回りの例で答えておきましょう．

第 6 章の 6.4 節のケインズ経済学で解説される，「非自発的失業」（involuntary unemployment）という現象があります．これは現在市場でついている賃金のもとで働きたいと思っても働けない人がいる状態を指します．もちろん非自発的失業は深刻な貧困・所得分配の不平等（貧富の差の拡大）を呼び，それ自身が問題だと考えることはたやすいですし，私もそうした主張を誤りとは思いません．

しかしながら，より詰めて考えると，貧富の差がなぜ悪いという居直った問い（いまの日本にはそうした風潮が蔓延していますが）に答える用意がなくてはなりません．この点パレート効率性は，きわめて明瞭な答えを用意してくれます．すなわち，新たに非自発的失業から抜け出せる個人がいれば，もちろんそれはその人の利益となります．一方売り上げが増えることで雇用が増えるわけですから，企業にとってもすでに職に就いている人にとっても増益やボーナスの増加などで有利になることができます．

したがって非自発的失業が存在する経済は，労働という希少な生産要素の遊

48

休を意味しますから，パレート効率的な状態ではなく，それを減らす政策が望ましいという結論が導き出されます．

俗に「効率」という言葉は，時間や労力の節約という意味で使われていますが，経済学では，より広く血の通った人間的な概念として用いることもできるのです．

2.5.2 市場経済はそれ自体で素晴らしいか：アダム・スミスの「見えざる手」を証明する

いま，提示されたパレート効率性という価値判断からしたとき，前節まで分析した財市場・労働市場からなる私たちの経済は，どう評価されるのでしょうか．この大切な問題を考えてみましょう．この問題は，政府の果たすべき経済的役割について，大変大きな影響を持ちます．

なぜならば，かりに私たちの経済がパレート効率的なものであるとするなら，国防・警察などのサービスを除けば，政府の出る幕はほとんどなく，個人や企業など（いわゆる「民間」）の自由な経済活動に経済社会の動きを委ねてしまえばよいからです．このような考え方を「自由放任主義」と呼びます．

18世紀イギリスの経済学者アダム・スミス（Adam Smith）は，こうした考え方をはじめて体系化した人ですが，その根拠はどこに求められるのでしょうか．スミスによれば，民間は自分の利益しか考えないで行動するが，それは結果として神の「見えざる手」（invisible hand）に導かれて，経済全体を効率的に動かすとのことです．しかしそうは言っても，「見えざる手」とは一体何のことなのでしょうか．この正体がわからないことには，雲をつかむような話です．

この項では，まずこの「見えざる手」のメカニズムを，経済理論的に解説して，そののちに簡単な数学を用いて，私たちの物々交換経済がパレート効率的であることを証明します．言い換えれば，資本主義は理想的な条件が整うと，政府がなくとも，きわめて高い経済効率を示すことが，初歩的な数学により厳密に証明できるのです．これを経済学では，「**厚生経済学の第一基本定理**（⇒用語解説）」と呼んでいます（アダム・スミスの「見えざる手」は，現代の経済学では，厚生経済学の第一基本定理として数学的に証明されています）．

第2章　物々交換経済における市場の働き

　さて「見えざる手」を働かせる力は，個人・企業の意思決定の裏側に潜む次の力です．まず，個人から考えましょう．個人は予算制約の範囲内で効用を最大化するように行動すると仮定しましたが，これはそうして達成される効用水準（満足感）に必要な支出を最小化しているのと同じことを意味します．なぜならば，仮に支出を最小化していないとすると，まず達成すべき効用水準に応じて支出を最小化して，さらに余った予算でより高い効用を得ることができてしまうからです．

　こういうことが可能であるような経済行動は，もともと予算制約の範囲内で効用を最大化していないからにほかなりません．したがって，予算制約下での効用最大化問題は，最大化された効用を達成させるのにもっとも少ない支出で賄っているのと同じことを意味します．図式的には

予算制約下の効用最大化　⇔　効用水準を与えたときの支出最小化

という関係が成り立つのです（このようにある最大化（最小化）問題と別の最小化（最大化）問題の解が同一であるとき，それらの問題を双対問題（dual problems：そうついもんだい）と呼びます）．

　次に企業について考えましょう．先に企業の利潤はすべて何らかの形で個人に分配されるとしましたから，企業の利潤最大化行動は，個人の所得を最大限に高める働きがあります．家計の欲望は限りがありませんから，したがって，企業ができるだけ多くの利潤を上げることは，家計の効用を最大限高めることに役立ちます．以上をまとめると，

企業の利潤最大化　⇒　個人の効用最大化　⇔　個人の支出最小化

といった具合になるでしょう．

　そこで上の因果関係を示す図式のうち，

企業の利潤最大化　⇒　個人の効用最大化

という関係は，企業の利潤最大化行動が経営者の**直接の意思とは別に**，結局は個人の利益に帰着することを意味しています．高い利潤を上げるには経営者は極力企業内の無駄を省かねばなりません．同様に個人の行動においても，**彼ら**

2.5 理想状態の市場経済：「神の見えざる手」を証明する

の直接の意思（効用最大化）とは別に，無意識に効用を高めるために，支出を無駄のないものとするよう努力しているのです．

ですから，経済全体にこうした節約の動機が埋め込まれているならば，第3章以下で学ぶ市場経済の機能不全問題が起きない限り，資源を極力節約し無駄なく使用する社会的な力が経済を良くするはずだと，アダム・スミスは考えたのです．そしてこれら節約の社会的メカニズムが，個人や企業の直接的意思すなわち効用最大化・利潤最大化の中に潜む無意識の構造に根差していることから，それを「見えざる手」と名付けたと考えるのが至当でしょう．

さていよいよ，数式によって以上の議論を整理し，アダム・スミスの「見えざる手」の存在を厳密に証明しましょう．証明すべきは，前節までの均衡（正式には「**ワルラス均衡**」（⇒用語解説）と呼びます）がパレート効率的であることです．証明は背理法によってなされます．つまり仮に，ワルラス均衡がパレート効率的でないとするなら，論理的に矛盾が起きることを明らかにするという方針がとられます．

まずワルラス均衡において，社会のだれかが（実際は何人でもかまわないのですが）より有利な状態になれると仮定します（最終的にはこの仮定が矛盾を引き起こすということで証明が完結します）．この個人をかりに A と名付けるなら，彼が有利になれたときの財の購入量と労働時間は

$$\left[\frac{価格}{時給}\right]^* \times A の財の購入量 - A の労働時間 > 最大実質利潤の A の分け前$$

という関係をみたします．なぜならばワルラス均衡では，効用を最大化するために目いっぱい予算を使っているので，それより有利になるには同じ予算のもとでよりたくさんの財が買えるようになるか，あるいは同じ量の財を購入するのにより少ない労働時間ですむか，のどちらかしかないからです．

これに対して残りの人々たち（この集まりを A^c としましょう）は，最大限節約してもっとも高い効用を得ているわけですから，予算はすべて使い切っています．このことは

$$\left[\frac{価格}{時給}\right]^* \times A^c の財の購入量 - A^c の労働時間 = 最大実質利潤の A^c の分け前$$

として表現されます．この2つを加え合わせると，

第2章　物々交換経済における市場の働き

$$\left[\frac{価格}{時給}\right]^* \times 社会全体の財の購入量 - 社会全体の労働時間 > 最大実質利潤の合計$$

となります．ところで上の不等式の左辺は，（労働1単位で測った）実質利潤になりますから，これを考慮に入れると

$$実質利潤 \; > \; 最大実質利潤 \tag{21}$$

という不等式が成り立たねばなりません．しかし実質利潤のうちもっとも大きいものが最大実質利潤ですから，不等式(21)は矛盾です．

こうした矛盾が起きるのは，もともとワルラス均衡がパレート効率的でないと仮定したからです．したがってワルラス均衡はパレート効率的であることが証明されました．

2.5.3　厚生経済学第一基本定理の読み方：「見えざる手」の限界

前項で証明された厚生経済学の第一基本定理は，資本主義の素晴らしさを声高に歌うものなのでしょうか．そうした素朴な解釈をする経済学者が，たくさんいることは否めない事実です．何事によらず「競争メカニズム」の促進を訴える人もいれば，政府が経済に働きかける役割に否定的で「官から民へ」という政治的スローガンを喧伝する人も後を絶ちません．

しかし冷静に振り返ってみましょう．「見えざる手」の機能は，定理として証明されたわけですから，定理を成り立たせている「仮定」がみたされないとき，純粋な資本主義あるいは市場経済は限界に突き当たります．経済学における「仮定」とは，現実の経済における制度的・歴史的制約，意思や情報の伝達・探索の費用（これはきわめて重要な経済要因ですが）の特性，貨幣の持つ特殊性などを指しますが，この物々交換に関する輝かしい定理も，それがよって立つ「仮定」が少しでも崩れると，成り立たなくなってしまうのです．

言い換えればこの定理は，現実経済のどこに問題があるのかを探す際のレファレンス・ポイントとして役立てるというのが，現代の理論経済学の本筋であり，そのまま無批判な資本主義賛美の礎石となると考えている経済学者は，政治的な利害に深く関わっているか，または大学院を出て以来まったくの不勉強をかこっているか，あるいはその両方であるというのが，否めない事実でしょ

52

う．

　次章以降では，この定理が成立しない場合を扱うより現実に近い理論で，さまざまな経済問題に取り組むことにしましょう．

要点の確認

・個人の経済活動をどう描写するか
　個人が財・サービスの消費から得られる満足感を，効用と呼びます．経済学では支出が所得を上回らないという予算制約のもとで，財・サービスから得られる効用を最大化するように，個人は行動すると考えます．そしてここから，財・サービスの需要関数が導き出されます．
・企業の経済活動をどう描写するか
　経済学では企業は利潤を最大にするように行動すると考えます．企業はある技術を保有しており，労働などの生産要素を結合して，ある特定の財・サービスを生産すると考えます．この技術体系を数式で表したものが，生産関数と呼ばれる概念です．この技術体系の制約のもとで利潤を最大化することから，供給曲線が導き出されます．
・価格はどう決まるか
　財・サービスの価格は，各々の市場の需要曲線と供給曲線の交点に決まります．ここでは次のような調整過程を経て市場は均衡に至ると説明しました．ある生産量のもとで，仕入れ値よりも売り値が高ければ，儲かりますから，流通業者は生産者によりたくさんの注文をしようとします．このためには仕入れ値を上げねばなりません．一方売り値はよりたくさんのものが出回るようになるために，低下します．したがって次第に流通業者の利ザヤは縮小します．しかし利ザヤがある限り，より高い仕入れ値でかつより低い売値で流通業者は競争しますから，最後は仕入れ値と売り値が一致する，つまり需要曲線と供給曲線の交点で価格が決定されることになります．
・経済学における価値判断は何か
　経済学では経済社会に起きる現象を分析するだけではなく，それが良いことなのか悪いことなのかを評価し，悪いことであればその改善策を，良いことであればさらに良くなるにはどうすべきかを考えます．ただこの際の「良い」という意味（これを価値判断あるいは価値基準と呼びます）がはっきりしていなくてはなりません．経済学では「良い」ということを，「現状よりだれか一人が有利になるためには，少なくとも他の一人が必ず不利になってしまう状態」と定義します．こうした状態のことを「パレート効率的」と呼びます．言い換えれば，パレート効率的とは無駄のない状態を指します．無駄があればそれを活用することで，だれを不利にすること

第2章　物々交換経済における市場の働き

もなくだれかが有利になれるからです.
・厚生経済学の第一基本定理（見えざる手の数理表現）について
　市場経済は上で学んだような理想的な状態において，パレート効率的となります.
これは個人の効用最大化が，それに対応する効用水準を達成するのに最小の支出と
なっているからです. つまり個人の利己的な効用最大化行動は，それが他の個人に
対して迷惑を及ぼさない限りにおいて，社会的に見ても限りある資源を極力無駄な
く使うことを意味しているのです. ただ一般には，定理成立のために前提とされて
いる条件がみたされるとは考えにくく，理想的な市場経済から比べて，現実の経済
のどこがいけないのかをチェックする際の参照基準であると捉えるのが，バランス
の良い理解です.

文献ガイド

　教科書はあれこれ手を付けるのではなく，とりあえず優れたものを一冊だけ頑張
って読み通すことが大事だと思います. その意味で
ハル・ヴァリアン (1986)『ミクロ経済分析』（第1章から第10章，第13章，第
　　17から第19章），佐藤隆三・三野和雄訳，勁草書房
は長く読み継がれている名著です. 実に豊富なミクロ経済学のツールが，整然とか
つ平易に解説されています. この章の内容だけでなく，第3・4章の内容もより詳
しく解説されており，これから本格的にミクロ経済学を学ぼうとする人には，うっ
てつけの本です. 数学的な内容が少し難しいと感じるかもしれませんが，本書を読
み通せば，十分に理解できるはずです.

第3章
ゲーム理論と市場の失敗

　この章では第2章で学んだ市場の限界を踏まえて，市場の不完全性を記述する手段としてのゲーム理論を学びます．第2章の競争市場では，顔の見えない多数の競争相手の動きはすべて市場価格に反映され，かつ自分の行動は市場価格に一切影響を与えないと考えてきました．しかし企業の規模が市場に比べて大きかったり，個人の経済活動の帰結が，市場を通さず直接に他の個人に影響を与えるとき，こうした競争市場の考え方は成り立ちません．こうした状況を描写するのがゲーム理論の役割です．ここで1つ留意すべきは，ゲーム理論はあくまでも経済学の中の1つのツールにしかすぎず，よく世間で言われるように，それ自身が神秘的で哲学的な内容を持っているものではないということです．

第3章 ゲーム理論と市場の失敗

3.1 経済行為の外部性とゲーム理論

第2章ではあえて明示しませんでしたが，厚生経済学の第一基本定理が成立し，市場が効率的に機能するためには，財・サービスを売り買いする経済行為の影響が，その個人・企業にだけしか及ばないことが前提となります．しかし一般にはこうした前提がみたされず，市場を通さず，ある経済主体の行動が他の主体に直接影響を及ぼすことが多いのです．これは一般に，経済行為の「**外部性**」(externality)（⇒用語解説）と呼ばれます．

「外部性」が存在するとき，市場はうまく機能しません．市場がパレート効率的な資源配分を達成できないことを「**市場の失敗**」(market failure)と呼びますが，「外部性」はなぜその原因となるのでしょうか．考えてみましょう．

たとえば，耳をつんざく排気音を撒き散らすバイクに乗るという行為を例にしましょう．するとこのバイクを運転する人は，（私にはよくわかりませんが）そうした経済行為自体から喜びすなわち効用を感じることができます．しかし夜中にこのような騒音を立てられる私たちは，たまったものではありません．こうした経済行為から，迷惑すなわち不効用を感じます．

つまり，はた迷惑なバイクの運転という行為は，運転者の効用と周りの人の不効用という影響を同時にもたらします．したがって，この行為は騒音という**負の外部性**を持つのです．かりにバイクの運転と騒音の交換をする市場があるとすれば，この経済問題はあらかた解決できます．はた迷惑なバイクの運転は，同時に騒音という負の効用をもたらすサービスを供給しているわけですから，これに正当な負の価格すなわち罰金を科すことによって，抑止できるわけです．

しかしこうした議論が絵空事であることは，みなさんの経験からも明らかでしょう．騒音を取り締まる警察が，騒音を売買する市場の代わりを果たしているとは，取り締まりのあり方や罰金のシステムからして考えにくいことです．こうした取り締まりは，不特定多数の「騒音市場」の参加者（バイクの運転手と住民）の騒音についての需給を調整するように罰金を定めているわけではありません．迷惑運転手と警察・罰金システムの間の一対一の「力関係」で，騒音が抑止できるかどうかが決まるのです．

経済学では，市場のように不特定多数の参加者ではなく，ある特定の利害関係者によって定まる取引を「相対取引」（bilateral trading）と呼びます．言い換えれば，外部性が存在する経済取引は，市場取引ではなく，相対取引となります．第2章で学んだ物々交換市場の理論では，こうしたことを分析できません．これを分析することが，ゲーム理論の主たる目的なのです．

　以下ではもう少し秩序だって，ゲーム理論の考え方とその応用を学ぶことにしましょう．

3.2　ゲーム理論の考え方

3.2.1　プレーヤーの特定

　先に述べたように，ゲームは市場取引とは異なり，取引相手が特定される取引を扱いますから，これを分析の俎上に上らせるためには，まず問題となる取引の参加者，すなわちゲームの「プレーヤー」（players）を，明確に定めなければなりません．前節で紹介した，迷惑運転の例で考えれば，プレーヤーは「迷惑ライダー」とそれを取り締まる「警察」ということになります．

3.2.2　戦略変数の特定

　次に相手のプレーヤーに対して，自らを有利に導く手段を特定しなければなりません．この手段のことを，「戦略変数」（strategic variables）と呼んでいます．「迷惑ライダー」の戦略変数は，迷惑運転をするか，普通の運転をするか，という2つの選択肢です．一方「警察」の方の戦略変数は，罰金を科すか，科さないか，という選択肢です．

3.2.3　利得行列の特定

　これらプレーヤーと戦略変数が決まると，2人がそれぞれの戦略を取り合ったときに，どのようなゲームの結果が生ずるかを決めることができます．私たちの「迷惑ライダー」・「警察」ゲームの結果としては，2人のプレーヤーがそれぞれ2通りの戦略をとりうるわけですから，合計 $2 \times 2 = 4$ 通りの結末が予想されます．

第3章　ゲーム理論と市場の失敗

警察＼迷惑ライダー	騒音を出す運転	普通の運転
罰金を科す	(5, −5)	(−5, −20)
罰金を科さない	(−5, 20)	(20, 0)

表 3-1　迷惑ライダーと警察のゲーム

つまり「警察」が「罰金を科す」という戦略をとるとすると，「迷惑ライダー」はこれに

「騒音を出す運転」か「普通の運転」

で対抗する可能性があります．同じく「警察」が「罰金を科さない」と決めると，「迷惑ライダー」は，いま述べた 2 つの戦略のどちらかで対抗します．したがって，このゲームには 4 通りの帰結が予想されるのです．

これを表にしたものが表 3-1 です．そして，こうした起こりうるゲームの結果をもれなく記した表を，**「利得行列」**（payoff matrix）と呼んでいます．表の見方を解説しましょう．まず左上の欄を見てください．ここには

「迷惑ライダー」が迷惑運転を選び，かつ「警察」が罰金を科した

ときのゲームの結果が書かれています．表のどの（　）の中にも，

（警察の利得，迷惑ライダーの利得）

を順番に書き込むことが約束ですから，この場合は (5, −5) すなわち，「警察」は罰金を得て 5 だけの利得をあげ，「迷惑ライダー」は「迷惑運転」ができても罰金を支払わなくてならないことから −5 だけの利得を得るのが，このゲームの結果であるということを表しているのです．

次に右上の欄を見てください．ここには

「迷惑ライダー」が普通の運転を選んでも，「警察」が罰金を科した

ときの利得が書き込まれています．このとき「警察」は咎のない人に罰金を科したということで不名誉を受け −5 だけの利得を得ます．これに対して，「迷惑ライダー」は普通の運転をしたうえに罰金を取られるわけですから，踏んだ

58

り蹴ったりで−20だけの利得となります．これが右上の欄に（−5, −20）という数字が書き込まれている理由です．

さて3番目に左下の欄に移りましょう．ここには，

「迷惑ライダー」が迷惑運転を選んでも，「警察」が罰金を科さない

ときの利得が書かれています．このとき「警察」は取り締まりの不備を責められますから−5だけの利得となります．これに対して「迷惑ライダー」はただで迷惑運転ができるわけですから，最高の20だけの利得を得ます．これが左下の欄に（−5, 20）と書かれている理由です．

最後に右下の欄に移りましょう．ここは，

「迷惑ライダー」が普通の運転を選び，「警察」も罰金を科さない

ときの利得が記されています．このとき「警察」は無事を喜びますから20だけの利得がありますが，「迷惑ライダー」にとっては何も面白いことがないので，利得は0となります．よって右下の欄には，(20, 0) という数字が入ります．

3.2.4 支配戦略（dominant strategy）の存在

さてこのゲームには，1つ著しい性質があります．「迷惑ライダー」側に，支配戦略が存在することです．支配戦略とは，

「相手がどのような戦略をとってくるかに依存せず，必ずそれが自分をもっとも有利に導く戦略」

のことを言います．実際に利得行列を参考にしながら，この事実を確認しましょう．

まず「警察」が罰金を科すという戦略をとったとしましょう．すると「迷惑ライダー」は，左上と右上の欄を参照にしながら，自分の戦略を決めねばなりません．表から明らかなように，彼の利得は「迷惑運転」をすれば−5，「普通の運転」をすれば−20です．したがって「迷惑運転」を選択することになります．

次に「警察」が罰金を科さないという戦略を採択したとすれば，「迷惑ライ

第3章 ゲーム理論と市場の失敗

ダー」の利得は左下と右下の欄を見ればわかります．「迷惑運転」をすれば20,
「普通の運転」をすれば0ですから，このときにも彼は，「迷惑運転」を選びま
す．

　以上から明らかなように，表3-1のような利得行列のもとでは，「迷惑ライ
ダー」は「警察」が罰金をとるかとらないかにかかわらず，つねに「迷惑運
転」を選択します．つまり「迷惑運転」が「迷惑ライダー」にとっての支配戦
略なのです．

3.2.5　ナッシュ均衡の求め方

　さてこの「警察」・「迷惑ライダー」ゲームの帰結は，4つある潜在的な可能
性のうちどこに落ち着くのでしょうか．このようなゲームの帰結あるいは結末
を，**均衡**（equilibrium）と呼びます．そしてそれに対応する戦略を，**均衡戦略**
（equilibrium strategy）と呼びます．

　すなわちゲームとは，①プレーヤー，②戦略変数，③利得行列，④均衡，の
4つの概念から形成される経済理論なのです．

　さて均衡戦略として，

**「相手がその戦略をとり続ける限り，自分だけがそれとは違った戦略をとると
損をしてしまう戦略の組（相手についても同じことが当てはまらなければなら
ないことに注意してください）」**

というのは，きわめて自然な考え方です．なぜならば，ひとたびこうした均衡
戦略に辿り着くと，両者ともそれとは別な行動をしなくなるからです．このよ
うな均衡戦略をナッシュ均衡戦略と呼び，またそこから得られる利得も含めて，
ナッシュ均衡（Nash equilibrium）と呼びます．

　ナッシュ均衡の考え方を，表3-1で表される，「警察」・「迷惑ライダー」ゲー
ムに適応してみましょう．すると先に述べたように，「迷惑ライダー」側に
は「迷惑運転」という支配戦略がありますから，この場合均衡を探すのは比較
的容易であって，「警察」の均衡戦略さえわかればよいことになります．

　ということは，「迷惑ライダー」の戦略を「迷惑運転」と固定して，左側の
上下の欄を比べればよいことになります．すると「警察」の利得は，左上の欄

で5，左下の欄で−5ですから，左上すなわち「罰金を科す」という戦略が採択されます．これがこのゲームのナッシュ均衡なのです．

つまり，「警察」・「迷惑ライダー」が，お互いの戦略を知りながら「同時に」（このことが大変重要です）自らの戦略を決めるという設定のもとでは，罰金は本来の効力を発揮しません．これは，右上の欄すなわち警察が罰金をとると決めたら「普通の運転」をしても無駄だという想定と左下の欄すなわち警察が罰金をとらないと決めたら，「迷惑運転」は止められないという，このゲームの2つの性質によるものなのです．

コラム7　ゲームの要素

ゲームは次の4つの要素から形成されます．このどれ1つが欠けても，ゲームはものの考え方として意味を持ちません．すなわち，①プレーヤーの特定，②戦略変数の特定，③利得行列の特定，④均衡の定義，の4つの要素です．ゲーム理論を用いて経済現象を考えようとするときには，いつもこのことを，頭に入れておく必要があります．

3.3 「手番」の重要性

では私たちは，罰金という潜在的な脅威を利用し，「迷惑運転」を止めさせる方法がないのでしょうか．答えは否です．それはゲームの「手番」を考えることで解決します．これまでは，「警察」と「迷惑ライダー」が同時に戦略を決めるという，**「同時手番」**（simultaneous move）のゲームを考えてきました．しかしこれは，あまり現実的ではありません．

なぜならば，「警察」は「迷惑ライダー」の運転ぶりを見てから，罰金を科すかどうかを決めるのが普通だからです．つまり「迷惑ライダー」が先手，「警察」が後手になるのです．このように手番があるゲームを**「逐次手番」**（sequential move）と呼びます．ではこのゲームのナッシュ均衡はどうなるの

第3章　ゲーム理論と市場の失敗

でしょうか（同時にお互いの戦略を決めるゲームを「同時手番ゲーム」(simultaneous move game) と呼び手番の前後があるゲームを「逐次手番ゲーム」(sequential move game) と呼びます).

3.3.1　部分ゲームの完全性（subgame perfectness）という考え方

　先手である「迷惑ライダー」が合理的であれば，自分がある行動をしたときに，後手である「警察」がどのような戦略をとるかを読み込んで行動することになります．この様子を描いたものが**図**3-1 です．これは一般に「**ゲームの樹**」(game tree) と呼ばれるもののうちもっとも簡単な例になっています．

　ゲームの構造から，均衡を導くためには，「迷惑ライダー」が自分の行動に「警察」がどう反応するかを考えなくてはなりません．つまり点 B あるいは点 C で始まる部分ゲーム (subgame) において，どれがナッシュ均衡として選ばれるかをまず考える必要があるのです．そのうえで，全体のゲームである点 A で自らの行動を決めることになります．

　このように，全体のゲームを構成するどの部分ゲームも，ナッシュ均衡になっていなければならないという要請を「**部分ゲームの完全性**」(subgame perfectness) と呼びます．そしてそれを求めるためには，将来の部分ゲームをまず解いた後，その解（均衡）を前提に現在のゲーム（全体ゲーム）の均衡を求めねばなりません．これを逆からやると，将来時点で現在の予想とは違った結果が生まれるという非合理な結果が出てしまうからです．

　計画を立てるにあたっては，まず目標を定め，それに到達するにはどうしたらよいかを考えるのが，日常の生活でもあきらかに合理的ですね．このようにして均衡を定める考え方を，経済学では「**後ろ向きの帰納法**」(backward induction) と呼んでいます．

3.3.2　部分ゲームの完全性によって逐次手番のゲームを解く

　では具体的に，図3-1 を用いながら，この逐次手番のゲームを解くことにしましょう．まず「後ろ向きの帰納法」に従い，点 B で始まる部分ゲームを考えましょう．「迷惑ライダー」が仮に迷惑運転をしたことを前提に，「警察」がどう対応するのかを考えるわけです．これを見るには，一番左の枝とその次の

62

3.3 「手番」の重要性

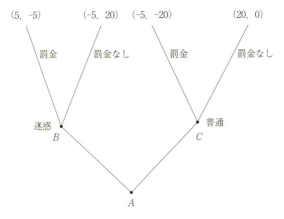

図 3-1　手番のあるゲーム

枝を見ればよいことになります．するとそれぞれの枝で，「警察」の利得は，5（罰金を科した場合）と -5（罰金を科さなかった場合）ですから，当然迷惑運転を選んだときには，罰金が科されることになります．したがって左から 2 番目の枝は，部分ゲームの完全性をみたさず，均衡の候補から外れ，

（迷惑運転，罰金を科す）　　　　　　　　　　　　　　（＊）

だけが残ることになります．これは同時手番の場合のナッシュ均衡です．

次に，点 C から始まる部分ゲームを考えましょう．すなわち「迷惑ライダー」が普通の運転を選ぶことを前提としたもとで，「警察」がどう対応するかを考えるわけです．このとき「警察」の利得は，-5（罰金を科したとき），20（罰金を科さなかったとき）ですから，当然罰金を科すことはありません．したがって部分ゲームの完全性をみたすのは，一番右の枝すなわち

（普通の運転，罰金を科さない）　　　　　　　　　　（＊＊）

だけに絞られることになります．

さて最後に，点 A で始まる全体ゲームの均衡は，どこに定まるのでしょうか．すでに部分ゲームの完全性の要求から，このゲームの均衡には，上 2 つの候補しかないことは明らかです．そこでこの 2 つの組み合わせについての「迷惑ラ

第3章　ゲーム理論と市場の失敗

イダー」の利得を比較すると，−5（迷惑運転を選んだとき），0（普通の運転を選んだとき）ですから，当然，普通の運転を選ぶことになります．したがってこの逐次手番ゲームのナッシュ均衡は，同時手番のそれ（＊）とは違って，（＊＊）という穏当な結果が選ばれることになります．

これは同時手番と違って，「警察」が「迷惑ライダー」の運転態度によって，罰金を科すかどうかを決める余地が生ずるからにほかなりません．（この逐次手番ゲームと手番を逆にして，「警察」が先手，「迷惑ライダー」が後手である場合のゲームに対応するゲームの樹を描き，部分ゲームの完全性を満たすナッシュ均衡を求めてみてください．答えは，同時手番のそれと同じくなります．そのうえで，なぜそうなるかを考えてみましょう．）

3.4　ナッシュ均衡が複数ある場合：協調の失敗（coordination failure）

前節の例では，ナッシュ均衡はただ1つしかありませんでした．ではいつもこのことは成り立つのでしょうか．実は，そうとは限りません．つまりナッシュ均衡が複数存在し，ゲームの結果をあらかじめ一意に予測することができない場合があり，それが現実を描写するうえで大いに役に立つことがあるのです．

ここでは，銀行という組織の存続という問題を例に，考えてみることにしましょう．銀行は，みんなのお金を預金として集めて，より利回りの良い企業向けの貸し出しなどで運用し，それを預金の利子という形で，預金者みんなにサービスを提供する会社です．

しかし銀行経営には，脆い一面があります．つまり預金を預けている人たちの多くが，銀行の経営に不信を持ち，一斉に預金を引き出してしまうと，潰れてしまうという脆さです．こうした現象は，景気が急激かつ極端に悪くなるときに稀に起こることで，「**銀行取付**」（bank run）と呼ばれています．現在では「銀行取付」を防ぐために，銀行に**慎重な経営を守らせる規制**（prudential regulations）があり，万一「銀行取付」が起きた場合にも，ある一定限度以下の預金を保護する「**預金保険**」（deposit insurance）の制度への加入が，銀行には義務付けられています．

さてこうした銀行経営の脆さを，ゲーム理論で表現しようというのが，ここ

3.4 ナッシュ均衡が複数ある場合：協調の失敗（coordination failure）

A ＼ B	戦略①	戦略②
戦略①	(20, 20)	(0, 10)
戦略②	(10, 0)	(5, 5)

表 3-2　銀行預金ゲーム

での目的です．まずゲームの構造を明らかにしましょう．簡単化のために，プレーヤーである預金者は A, B の 2 人だけだとします．さらに戦略変数は，預けておいた預金を満期まで保有する（戦略①），預金を直ちに引き出す（戦略②）とします．

　このとき，上で述べたような銀行経営の特質は，たとえば**表 3-2** の利得行列によって表現されます．表の左上の欄には，預金者 A, B がともに満期まで預金を持った結果，銀行が高収益をあげることができて，預金者もより高い利得である 20 ずつを得ることができる様が描かれています．表の右上と左下の欄には，預金者のどちらか一方が中途で引き出してしまうために，資金不足で銀行は合計で 10 しか収益をあげることができず，それは預金を引き出したプレーヤーにのみ分配されることを表しています．そして右下の欄には，両方が同時に引き出す結果，10 の収益の半分である 5 だけの預金しか各人に戻らないことが記されています．いわばこの状態が「銀行取付」に対応しているわけです．

　さて，このゲームのナッシュ均衡はどこにあるのでしょうか．この際に注目すべきは，双方の預金者にとって支配戦略が存在しないことです．相手が戦略①をとれば自分もそれに従うこと（左上の欄）が望ましいですし，逆に戦略②をとってくれば，自分も戦略②で対応することが最善です．

　したがって，このゲームは相手の戦略に合わせることが，それぞれのプレーヤーにとっての均衡戦略となるわけです．より厳密には先ほどのナッシュ均衡の探し方を参照して自分で考えてほしいのですが，以上の議論から明らかなように，このゲームのナッシュ均衡は 2 つ存在して，左上の (20, 20) という欄と右下の (5, 5) という欄が，それに対応します．

　言い換えれば，相手が満期まで我慢強く待つという姿勢をとるなら自分もそれに従い，より高い利得を得ることができますし，逆に相手が不安に駆られて

65

第3章 ゲーム理論と市場の失敗

預金をすぐに引き出してしまうなら，より大きな損失をこうむらないために，自分も急いて解約しなければならなくなります．これは「銀行取付」のもとになっているパニックの心理をよく描いています．

ゲーム理論では，このようにパレートの意味で序列が付く複数のナッシュ均衡が存在して，そのうちより劣った均衡が選ばれることを，**「協調の失敗」**（coordination failure）と呼んでいます．この「銀行ゲーム」で「銀行取付」が起きるのは，預金者（プレーヤー）がお互いに辛抱強く待つという協調行為ができなくなるからにほかなりません．別の表現を用いれば，満期まで辛抱強く待つという行為は，他の預金者に対して，正の外部性を持っており，それが正当に評価されないために，「協調の失敗」である「銀行取付」が発生しうるわけです．

3.5 囚人のディレンマとフォーク定理：信義はどこから生まれるか？

人は一時の誘惑に弱いものです．協力を続ければずっと幸せに暮らし続けることができるにもかかわらず，相手を裏切ることで一時的に大きな利得が得られる機会が与えられると，うっかりとそれに乗ってしまうことが，往々にしてありがちです．こうした背信行為はなぜ生まれ，そして防ぐ手立てはあるのでしょうか．この節ではゲーム理論を用いて，この問題に取り組みましょう．

そこで，所謂「囚人のディレンマ」というゲームの解釈を，少し上品にして考えてみましょう．いま2人の取引相手A社，B社がいるとします．彼らがこのゲームのプレーヤーです．そこで戦略変数として，「良い製品を作り交換する」（戦略①）と「悪い製品を作り交換する」（戦略②）を考えます．このゲームの利得行列は，**表3-3**で与えられます．つまり2人とも信義を守り良い製品を作り続ければ（戦略①をとり続ければ），左上の(10, 10)という利得が得られます．しかしこれはナッシュ均衡とはなりえません．

たとえば，A社が戦略①をとり良い製品を交換に出したとしても，B社が手を抜き粗悪な製品を提供することで（戦略②）大きな儲けが（15だけの利得が）得られるならば，**表3-3**の右上の欄を選ぼうとするからです．こうした「背信」の動機は，A社にも存在しますから，結局ナッシュ均衡は，2人とも粗悪

66

3.5 囚人のディレンマとフォーク定理：信義はどこから生まれるか？

A＼B	戦略①	戦略②
戦略①	(10, 10)	(−15, 15)
戦略②	(15, −15)	(0, 0)

表 3-3　信義ゲーム（囚人のディレンマ）

な製品を作り合う最悪の結果，すなわち右下の(0, 0)というところに落ち着くことになります（読者はより厳密に論理をチェックしてください）.

　ではいつの日もどんな条件でも，こうした惨めな状態は続くのでしょうか. そうではありません. 時の流れ，すなわち将来というものの存在は，人を規律付けるのです. 低質なものを供給するという背信に，それ以降取引停止という手厳しいペナルティーが科されるとするならば，両社ともに将来のことを考え，背信行為を思い留まることになります. 将来に希望があるということは，組織にとってだけでなく，個人の行動をも規律付けることは，みなさんの周りにも注意すればよく見られるはずです.

　より厳密に考えてみましょう. この両社は永遠に存続し，背信行為がなければ，ともに良質の製品を交換し続ける戦略をとるとします. しかし同時にひとたび，どちらかが背信したら，すなわち低質な製品を供給したら，2度と取引しない戦略で臨むとします. このような戦略は，「**トリガー戦略**」(trigger strategy) と呼ばれます（トリガーとは，英語で引き金という意味です. 裏切ったら2度と許さないという「引き金」を引くという意味で使われています）.

　ここで両社の利得を取引1回当たりの平均利得としてみましょう. すると，

$$\text{A（あるいはB）社の利得} = \frac{\displaystyle\sum_{i=1}^{T} \text{第} i \text{回目の取引からの利得}}{T（取引回数）} \quad (1)$$

となります. ここで両社が良質の財を交換したときの1回当たりの利得は10ですから，これを最後まで続けると，$10 \times T$ となります.（$\displaystyle\sum_{i=1}^{T}$ は（英語では summation と呼びます：高校数学では「シグマ」と呼んでいるものですが，ちなみにシグマはギリシャ文字で英語のsに対応します）第1回目から第 T 回目までの結果を足し合わせろ，というコマンドです.）したがって(1)式の取引1回当たりの平均利得は，T がどんなに大きくなっても10となります.

67

第3章 ゲーム理論と市場の失敗

では第j回目に相手を裏切り，低質な財を供給し一時的に大儲けしたとして
みましょう．しかし両者ともトリガー戦略を採用していますから，その次から
は取引停止になり，1回当たりの利得が0となることに注意しなくてはなりま
せん．すると，裏切った方の1回当たりの平均利得は，

$$\frac{10\times[j-1]+15}{T} \tag{2}$$

となります．したがって取引の潜在的な機会Tがいくらでも大きくなること
を考えると，(2)式の分母も際限なく大きくなりますから，(2)式の値は，0に
いくらでも近くなります．

まとめれば，A, B両社がトリガー戦略をとり続ける限り，良質の製品を誠
実に交換し続けることで得られる平均的な利得は10であるのに対して，どの
時点で背信しても（jがTに依存しない固定された値であることに注意してくださ
い）平均的な利得は0となってしまいます．つまり，両社はトリガー戦略から
逸脱する動機がありません．したがって，このような戦略のもとでは，**表3-3**
の左上の欄の(10, 10)がナッシュ均衡となるのです．

こうした何度も同じ構造のゲームを無限に繰り返すゲームを，「**無限繰り返
しゲーム**」（infinitely repeated game）と言います．そして無限繰り返しゲーム
において，互いの協力を前提としないナッシュ均衡でも，お互いの協調が成立
し，より良い帰結が得られる性質のことを「**フォーク定理**」（folk theorem）と
呼んでいます．

3.6 進化論的ゲーム（evolutionary game）の考え方

この章の最後にいささか毛色の変わったゲーム理論として，「**進化論的ゲー
ム**」の考え方を，簡単な例を用いて紹介しておきましょう．進化論的ゲーム
は「**進化論的に安定な集合**」（Evolutionary Stable Sets：以下**ESS**）という考え方を，
その均衡として用います．ESSはナッシュ均衡の一種であり，いわば「頑丈
な」ナッシュ均衡ともいうべきものです．その「頑丈」という意味をお話しす
ることから始めましょう．

ナッシュ均衡の考え方からして，当初，経済（ゲーム）がナッシュ均衡に位

68

3.6 進化論的ゲーム（evolutionary game）の考え方

置すれば，みなが合理的である限り，そこから経済が動いてしまうことはありません．この合理性を少し緩めたのが ESS の考え方です．

　すなわち，想定されているゲームによって描かれている経済の中には，「へそ曲がり」の人がほんの一部にいて，何かの拍子にナッシュ均衡戦略以外の戦略をとることがあると考えるのです．そしてこうしたわけのわからないことが起きても，経済がはじめのナッシュ均衡に留まりうるとき，その均衡を ESS と呼ぶのです．つまり多少の非合理的行動が生じても，ESS はナッシュ均衡足りうるわけですから，「頑丈な」ナッシュ均衡なのです．

　簡単な例を用いて，具体的に考えてみましょう．そこで**表 3-4** を参照してください．この表は基本的には**表 3-3** の「囚人のディレンマ」ゲームと同じです．しかしここでは，モノを作って交換・消費するゲームとしましょう．モノを作ってそれを交換できると 10 だけの利得があるとします．まず自分でモノを作り自分でそれを消費すると 10 だけの消費の効用が得られ，その代わり消費の効用に直して 10 だけのエネルギーを消費する（疲れを覚える）とします．したがって，自分の作ったモノを消費すると差し引き 0 の利得に留まります．

　しかしここでは，他人が持っているモノは自ら作ったモノより自分の好みにあっていて，さらに 10 だけの追加的な利得が得られるとします．したがって作ったモノを交換・消費できたときには，

$$10 - 10 + 10 = 10 \tag{3}$$

という具合に 10 だけの利得が得られる背景です．

　しかしこの経済には悪しき抜け道があり，働かず人をだますことでモノを手に入れることができるものとします．この場合は上の考え方からして，20 だけの利得を得ることができます．一方，気の毒にも騙された人は，働いただけ損をしますから，−10 だけの利得を強いられることになります．ここでは正直にモノを作り交換しようという戦略を戦略 T と呼び，人を欺こうとする戦略を F と名付けます．

　このゲームの利得行列が**表 3-4** です．先に述べたことから明らかなように，このゲームのナッシュ均衡は右下の $(0, 0)$ となります．これが ESS であるかどうかを検討しましょう．そこでこの嘘つきだらけの経済に ε（エプシロンと読み

第3章　ゲーム理論と市場の失敗

A＼B	戦略 T	戦略 F
戦略 T	(10, 10)	(−10, 20)
戦略 F	(20, −10)	(0, 0)

表 3-4　正直者・嘘つきゲーム（嘘がばれない場合）

ます）だけの比率で正直者すなわち戦略 T をとる人が現れたとします．なお ε は十分小さい正の数であるとします（十分小さいということはいくらでも小さく決めることができることを意味します）．

さて残りの $1-\varepsilon$ だけの人は行動を変えるでしょうか．もし変わらなければ，嘘つきだらけの経済 $(0, 0)$ は ESS であることになります．そこでかりに戦略 F から戦略 T へ転換すると，相手が戦略 T であれば 10（出会う確率は ε），相手が戦略 F であれば -10（出会う確率は $1-\varepsilon$）だけの利得ですから，そのときの期待利得は，

$$10\times\varepsilon-10\times(1-\varepsilon)=-10+20\times\varepsilon \tag{4}$$

となります．逆に戦略 F のまま留まると，相手が戦略 T であれば 20（出会う確率は ε），相手が戦略 F であれば 0（出会う確率は $1-\varepsilon$）だけの利得ですから，そのときの期待利得は，

$$20\times\varepsilon+0\times(1-\varepsilon)=20\times\varepsilon \tag{5}$$

となります．

このとき ε が十分小さければ，(4)式の値は -10 に，(5)式の値は 0 にいくらでも近くなります．したがって，ごくわずかの ε だけの人が正直者になっても，他のほとんどの人は戦略 F をとり続けることがわかります．すなわち，嘘つきだらけの経済 $(0, 0)$ は ESS なのです．

ではこうした嘘つきだらけの非効率な社会に救いはあるのでしょうか．それは確かに存在します．すなわち物事を合理的かつ冷静に考える習慣・辻褄の合わないものを断固拒否する強い心が，経済に根付けばこうした非効率を逃れることができます．みなさんの一時的な感情を煽り決断や行動を急かす大人の多くは，戦略 F を採択していることを知らねばなりません．嘘は時間の経過と

3.6 進化論的ゲーム（evolutionary game）の考え方

A ＼ B	戦略 T	戦略 B
戦略 T	(10, 10)	(0, 0)
戦略 F	(0, 0)	(0, 0)

表 3-5 正直者・嘘つきゲーム（嘘がばれる場合）

ともに必ず露見するからです．正しい経済学を学ぶことの意義は，ここにあるといっても過言ではありません．

さてそうした習慣が社会に根付いたとしましょう．すると利得行列は**表 3-5**のように変化します．つまり戦略 T と戦略 F のプレーヤーがぶつかったときの利得が変化するわけです．もはや戦略 T を採用するプレーヤーが騙されることはありませんから，彼・彼女は見せかけの交換を拒み，自分の作ったモノをそのまま消費します．繰り返しになりますが，そのときの利得は，消費から得られる利得 10 から働いた疲労 10 を差し引いたもの，すなわち 0 になります．右上と左下の利得が (0, 0) となっているのは，そのためです．

このとき嘘つきだらけの右下のナッシュ均衡 (0, 0) は，もはや ESS ではなくなります．確かめておきましょう．ε だけの正直者（戦略 T を採択するプレーヤ）の出現によって，残りの人たちの期待利得は，戦略 F に留まったときは，

$$0 \times \varepsilon + 0 \times (1-\varepsilon) = 0 \tag{6}$$

で変わりません．しかし戦略 T に転ずると，

$$10 \times \varepsilon + 0 \times (1-\varepsilon) = 10 \times \varepsilon \tag{7}$$

となります．ε がどんなに小さくとも 0 よりは必ず大きいわけですから，人々はこぞって戦略 T を採用することになります．したがって，右下のナッシュ均衡 (0, 0) は ESS ではないきわめて脆いナッシュ均衡であることがわかります．

以上の議論からほぼ明らかですが，こうした世の中では左上の (10, 10) が ESS となり，嘘による非効率は解消します．証明は容易ですから，みなさんに練習問題として残しておくことにします．

第3章　ゲーム理論と市場の失敗

3.7　シュタッケルベルグ均衡の考え方：「契約理論」 （contract theory）への導入

　3.3 節で述べた「部分ゲームの完全性」の要求を満たす逐次手番ゲームのナッシュ均衡は，考案者の名をとって，別名シュタッケルベルグ均衡とも呼ばれます．3.3 節での記述から明らかなように，この種の均衡は「先手」（リーダー：leader と呼ばれます）が「後手」（フォロワー：follower と呼ばれます）の動き（戦略）を「読み」ながら，自らの戦略を決定するという考え方に立脚しています．

　次の章で詳しく議論しますが，市場は経済行動の帰結がはっきりわからない「**不確実性**」（uncertainty）があると，一般に十全な機能を発揮できません．これを補うために，「保険」（insurance）などの「契約」（contract）という経済取引の形態が存在します．

　この有様を描く「**契約理論**」（contract theory）で頻繁に用いられるのが，シュタッケルベルグ均衡の考え方です．つまり「契約」は，相手が自分の提示する契約に対して，どのように「反応する」（react）かを，あらかじめ読み込みながら自分にとってもっとも有利な契約を結ぶと考えることが自然だからです．こうした場合，契約の売り手（たとえば保険会社）がリーダーとなり，契約の買い手（被保険者）がフォロワーとなる，不確実性下のシュタッケルベルグ均衡として，「契約」は描写されることになります．この章で学んだ知識を生かして，次章では不確実性の経済学の初歩を学ぶことになります．

！ 要点の確認

・ゲーム理論の本質
　ゲーム理論は，第2章で学んだ市場メカニズムが必ずしもうまく機能しないときの経済を描写するには不可欠のツールです．ゲーム理論は，(1)プレーヤーの指定，(2)戦略変数の特定，(3)利得関数（あるいは行列）の導出，(4)均衡の定義の4つの要素から成り立っています．

・ナッシュ均衡の考え方
　ナッシュ均衡は，ゲーム理論の均衡でもっともわかりやすく汎用性の高い均衡です．

ナッシュ均衡は，1つの戦略の組み合わせ（ベクトル）で，他のプレーヤーがその戦略の組み合わせをとり続ける限り，どのプレーヤーも1人では他の戦略をとる動機がない，戦略の組み合わせを指します．少々乱暴に言えば，すべてのプレーヤーがお互いに「はまり合う」状態を表しています．

・無限繰り返しゲームの特徴

無限繰り返しゲームは，利己的な個人に互いに協力する動機を与えます．なぜならば1回だけ（有限回でも同じ）のゲームとは異なり，裏切った後に失われる将来の利得が膨大なものになるからです．このような無限繰り返しゲームの性質を「フォーク定理」と呼びます．

・進化論的ゲーム

進化論的ゲームは，タイプの異なる経済主体同士が社会に存在しうるとき，それが互いに共存できるか，あるいはどちらか一方が淘汰されるかを分析するために，生まれた手法です．このゲームの均衡は，ほとんどの場合「進化論的に安定な集合」（ESS）によって定義されます．ESSはナッシュ均衡の一種ですが，一部の経済主体がそれ以外の戦略をとっても，やがてそれは淘汰され，社会は元のESSに戻ってくるという条件をみたさねばなりません．その意味では，揺らぎに対して頑健なナッシュ均衡であると言えます．

文献ガイド

ハル・ヴァリアン（1986）『ミクロ経済分析』（第14章から第16章），佐藤隆三・三野和雄訳，勁草書房
　▷本書では扱われていない協力ゲームをはじめ，より進んだ内容のゲーム理論がわかりやすく解説されています．さらに進んだ学習のために，まずは越さなくてはならない，1つのハードルです．

Binmore, K.（2007）*Game Theory: A Very Short Introduction*, Oxford University Press（ケン・ビンモア（2010）『ゲーム理論』（〈1冊でわかる〉シリーズ），海野道郎・金澤悠介訳，岩波書店）
　▷180ページほどの小さな本ですが，ゲーム理論の各分野にバランスよく目配りが効いており，一読の価値があります．通して読むことも良いですが，自分の気になる分野を辞書代わりに，とりあえずあたりを付けておくことにも，大いに役立つでしょう．

第 4 章
不確実性の経済学と契約理論

　自分の経済行動の帰結があらかじめはっきりわからない状態のことを，不確実性が存在すると呼びます．この章ではこのような不確実性を，経済学はどう描写しているのかを学びます．またこれを用いて，ゲーム理論の応用である契約理論についても学びます．不確実性下の契約理論は，特に保険の考え方を理解するうえで，大変有用です．

第4章　不確実性の経済学と契約理論

4.1　不確実性の存在は「抱き合わせ商品」の売買を意味する

この節では経済における「**不確実性**」(uncertainty) の存在が，経済理論ではどのように表現されるかを学びます．まずそのために「不確実性」とは何かについて，はっきりさせておきましょう．すなわち不確実性とは，「**蓋を開けてみないとわからない状態**」を指します．

身近な例で考えみましょう．多くの人々の楽しみの1つに，ドライブが挙げられるでしょう．かりに自家用車がなく，レンタカーを借りて出かけるとします．つまりみなさんは，レンタカーというサービスを購入するわけです．しかしこのときには，自分が事故に出遭うかどうかについては，「**確実**」にはわかりませんね．

つまり実際にドライブへ出かけ帰ってくるまで（これが「蓋を開ける」という意味です），楽しい事故のないドライブなのか（これを状態Aとしましょう），事故に遭遇する不幸なドライブなのか（これを状態Bとしましょう），わからないまま，ドライブというサービスを購入せざるをえない（レンタカーを借りざるをえない）わけです．したがって，レンタカーを借りるという経済行為には，事故に遭遇するということに関して「不確実性」が存在することがわかります．

これを経済学でどう表したらよいのでしょうか．これがこの節での中心的な問題です．そこでかりに，状態Aのドライブと状態Bのドライブが別々に売られていたと考えましょう．だれも状態Bのドライブにお金を出す人はいません．つまり状態Bのドライブに正の価格が付くことはないのです．お金を払ってでも状態Bのドライブは避けたい（厄介者払いということですね）というのが真実でしょう．経済学的に言えば，状態AとBのドライブを切り離して売買できれば，状態Bのドライブには本来「負の価格」が付くことになります．

しかしドライブが終わってみるまで，実は状態AあるいはBのドライブを購入したかは，「神のみぞ知る」です．つまりこの身近な例では，みなさんは，状態AとBのドライブという別のサービスを，事故に関する不確実性の存在のために，「**抱き合わせ**」(bundling) で買わざるをえなくなっているのです．

このように不確実性の存在は，ある財・サービスに関して起きうる「状態」（ここの例では2つですが，いくつあっても考え方は変わりません）ごとに，それぞれ別の財・サービス（状態Aと状態Bのドライブ）と区別して，その「抱き合わせ」商品を買っていることとして表現されるのです．以上をまとめれば，

不確実性の存在 ⇔ 抱き合わせ販売

⇒ **不要なものまで買わされる ⇔ 不確実性の存在による経済厚生の悪化**

という具合にまとめることができるでしょう．

こうした例は，日常数限りなく存在します．たとえばスーパーマーケットで売っている野菜や果物の「質」は，食べてみなければわかりません．良質の野菜や果物の生産者は，こうした「抱き合わせ」効果から，明らかに不利益をこうむります．産地や栽培法を詳しく表示するのは，それから逃れるためです．みなさんも自分の経験から，どんなものに「不確実性」が顕著なのか（厳密には不確実性のないものは存在しえません）考えてみましょう．

4.2 不確実性と情報

前節で不確実性とは「抱き合わせ販売」のことであるとわかりました．この節では，不確実性の経済学とは切っても切れない概念である「**情報**」（information）が，経済学ではどのように表現されるのかを紹介しましょう．一言で言って，「情報」とは

不確実性すなわち「抱き合わせ販売」の「束」を解きほぐす作用をするもの

として定義できます．

前節の例で考えてみましょう．かりにドライブの途中でただ1つ危険な場所があることだけがわかっているが，それが事前にどこかわからないとしましょう．乱暴運転の車に遭うとか体調が悪くなるとかいった他の危険は一切なく，その危険な場所さえ気をつければ，「確実に」状態Aのドライブが楽しめるものとします．

このときラジオのニュースで，危険な個所がどこであるかどうすればよいか

第4章　不確実性の経済学と契約理論

を聴いたとしましょう．これは普通私たちが使う「情報」の意味とも適合しています．さらに上で述べた，「抱き合わせ販売の束を解くもの」という経済学的定義にも適っていることが，次のようにしてわかります．

すなわち，このラジオのニュースを聴くまでは，みなさんは状態Aのドライブをしているのか状態Bにおかれているのかはまったくわからないわけですから，この2つの状態の「抱き合わせ販売」を受け入れていたわけです．しかしニュースを聴くことにより危険を逃れたわけですから，ニュースはこの「抱き合わせ状態」を解き，適切な対処により状態Aのドライブだけを買うことを可能にしてくれたのです．

言い換えれば，「抱き合わせ販売」の状態にあるということは，自分が何を買ったのか正確にわからないことを意味しており，「情報」により「抱き合わせ」の束が解けると，自分が何を買ったのかを知ることができるようになるわけです．

以上の考え方を使って，不確実性の経済学でしばしば用いられる，「**不完全情報**」（imperfect information）と「**非対称情報**」（asymmetric information）という考え方を整理しておきましょう．まず「不完全情報」から考えましょう．これには逆に「完全情報」とは何を意味するかを考えれば事足ります．すなわち情報とは「抱き合わせ販売の束を解くこと」ですから，それが完全ならば，自分がどういった質の財・サービスを売り買いしているのかを完全に承知していることを意味します．したがって「完全情報」とは，「不確実性」の存在しないことを意味します．ですから，「不完全情報」という言葉と「不確実性の存在」という言葉は同じ意味を持つことになります．経済学者が「不確実性の経済学」を「不完全情報パラダイム」，あるいは「情報の経済学」と呼んだりするのはこのためです．

さて「非対称情報」（「隠された情報」：hidden information とも呼びます）について考えましょう．結論を先にすれば，「非対称情報の経済学」は「不確実性の経済学」の一部に含まれます．なぜならば，売り手・買い手の少なくともどちらか（あるいは両方）が取引される財の質に関して「不確実性」に直面している状況を問題とするからです．そして売り手・買い手のどちらかが，一方の知らない情報を持っているときにのみ，「非対称情報」が存在すると呼びます．

78

「非対称情報」が存在すると，そうした情報を独占している経済主体に「嘘」を言うインセンティブが生じ，市場の機能は麻痺します。

また前節の例に戻って考えましょう。そこで少し設定を変えて，ドライブ中にレンタカーを塀にこすり，よく見ないとわからない小さな傷を付けてしまったとしましょう。すなわち，ドライブは状態Bだったのです。しかしこれを知っているのは，とりあえず車を借りた当人だけです。レンタカー会社はそれを知りませんから，「塀に車をこすった」，すなわち客が状態Bのドライブを買ったという情報は，レンタカーの借り手は保有しているが，貸し手である会社は持っていないという意味で，非対称なもの（隠されたもの）になっています。

微かな傷ですから，これ一度きりなら会社も気づきませんが，たび重なれば車も見栄えがしなくなって借り手も減ってしまいます。したがってこうした「非対称情報」をもとにした「嘘」がはびこると，レンタカーの「質」の維持のために料金が上がりますし，またそれゆえ顧客が減ることにもなります。

このように「非対称情報」の存在は，特許や経営ノウハウ（腕の良い職人はだれもが人に明かさない技術を持っています）を除けば，「嘘」をつく誘因を人や会社に与え，経済的な繁栄を妨げる働きをする危険を内蔵しています。

以下の2節では，この問題をもう少し詳しく議論しましょう。

4.3 価格は情報を運ぶ：アカロフのレモン

では「非対称情報」に基づく「不確実性」が存在するときに，何らかの対処法はないのでしょうか。もっとも素朴な方法は価格に頼る方法です。これはフリードリッヒ・フォン・ハイエク（Friedrich von Hayek）という偉大な経済学者・経済哲学者が提起・分析した壮大な問題ですが，一般にはその矮小化されたケースである「アカロフのレモン」として名高いようです。レモンとは果物のことではなく，質の悪い中古車の意味です。一言で言えば「安かろう悪かろう」という格言に従い，安いものには手を出すなということが，ジョージ・アカロフ（George Akerlof）の1つの教えです。

すなわち中古車の善し悪しは，見かけだけではわかりません。しばらく乗ってみてはじめてわかることであり，その意味で中古車市場は，その車の質に関

第4章 不確実性の経済学と契約理論

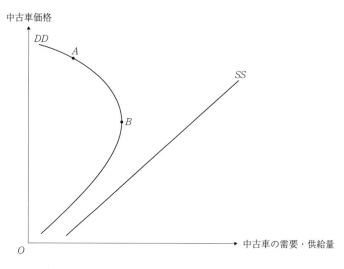

図4-1 アカロフのレモン

する「不確実性」が存在します．つまり中古車市場は，さまざまな質の車の「抱き合わせ販売」になっているのです．売り手は自分の車の質を知っており買い手にはそれがわからない「非対称情報」による「不確実性」が存在するのです．言い換えれば，売り手は買い手に対して情報優位にあるわけです．

しかし価格を参考にすることで，ある程度，その不確実性から身を守ることができます．質の良い中古車の売り手は，価格が安くなれば，売りを控えるでしょう．したがって低価格のものでは，質の悪い車が集中します．つまり低価格は低品質であること（レモンであること）のシグナル（情報）なのです．先ほど述べた「安かろう悪かろう」の教えです．

するとこの中古車市場の需要曲線 DD と供給曲線 SS は，図4-1 のようになりえます．すなわち，需要曲線 DD が途中から後方に折れ曲がっているのは，以下の理由です．価格が点 A のように十分に高いときには，質の良い車も市場に出ていますが，高すぎるので，価格の低下とともに通常の場合と同じく，需要も増加します．しかし価格が点 B より低くなると，安くて手に入りやすくなる効果より低質の車を売りつけられる損失が大きくなり，需要は価格の低下とともに逆に減少してしまうのです．

4.4 「不確実性」は機会の不均等を呼ぶ：有限責任下のモラルハザードと立証不能性

一方供給曲線 SS は，価格が上昇するほど高品質の車の売り手が市場に入ってくるために，供給量は単調に増加します．したがって図のように右上がりとなるのです．しかし図のようなケースでは，「安かろう悪かろう」の買い控えが顕著となり，市場全体で取引が成立しなくなります．このことは図 4-1 で需要と供給が等しくなる価格が存在しない，すなわち需要曲線と供給曲線の交点がないことによって表現されています．言い換えれば極端な場合には，「不確実性」の存在が，市場そのものを壊してしまう危険すらあるというのが，アカロフの教えです．

こうしたことを避けるためには，生鮮食料品がそうであるように，あらかじめ専門知識を持つ中古車の販売業者が，大まかなクラス分けをして，「抱き合わせ販売」による損失を少しでも低減させる必要があることは，言を俟ちません．

4.4 「不確実性」は機会の不均等を呼ぶ： 有限責任下のモラルハザードと立証不能性

これまでは消費者の立場から，「不確実性」のもたらす問題を考えてきました．この節では，企業の不確実性下の行動が，消費者あるいは家計にいかなる影響を及ぼすかを分析してみましょう．ここで考える問題は，以下のような社会正義にも関わることです．

すなわち，所得や資産が少ない貧しい家庭に育った子供が，高等教育を受けることはなかなか困難です．ではどうしてこういった所得・富の不平等に基づく機会の不均等が起きてしまうのでしょうか．この問題の一部は筆者によって，ケネス・アロー（Kenneth Arrow）の保険理論およびジョセフ・スティグリッツ（Joseph Stiglitz），アンドリュー・ワイス（Andrew Weiss）の資本市場理論を応用して，解かれました．

高校・大学の学費などの教育投資（学生として学ぶということは働かないことでもありますから，その**機会費用**（⇒用語解説）まで勘案すると，大変な額に及ぶはずです）は，一般にその「成果」とは無関係に決まった額を支払わなければならないローン契約です．ここでいう教育投資の「成果」とはあくまで金銭的

81

第4章　不確実性の経済学と契約理論

なものであって，みなさんが会社に就職してどれだけ稼げるようになるかということです．

　問題を解くにあたって，留意すべきことが3つあります．第1にローンとは，**「有限責任制」**（limited liability）が前提で，どうしても払えなくなったら，自己破産によってそれ以上の返済を免除されるということです．

　第2には，銀行などの金融機関が教育に融資するということは，「成功」（無事職に就きローンを返済できるということです）と「失敗」（職にあぶれて返済できなくなることです）という2つの状態の「抱き合わせ販売」となっていることです．無論，金融機関にとっては「失敗」の融資など売りたくもありませんが，教育ローンを受けた学生の将来は，それこそ「蓋を開けてみなければわからない」もので，避けがたい「不確実性」が存在します．

　第3には，これは前節までの議論では登場しなかった経済要因ですが，「抱き合わせ販売」のうちに占める「成功融資」と「失敗融資」の比率が，融資を受けた学生の努力に依存すると同時に，他の「巡り合わせ」（たとえばどういう教師・友人に巡り合い，いかなる内容の教育を受けるか）にも依存し，それが判別できないことです．つまり，「失敗」が彼らの怠慢によるものか，あるいは大学当局・社会全体の責に帰するものなのかが，**「立証不能」**（unverifiable）であるということです．「立証」できないことは，たとえ放蕩な生活を送って無駄な学生時代を送り職にあぶれても，融資した金融機関はその学生から受けた損害を，裁判で取り戻すことができないことを意味します．

　「立証不能性」は「不確実性」の一種であると考えられます．つまり上でも述べたように，教育投資を「失敗」させる原因が，一般にあまりにも多様で（「抱き合わせ」になっており），そして互いに複雑な因果関係で絡み合っているために，人間の知力と限られた時間では，どんなに「情報」を得ても，よほど際立ったものでない限り，特定できないために起きるからです．対照的に，融資を受けた学生自身は「失敗」の原因を知っているわけですから，ここに「非対称情報」が現出します．

　こうした状況のもとでは，**「モラルハザード」**（moral hazard）（⇒用語解説）という不確実性が存在する場合に固有の問題が発生します．すなわち，「失敗」したときに，その中に人生の準備として真剣に学生生活を送った学生（「成功

82

融資」の比率が高い学生）がいたとしても，その日暮らしの怠惰な生活を送った者（「失敗融資」の比率が高い学生）と，金融機関は識別できません（「立証不能性」）．したがって親の資産・所得が同一であれば同じペナルティーしか科せないわけですから（「有限責任性」），人が安きに流れやすいことを前提とすれば（つまり人が良心ではなく，金銭を通じてのみおのれを律せなければ），怠けることの快楽まで考慮に入れて，学生は自らの努力水準を決めていると考えざるをえません（モラルハザード）．

このことを逆から考えれば，「失敗」したときのコストすなわち「倒産コスト」が大きい学生ほど努力を怠らない傾向にあると，「立証不能性」に直面した金融機関は判断せざるをえないのです（誤解を避けるために申し添えますが，私はいまでも「苦学生」という言葉が生きていることを知っています）．したがって経済的に恵まれない家庭の子供たちは，教育に注ぎ込める自己資金が小さいために，言い換えれば，「倒産コスト」が小さいと判断されるために，不幸にも高等教育という大切な経済的機会から排除されてしまうと考えられるのです．表面的な学費だけでなく受験勉強に必要な塾・予備校の入費まで考慮に入れてみると，いわゆる「偏差値の高い」大学に所得の高い親を持つ子供が多いという現代日本の直面する深刻な機会の不均等は，こうした理論によって説明することができます．

以上の議論は，次節以降で解説する「契約理論」に立脚したものです．上の例からも明らかなように，不確実性の経済学や契約理論は，現実の経済の不公正を分析するのにも十分役に立つことを知ったうえで，以下ではその基本を学ぶことにしましょう．

4.5 確率という考え方

さて繰り返しお話ししているように，不確実性下で財・サービスを販売するということは，同じ財・サービスだが内容の異なったものの「束」を「抱き合わせ販売」することを意味します．では，見かけ上同一の財・サービスを構成する内容の異なった財・サービスの「抱き合わせ販売」に占める比率は，どう表したらよいのでしょうか．4.1 節のレンタカーを借りるという例をもとに，

第4章　不確実性の経済学と契約理論

考えてみましょう.

レンタカーを借りるという経済行為は,「事故のない楽しいドライブ」(状態A)というサービスと「事故に遭遇する不運なドライブ」(状態B)という財の「抱き合わせ販売」を受け入れることでした. 無論「状態B」がレンタカーを借りるというサービスに占める比率が大きくなれば, 楽しさは大幅に減りますから, レンタカーの需要は減り, 料金は安くなるはずです. 逆に「状態A」の販売比率が高くなれば, ドライブの楽しさが増しますから, レンタカーの需要が増し料金は上昇するはずです.

このように, 見かけ上同一の財を構成する内容の異なった財の「抱き合わせ販売」に占める構成比率は, 人々の行動に大きな影響を与え, 市場の機能にも深刻な影響を与えます. たとえば, 4.3節と4.4節で議論した「情報の経済学」も, 価格(アカロフのレモンの場合)や親の所得・資産(教育投資の機会不均等の問題:つまり受験教育に多額の費用が必要なため比較的高所得者の子息しか高校・大学へ進めないということ)によって, 市場で抱き合わせ取引される見かけ上同一の財・サービスの中に占める異なった内容の財・サービスの構成比が変わることによって起きる経済問題を扱ったものでした.

以上の準備のもとで,「抱き合わせ売買」の中のそれぞれの財・サービスの構成比が, どう表されるかを紹介しましょう. これには「**確率**」(probability)という考え方が用いられます. そこで再び, 4.1節と4.2節のレンタカーの例を用いて考えましょう. 高等学校で学ぶ確率は物事の起きる頻度(たとえば事故の起きる頻度)を確率とみなしていますが, 以下で学ぶように確率とは, 本来, 人間の無知・未知の状態を表すための数学的手法なのです. そこで高校数学での確率の考え方は, ひとまず捨ててください.

さてそれで, いまレンタカーを借りたとします. すると4.2節の前提のもとでは, 不確実性は危険個所があるかないかだけに限定されます. 確率論ではレンタカーを借りた時点で状態A・状態Bのドライブをどちらかを買ったことが決まっていると考えます. つまり危険個所が現れるかどうかは事前に決まっていると考えるわけです. ただしそれは「神のみぞ知る」であって, 人間には「ぼんやり」としかわからないとします.

大事なのは, この「ぼんやり」をどう厳密に表現するかです. 実はこの「ぼ

4.5 確率という考え方

> **コラム 8　確率論**
>
> 　レンタカーを借りた時点でどのようなドライブを買ったことが決まっている，ということが不思議だと思う人は，次の例を考えてみてください．サイコロを使った丁半博打で，ツボが振られたとします．するとサイコロが丁か半かはもうすでに決まっているわけです．しかし私たちは，いかさまがない限り，それを50パーセントのもっともらしさで丁半それぞれが出ているという具合に，「ぼんやり」としかわからないのです．このように確率論は，人間の無知，経済学的に表現すれば情報の不完全性を表現する，数学的言語なのです．

んやり」が，「確率」というものの考え方なのです．そこで危険個所が現れるか現れないかを決めるあらゆる原因をひとまとめにしたもの ω（オメガ：**根元事象**と呼びます）を，図 4-2 のように 1 つの集合 Ω（オメガ（大文字））の要素として表します．逆から言えば，数えきれない多くの ω が集まって，1 つの集合 Ω を形成していると考えることもできます．

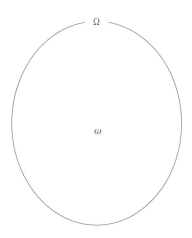

図 4-2　根元事象 ω とその全体集合 Ω

第4章 不確実性の経済学と契約理論

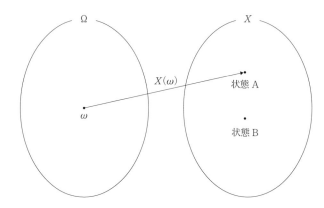

図 4-3 根元事象とドライブの状態の因果関係

ω の内容は実際人知の及ぶところではなく，たとえばドライブ時の天候，ドライバーの体調，道路の状況，などあらゆることを含みます．したがって，どの ω が実現しているかについては，人間は知ることができないと考えるのが，確率論の第一歩です．しかし現実には事前にある特定の ω，たとえば（雨降り，混雑による疲労，カーブが多い，……），が実現していて，事前に状態 A・B のドライブが実現するかが決まっていると考えるわけです．

この様子を描いたものが，図 4-3 です．図はドライブの状態 X が，根元事象 ω の関数 $X(\omega)$ であること，すなわち根元事象 ω がドライブの状態 X を決める原因となっていることを数学的に表しています．ちなみにこのような根元事象から実数への関数を確率変数と呼びます．しかし図の矢印の向きのように左から右に（すなわち根元事象の全体集合 Ω から，ドライブの状態を表す集合 X の方向で）読むことができるのは，それこそ全知全能の「神」であって，確率論では，人間にはこれができないと考えます．

すなわち人間はこの逆，すなわち $X \to \Omega$ の方向でしか，物事を理解できないとするわけです．ここで X^{-1} は関数 X の逆像と呼ばれるもので，X の値（状態 A か状態 B か）を固定したときに，それに対応する根元事象の集合を表しています．するとたとえば，X の要素である状態 A を実現させる根元事象は（快適なドライブを楽しめる環境は）たくさんありますから，図 4-4 のように，全体集合 Ω の部分集合 Ω_A として表現されます．

86

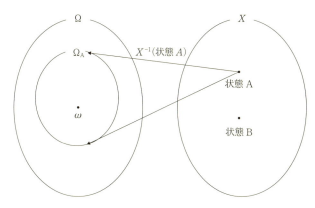

図 4-4 確率の考え方

そして Ω に占める Ω_A の「広さ」（数学的には確率測度といいます）のみを人間は知ることができると考えるわけです．そしてこの比率のことを一般に「確率」と呼んでいるのです．先ほどの「神」と比べれば，具体的にどの ω が実現しているかもわからず，根元事象の「多さ」のみでしか物事を理解できないという意味で，確率という考え方は，人間が「ぼんやり」としかわからないことを数学的に表現しているのです．

以上の確率の考え方を理解できれば，人間が認識できるドライブの「状態A」と「状態B」の購入比率が

「状態 A」の購入比率 $= 1 -$ 事故確率，「状態 B」の購入比率 $=$ 事故確率

として表すのが，きわめて自然であることがわかります．つまり人間の認識の限界を踏まえれば，それぞれの状態が生起する確率が，対応する内容の異なった財・サービスの「抱き合わせ販売」に含まれる比率であるとみなしてよいということです．以下ではこの知識を前提に，不確実性下の人々の行動を描写します．

4.6 不確実性と人々の行動

前節で議論したように，不確実性下では確率という「ぼんやり」した形の知

第 4 章　不確実性の経済学と契約理論

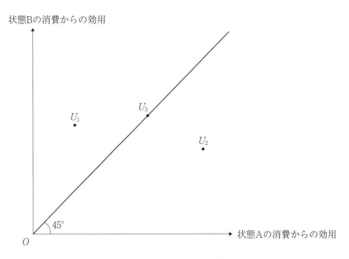

図 4-5　リスクの表し方

識のもとでしか，人々は財・サービスを売買できません．したがってその決断には，結果として何らかの錯誤が生ずる可能性があります．この可能性のことを「**リスク**」（risk）と呼びます．

そこでこれからの準備のために，まずリスクが図によってどのように表されるかを，考えておきましょう．図 4-5 を見てください．ある財の購入には不確実性が存在して，生起しうる状態は状態 A と状態 B であるとします．横軸には状態 A が起きたときの財の消費から得られる効用を，縦軸には状態 B が起きたときのそれが描かれています．このとき，点 U_1 や U_2 は，状態が異なることで得られる効用も変化することから，リスクが存在します．しかし点 U_3 は 45 度線上にあるので，どちらの状態が起きても得られる効用に変化はありません．つまり 45 度線上では，縦座標（状態 A での効用）も横座標（状態 B での効用）がつねに同じ値をとりますから，状態によって効用が変化しないという意味でリスクは存在せず，他の効用の組み合わせにはすべてリスクが存在するのです．

さて，では人々や企業は，リスクに対してどのような態度で臨むのでしょうか．これがこの節での課題です．ここでは議論を簡単にするために，生起しう

4.6 不確実性と人々の行動

る各状態における利得（効用）を，金銭で表現できるものとしましょう．4.1
節と 4.2 節のレンタカーを借りるという例で言えば，状態 A が起きたときは 3
万円だけの楽しさが味わえ，状態 B が起きると −15 万円だけの喜び（マイナ
スが付いていますから 15 万円だけの苦しみと言っても同じことです）を強いられ
るといった具合に考えるわけです．図 4-5 との関連で言えば，(3, −15)という
座標は，もちろん 45 度線上に配置しませんから，レンタカーを借りるという
意思決定にはリスクが伴います．

ここで，事故確率（状態 B が生起する確率）を p としましょう．すると 4.5 節
で学んだ考え方を用いれば，レンタカーを借りるということは，$1-p:p$ の比
率で，状態 A のドライブというサービスと状態 B のそれを抱き合わせで購入
することを意味します．効用（金銭）で評価するなら，1 つの考え方として，

$$3 \times [1-p] - 15 \times p = 3 - 18 \times p \, (万円) \tag{1}$$

だけの価値を持つと評価することができます．まさに高校数学に現れる「期待
値」（expectation）（⇒用語解説）の計算ですね．したがって，事故確率 p が十
分に小さければ，上の式は正の値をとることから，こうした考え方をする人に
は，レンタカーを借りようとする動機が生じます．

さてこの考え方を，より一般化してみましょう．状態 A のときの利得が X_A,
状態 B のときのそれが X_B であるとしましょう．このように利得を本来の(3,
−15)から(X_A, X_B)に変えることができるのは，次節で学ぶように，状態ごとに
支払いが変わる保険のようなものが（状態 A が起きれば保険が掛け捨てとなるこ
とから X_A は 3 より小となりますが，代わりに状態 B が起きれば保険金が下りること
から X_B は − 15 より大きくなります），存在するからです．

さて当初の(3, −15)と同じ利得 $3 - 18 \times p$ を保証する(X_A, X_B)の組み合わせは，

$$[1-p] \times X_A + p \times X_B = 3 - 18 \times p \tag{2}$$

として表されます．これを図にしたものが図 4-6 の II 線です．一般にこのよ
うな同じ利得（効用）をもつ消費の組み合わせを描いたものを，「**無差別曲線**」
（indifference curve）（⇒用語解説）と呼びます．このような図の描き方をした
ときには，II 線よりも右上の $I'I'$ 線の方が，より高い利得に対応しています．な

89

第4章 不確実性の経済学と契約理論

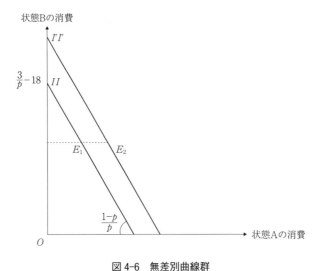

図 4-6 無差別曲線群

ぜならば，点 E_1 と E_2 を比べると，状態 B での消費から得られる利得は同一ですが，状態 A での利得では E_2 がまさるからです．

次に図 4-7 を見てください．先ほどの無差別曲線 II と 45 度線が同時に描かれています．そこで当初，この個人の状態ごとの消費パターン E_0 に位置したとします．このとき無差別曲線 II に沿って，次第に左上に 45 度線との交点に向かって，消費パターンを移したとしましょう．つまり同じ利得が保証されるという条件のもとで，状態 A での消費を減らし，状態 B でのそれを増やそうと考えるわけです．

この動きは利得すなわち期待値を一定に保ちながら，状態の変化による利得の「ばらつき」が小さくなることを意味します．したがって，レンタカーを借りるという消費から得られる効用のリスクが減少するわけです（「リスク」の尺度を利得の「**分散**」(variance)（⇒用語解説）として，この動きが分散の値を小さくすることを確かめてみましょう）．そしてこのリスク削減のために，状態 A の消費 1 単位を犠牲にしたとき，状態 B の消費が何単位要求されるかは，(2)式および図 4-7 から明らかなように，

4.6 不確実性と人々の行動

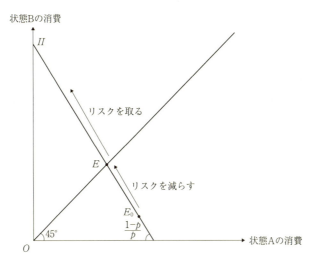

図 4-7 リスク中立的な個人の無差別曲線

$$\frac{1-p}{p} \tag{3}$$

単位となります．つまりこの個人は，リスクを減らす対価として状態 A の消費を 1 単位減らす代わりに，(3)式で表されるだけの状態 B の追加的消費を要求するわけです．その意味で，(3)式は，状態 A の消費で計った「**リスクの価格**」を表していると考えられます．

さて視点を少し変えて，45 度線との交点 E を越えて，さらに状態 A の消費を減らしたときのことを考えてみましょう．この場合は先ほど考えたケースとは反対に，次第に状態ごとの消費から得られる効用の「ばらつき」すなわちリスクが拡大します．つまりこうした消費計画の変更は，リスクを「取る」（takeする）行動なのです．いわばこのような「冒険」をするために，犠牲にされた状態 A の消費 1 単位当たり，どれだけ状態 B の追加的消費が必要でしょうか．

答えは自明です．すなわちこの個人の無差別曲線が直線であることから，それは(3)式以外のなにものでもありません．つまり無差別曲線が直線の個人は，リスクを手放すときにも，それを取り込もうとするときにも，要求するリスクの価格は同じなのです．言い換えれば，自分が置かれているリスクの状態に依

第4章　不確実性の経済学と契約理論

存せず，リスクを変えても要求するリスクの価格は同一であるという意味で，この個人のリスクに対する態度を，「**リスク中立的**」（risk neutral）であると呼びます．

　しかし，リスク中立的な態度には，違和感を覚える人が多いのではないでしょうか．つまり，危険なことから逃れる（すなわちリスクを減らす）ときには，要求するリスクの価格は低く，逆により危険なことに臨む（リスクを取る）には，要求するリスクの価格は高くなるのが，より自然ではないかという疑問です．実はこうしたリスクに対する態度もまた，まっとうな考え方であり，これを「**リスク回避的**」（risk averse）態度と呼びます．

　上で述べた内容のリスク回避的な態度を持つ個人の無差別曲線を，もっとも簡単な場合について考えてみましょう．それが図4-8によって表されています．図の $I_A I_A$ 線がリスク回避的個人の無差別曲線です．これを理解するために，当初の消費パターンが45度線の右下の点 Z_0 に位置したとしましょう．

　このとき45度線との交点 Z_E に達するまでは，消費の変動から生ずるリスクを減らすことができます．リスク回避者は中立者よりも積極的にリスクを減らそうと考えられますから，このときの無差別曲線の傾き θ_1（シータ）は，(3)式で表されるリスク中立者の無差別曲線の傾きよりも小さくなります．すなわち，

$$\theta_1 < \frac{1-p}{p} \tag{4}$$

が成立します．繰り返しますが，無差別曲線の傾き θ_1 とはリスクの価格であり，リスク中立者よりも強くリスクを嫌うために，より低廉なリスクの価格でリスクを手放すことを，(4)式は表しているのです．

　さて今度は点 Z_E を越えて状態Aの消費を減らす場合を考えましょう．この場合は45度線から遠ざかることから，リスクを進んで取ることに対応します．したがって，リスク回避者はリスク中立者よりもたくさんの報酬を得ることがないと，こうした行動をとることはありませんから，要求するリスクの価格 θ_2 は，(3)式で表されるリスク中立者のそれより高くなり，

$$\frac{1-p}{p} < \theta_2 \tag{5}$$

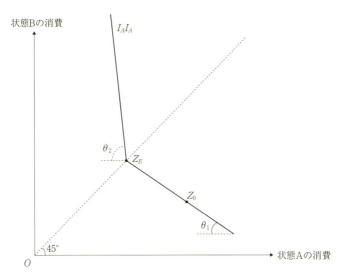

図 4-8 リスク回避者の無差別曲線

が成立します.

よって図 4-8 のように，リスク回避者の無差別曲線 $I_A I_A$ は，原点に向かって厳密に凸となるのです（原点に向かって張り出したグラフとなるのです）.

さてかりに，経済にこれまで議論した「リスク中立者」と「リスク回避者」が混在しているとしてみましょう．すると「リスク中立者」は得られる期待値が変わらないならば，リスクを引き受ける用意があります．一方「リスク回避者」は多少の対価を支払ってでも，リスクから逃れたいと考えています．とするならば，この両者の間でリスクを売買する市場が成立しても，何ら不思議なことではありません．実はこれこそが，次節で学ぶ保険市場にほかならないのです．

4.7 保険契約の理論

自動車の運転には，損害保険がつきものです．事故を起こしたとき（ドライブが状態 B だったとき）の経済的損害（自動車の損傷や最悪の場合には怪我）に備

第4章　不確実性の経済学と契約理論

えるためです．すなわち損害保険に限らず，保険は，リスク回避者である加入
者がリスクを減らすために保険会社が提供する金融商品あるいは保険会社と交
わす契約なのです．これを翻って考えると，次のような重要な疑問に逢着しま
す．

　つまり自動車の損害保険では，ドライブに関連するリスクが，損害保険を通
じて，運転者（被保険者）から保険会社に移し替えられるわけですが，なぜ保
険会社はそうしたリスクを取る行動をとり，かつ，利潤をあげることができる
のか，という疑問です．これには「**大数の法則**」(law of large numbers)（⇒用
語解説：証明は第9章の補論2を参照）というリスクの性質が，大切な働きをし
ています．例をもとにこの法則を説明しましょう．

　10円玉を続けて投げて，表が出たときを1点，裏が出たときを−1点として
記録したとします．このとき，10円玉を1回だけ投げたときの期待値は（**実
際に投げてはいないことに注意してください**），

$$\frac{1}{2} \times 1 + \frac{1}{2}[-1] = 0 \tag{6}$$

となります．期待値は定まった値ですから，実際の10円玉投げの結果のよう
に，不確実性がないことに注意しましょう．

　一方10円玉をn回続けて投げ，その第i回目に出た得点をX_iとしましょう．
表が出ればX_iは1ですし，裏ならば−1です．このとき第n回目までの得点
の1回当たりの得点の平均S_nは（**今度は実際に投げていることに注意してくださ
い**），

$$S_n = \frac{X_1 + X_2 + \cdots + X_n}{n} \tag{7}$$

として表されます．もちろんこの値には，不確実性が存在します．次に実際に
表と裏のどちらが出るかは，だれにもわからないからです．

　このとき大数の法則とは，投げる回数nが限りなく大きくなると，S_nと1
回当たりの期待値0との「ずれ」が，いくらでも小さくなる性質のことを指し
ます．言い換えれば，10円玉投げの回数を増やしていくと，**不確実性が限り
なく減少し，実際の1回当たりの得点がほぼ確実に期待値0と同じになるわけ
です**．つまりここでの大数の法則は，長い間10円玉投げのような賭け事をや

っていると，投げ方に「クセ」や 10 円玉に「歪み」がない限り，一時の「ツキ」や「落ち込み」は相殺されて，結局は「チャラ」になってしまうことを物語っているのです．

　この 10 円玉投げの例を自動車事故に置き換えてみましょう．事故の起きる確率を p とし，先ほどの 10 円玉投げの得点を，事故が起きなければ $X_i = 0$ とし，事故が起きれば $X_i = 1$ と置き換えます．すると保険に加入したドライバー 1 人当たり（10 円玉投げ 1 回に対応します）の事故を起こす期待値は，

$$0 \times [1-p] + 1 \times p = p \tag{8}$$

となります．ところで一方，n 人の加入者からなる自動車損害保険で，実際に起きる加入者 1 人当たりの事故率 S_{na} は，(7)式と同じく，

$$S_{na} = \frac{X_1 + X_2 + \cdots + X_n}{n} \tag{9}$$

となります．ここで大数の法則を適用すれば，加入者を増やせば増やすほど，実際の事故率 S_{na} に関する不確実性は減少し，それがほぼ p であると考えてよくなることがわかります．したがって，たくさんの加入者を持つ保険会社にとって，保険契約 1 件当たりで負わなくてはならないリスクは，近似的には無視することができます．このため保険会社はリスク中立者として振る舞うことができるようになり，リスク回避者である個々の加入者の自動車事故に関するリスクを引き受けられるのです（実際には加入者を限りなく増やすことはできませんから，保険契約には大変高度な数学が用いられています．保険の料金などを定める計算をする人は，保険計理（数理）士（actuary）と呼ばれ，高い社会的地位と報酬を受けています）．

　さて以上で，保険契約がリスク回避者である多数の加入者から，大数の法則を利用した保険会社が，リスクを引き受け，その対価として利潤を得る契約であることがわかりました．では実際の保険料や事故発生時に支払われる保険金はどのように定まるのでしょうか．これは「**契約理論**」（contract theory）と呼ばれるゲーム理論の応用によって解くことができます．

　そこで図 4-9 を見てください．図には横軸に状態 A での 1 人の保険加入者の消費が，縦軸にはその状態 B での消費がとられています．自動車損害保険

第4章　不確実性の経済学と契約理論

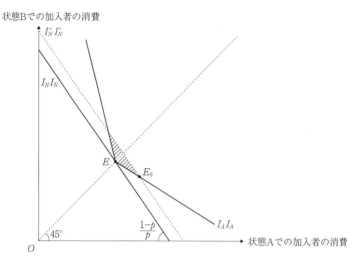

図 4-9　最適保険契約

に入る前の彼の消費パターンを描いたものが点 E_0 です．45度線の右下に位置することから，楽しいドライブに終わった状態 A の消費が，事故に遭って不幸な事態となった状態 B のそれに比べて大きいことがわかります．言い換えれば，事故に遭うということは，ドライブというレジャーの消費が事故によって減少するという具合に表現できるわけです．したがって，保険契約を結ぶ前の状態は，つねに 45 度線の右下に位置することになります．

さて保険契約を結ぶ前そしてこの消費パターンと同じ効用をもたらしてくれるリスク回避者の無差別曲線が $I_A I_A$ によって描かれています．図の描き方から明らかなように，この無差別曲線の右上に位置する消費パターンは，保険加入者にとってより有利なものであることがわかります．

次に保険会社の方の無差別曲線を考えましょう．彼らはリスク中立者ですから，これらは $I_A I_A$ や $I'_N I'_N$ の直線によって表されます．$I'_N I'_N$ の方は点 E_0 を通っていますから，保険がない状態での保険会社の利潤すなわちゼロ利潤に対応する無差別曲線です．そして左下の無差別曲線ほど（たとえば $I_N I_N$）加入者の消費が減りますから，逆に保険会社の利潤は高まり効用もより高いレベルに対応していることがわかります（加入者の無差別曲線と保険会社のそれとの関係が，

4.7 保険契約の理論

(3), (4)式および(5)式の3つの式を前提に描かれていることには十分注意を払ってください).

ところで図4-9の斜線部は,保険がない状態よりもの双方ともに望ましい消費パターンの組み合わせ全体を表しています.なぜならば,保険がない状態のリスク回避者の無差別曲線 $I_A I_A$ の右上に位置すると同時に,そうした状態での保険会社の無差別曲線 $I'_N I'_N$ の左下に位置するからです.このことは損害保険の供給により,加入者・保険会社共に有利になることができることを表しています.こうした共通利害が存在するために,保険契約は商品として流通することができるのです.

では具体的に,保険契約はどこに定まるのでしょうか.図4-9の斜線部のどこかに決まることは間違いありませんが,両者の無差別曲線の形状を考えると,それが必ず45度線上のどこかに定まることがわかります.図4-9の点 E はその1つで,被保険者の効用が保険に加入してもしなくとも同等である最低水準まで,保険会社が保険料を上げることができるとした場合,言い換えれば,保険会社の地位が加入者に比べて圧倒的に高くなったときに定まる保険契約を表しています.

さて斜線部の中の45度線上のどこかに契約が定まるということは,保険加入者が完全にリスクを逃れることができることを意味します.つまりある程度の保険料を支払う代わりに,事故に遭ったときの損失を完全に消し去ることができるのです.これは保険会社が大数の法則によって,個々の加入者が抱えているリスクをまとめて引き受けることで,それを完全に消去できるからにほかなりません.ただ現実には加入者のリスクを完全に消してしまうと,4.4節で紹介したモラルハザードの問題(この例では保険に入ることで自動車の運転が乱暴になり事故率が上昇してしまうことに対応します)が発生するために,いく分事故を起こすと不利になるように料金体系が組まれています.

なお保険契約を結ぶことで,被保険者の消費パターンは点 E_0 から左上方の点 E に移ります.このことは状態Aでの消費が減り状態Bでの消費が増えることを意味します.すなわち状態Aでの消費の減少は,逆から考えれば,保険会社の収入ですから,これが保険料にあたるわけです.一方,状態Bでの消費の増加は,事故に遭ったときの損失の補てんと考えられますから,これが

97

第4章　不確実性の経済学と契約理論

実際に支払われる保険金なのです.

なお先にもお話ししましたように,保険理論は契約理論と呼ばれるゲーム理論の一分野です.すなわち第3章の3.7節で紹介したように,手番に先手・後手があるナッシュ均衡をシュタッケルベルグ均衡と呼びますが,ここでの保険理論は,先手(リーダー)である保険会社が,後手(フォロワー)である加入者の行動を読み込みながら戦略(保険料,保険金)を決定するシュタッケルベルグ均衡にほかなりません.

つまりフォロワーである加入者の効用水準に対応して,彼らがどのように行動するかを合理的に判断し,それを前提に自らの利潤(効用)が最大となるように,均衡戦略を定めているのです.この例から明らかなように,契約理論とはシュタッケルベルグ均衡を応用してさまざまな経済的契約を分析しようというゲーム理論の一部なのです.

契約理論独自の表現を用いれば,契約の提示者である先手を「依頼人」(プリンシパル:principal)と呼び,契約の受容者である後手を「代理人」(エイジェント:agent)と呼ぶこともあります.ここでの保険の例では,「依頼者」は保険会社であり,保険契約を受け入れて自分の行動(ドライブの慎重さ)を決める「代理人」は被保険者ということになります.もう少しわかりやすい例で考えれば,賃金契約における「依頼人」は企業家であり,その契約を受け入れてどう働くかを決める「代理人」が労働者ということになります.

本書の水準を超えてしまいますので,詳細は省きますが,情報が非対称であるとき一般に「依頼人」と「代理人」の利益は相反します.「代理人」に嘘をつく(保険の場合はモラルハザード・労使契約の場合にはサボタージュ)余地が生まれるからです.進んだ契約理論では,このような「嘘」による社会的損害をいかに低下させるかが,主たる関心事になっています.

❗ 要点の確認

・不確実性とは何か
　　実際に起きる出来事の結末がわからない状態を指します.したがって質などに不確実性の存在する商品を購入するということは,ある品質の商品と別の品質の商品を抱き合わせで購入することを意味します.

要点の確認

・アカロフのレモンとは何か

不確実性が存在するもとでは，価格は品質に関する情報を提供します．たとえば，価格が低いときには，高い品質の商品を提供する売り手は割に合わないために，市場には現れず，低品質の商品の売り手だけが商品を売ろうとします．高品質の商品の売り手は，十分に高い価格が付いたときに，はじめて市場に参加し商品を売ろうとします．まとめれば，低価格のもとでは品質の悪い商品が出回っていることを買い手は読み取りますから，この場合需要曲線は右上がりとなってしまいます．したがって品質について買い手側に不確実性があるとき，需要・供給曲線は交点を持たず，市場が崩壊してしまう危険があります．これをアカロフのレモンと呼びます．

・確率の考え方

確率は人間の無知の程度（逆から言えばある物事に関する確信の程度）を表す数学的なツールです．どのぐらいわかっていないかを定義するには，「わかっている」ということを厳密に定義しなくてはなりません．それを表すために，確率変数という関数が用いられます．確率変数はすべての秩序を司る根元事象と呼ばれる集合から，実数への写像です．この設定のもとでは「わかっている」ということは，根元事象のうちのどの要素が実現しているかを知っているということとして定義されます．これに対して無知である人間は，その実際に起きている根元事象の要素を含む部分集合の形でしか物事を捉えられないと考えるのが，現代の確率論の考え方です．そして根元事象の「広さ」（測度）を1としたときの，その部分集合の「広さ」（測度）を確率と呼ぶのです．

・経済主体の不確実性に対する態度

経済主体の不確実性に対する態度は，リスク中立的，リスク回避的およびリスク愛好的の3つに分類されます．リスク中立的とは，期待値が同じならば不確実性の有無などかまわないと考える人たちのことを指します．これに対してリスク回避的とは，期待値が同じなら，不確実性が存在する方を嫌う人たちの態度です．最後にこれは少し非現実的ですが，同じ期待値のもとで不確実性が存在することを好む人を，リスク愛好者と呼びます．

・保険の経済的役割

保険は，リスク回避的な人々から，リスク中立的な組織へリスクを移転する仕組みあるいは契約のことです．リスクが移転されることで，リスク回避者はより幸せになりますから，こうした仕組みは，社会的に望ましいものです．問題は，保険会社のように，なぜリスク中立的な組織を築き上げることができるかということですが，これは，大規模に保険加入者を募ることができ，かつ，それぞれの加入者が事故を起こす確率が独立であれば，大数の法則により，ほぼ確実に，実際に加入者の事故を起こす頻度を知ることができるからです．

・モラルハザードとはなにか

保険に入ると万一のことがあっても，経済的損失を最低限に食い止めることができ

99

第 4 章　不確実性の経済学と契約理論

るようになるので，人々の不確実性への対応が甘くなりがちです．たとえば自動車の損害保険に入ると，事故を起こす可能性が高まりえます．すると保険会社の採算が合わなくなり，極端な場合には，保険市場が崩壊してしまう可能性すらあります．このように保険の存在により不確実性への人々の態度が変化することで，経済に悪影響を与える現象をモラルハザードと呼びます．

文献ガイド

ハル・ヴァリアン（1986）『ミクロ経済分析』（第 25 章），佐藤隆三・三野和雄訳，勁草書房
　　▷この章より進んだ契約理論が解説されています．少し難しいですが，契約にあたって隠された情報がある場合（たとえばモラルハザードと呼ばれる保険契約を結ぶと安心してしまって逆に事故を起こす確率が高まること），について詳しい記述がなされており，頑張って読む価値があります．

Bimore, K.（2007）*Game Theory: A Short Introduction*（2007）Chapter 6, Oxford University Press（ケン・ビンモア（2010）『ゲーム理論』（〈1 冊でわかる〉シリーズ），海野道郎・金澤悠介訳，岩波書店）
　　▷見た目より少し難しいですが，数式を好まない人には，こちらをお薦めします．

第 **II** 部

マクロ経済学

第 5 章

貨幣経済の世界（その 1）：物価の理論

　この章では第 2 章の物々交換経済の理論を拡張して，貨幣経済の理論を学びます．普通の言い回しをすれば前者をミクロ経済学，後者をマクロ経済学と呼びます．この章と次章はマクロ経済学の理論の基本を理解することが目的です．

　貨幣経済は信じられないほど便利な社会的慣習ですが，物々交換経済にはないそれ固有の現象があります．物価水準が連続的に上昇したり下落したりするインフレーション・デフレーションは，この 1 つにあたります．また働きたくても働けない非自発的失業も貨幣経済に固有の現象です．なぜこうしたことが起きるのかを，この章を読めば理解できます．

第 **5** 章　貨幣経済の世界（その1）：物価の理論

5.1　欲求の二重付合の困難

　第2章では，物々交換経済の仕組みを描き，ある一定の理想的な条件が満たされると，経済は効率的で無駄のない資源配分を達成できることを示しました．しかしながら，現実の経済は，物々交換で成り立っているわけではありません．貨幣と財・サービスを交換する貨幣経済を前提としています．ということは，翻って考えるならば，第1部で描写された経済社会には，現実を理解するうえで何か欠けたものがあると考えざるをえません．いったい，それは何なのでしょうか．私たちの日常生活を顧みて考えてみましょう．

　まずその手掛かりになるには，私たちは何でもできる万能人間ではないという事実をしっかりわきまえることです．私は理論経済学者ですが，お酒も飲みますし，外食もします．このとき経済が物々交換に基づいていたとしましょう．すると私にとって，大変不都合なことが起きることがわかります．

　私が居酒屋で一杯やれるためには，居酒屋の主が経済学を知りたがっていなくてはなりません．つまり理論経済学といういささか無粋なサービスとお酒と粋な雰囲気という財・サービスの交換が成り立つということは，きわめて非現実的なことなのです．飲みながら経済学を語ることは私にとってはなはだ苦痛ですし，一方「能書き」を聴かされる居酒屋の主にとっても閉口ですし，第一，店の雰囲気が悪くなります．したがって，こうした交換は，物々交換経済では悲しいかな，決して成立しないのです．

　このように，取引相手相互の欲しがっているものが異なり，取引が成立しない状況を，経済学では「**欲求の二重付合の困難**」（difficulties of double coincidence of wants）と呼びます．こうした現象は，私たちがありきたりのミクロ経済学の教科書にあるロビンソン・クルーソーの例のような，何でもできる「万能人間」ではないことに起因しています．いかなる職業で生業を立てるにせよ，その職業に関する専門的な知識あるいは熟練を必要とするのが現実というものです．

　こうした特殊な知識・技術を獲得・会得するためには，他の職業に就くために必要なものを諦め，その全霊を傾けて仕事に打ち込まざるをえません．した

104

がって，一生の経済的安定を重視し一定の生活水準を保とうと思うのなら，私たちは「スーパーマン」であることを諦めざるをえないのです．逆から言えば「スーパーマン」とは，実はだれでもできる仕事しかできない人ですから，一生低賃金に甘んじ生活の不安定から抜け出せない不幸な人物とも考えられます．

　以上から明らかなように，市場経済はある職業に特化した人々の集合，言い換えれば著しく発達した社会的分業の網の目によって，支えられているといっても過言ではないでしょう．このため「欲求の二重付合の困難」は，逆に私たちが容易に気づくことができないほど潜在的かつ広範にわたり，それを信じがたい効率性で解決しているのが貨幣であるということになります．つまり，貨幣で財・サービスが買えるということは，相手が欲しがっているものを持っていなくとも，取引が成立するということですから，完璧に「欲望の二重付合の困難」が解決されているわけです．

　ではこのように効率的な貨幣経済を描写する理論は，物々交換経済と同じなのでしょうか．それとも修正を迫られるのでしょうか．この問題は 20 世紀最大の経済学者ジョン・メイナード・ケインズ（John Maynard Keynes）により，精力的に取り組まれた問題であり，この章で分析されるように，非常に明快な形で，かつ物々交換の基礎理論と矛盾せずに修正されることになります．こうした議論の本質に入る準備として，次節では，貨幣の経済的機能をいま少し詳しく分析しておきましょう．

5.2　貨幣の経済的機能

　貨幣には大別して，①取引決済手段，②価値保蔵手段，③価値尺度の 3 つの機能があると考えられます．取引決済手段とは，文字通り貨幣が財サービスと交換できることを意味しています．価値保蔵手段とは，貨幣は財産（経済学では資産と呼びます）の一部を形成し，現在稼得した所得を将来のためにとっておくことができる機能のことを指します．最後に価値尺度とは，現在の時点でどの財・サービスがより貴重であるかという情報を，財の単位で測った相対価格ではなく，お金の単位で測った絶対価格によって，あまねく知らせる機能のことです．

第5章　貨幣経済の世界（その1）：物価の理論

コラム9　ジョン・メイナード・ケインズ

　ジョン・メイナード・ケインズ（John Maynard Keynes: 1883-1946）は，
ケンブリッジ大学の教授の子供として生まれました．彼の父はケインズの先生
にあたるアルフレッド・マーシャルとも親交がありました．ケインズはケンブ
リッジ大学卒業後，最初インド省の官僚となりましたが，ほどなく任を離れ，
その後は大蔵省とケンブリッジ大学を活動の拠点としました．早くからその才
を認められており，1919年の第一次世界大戦の戦後処理を決めるヴェルサイ
ユ会議では，若くして首席随員をつとめました．しかし敗戦国であるドイツに
対する戦勝国側（イギリス・フランス・アメリカなど）の過酷な姿勢に憤り，
会議途中で辞任しました．この経緯は，ケインズの出世作ともいうべき『平和
の経済的帰結』に詳しく記されています．代表作である『雇用・利子および貨
幣に関する一般理論』は，それから20年近くの模索を通じて1936年に書き上
げられたものです．ケインズはイギリスの優れた経済学者の多くがそうであっ
たように，政策の立案に積極的に関わっています．しかしケインズ全集に含ま
れる『諸活動』を読むとよくわかりますが，彼の提案が大勢を占めることは稀
でした．1945年に第二次世界大戦が終わると，亡くなる直前まで，戦後の国
際金融や貿易の体制を整備するのに腐心しました．彼がいく度となくアメリカ
を訪れ尽力したにもかかわらず（当時は大西洋を渡れる航空機はなく，6日ば
かりの船旅でした．病める体を押して奮闘したケインズの気持ちはいかばかり
だったでしょうか），戦争で国力が疲弊したイギリスの考え方の多くは入れら
れず，アメリカを核とした IMF-GATT 体制ができあがったのです．

　一般のテキストでは，羅列的にこれらの3つの機能があることだけが解説さ
れ，これらにどういう関連があるかを解説しているものは皆無と言ってよいで
しょう．しかしこれはいささか無責任で，底の浅い理解です．上で述べた貨幣
の3機能は，互いに独立・無関係ではなく，次のような関係があります．
　すなわち，①と②はいわば1つの物事の裏表であり，同じことを言い換えて
いるにすぎません．まずこのことを，論証しておきましょう．まずかりに，①

5.2 貨幣の経済的機能

取引決済手段としては通用するが，②価値保蔵手段としての機能を持たない貨幣があったとします．結論を先にすれば，そのような貨幣が流通することはなく，経済は物々交換経済へ退化してしまうことになります．

　証明の道筋は，以下に示すとおりです．貨幣が価値保蔵手段として機能できる時間を ε（エプシロン）とします．つまり受け取ってから ε 時間後に貨幣はただの紙切れに変身しまったく無価値になると想定するわけです．すると自分の欲しい財の取引相手に出会うまでにかかる平均的時間を τ（タウ）とすると，

$$\tau \ > \ \varepsilon \tag{1}$$

であれば，だれも貨幣を持とうはしません．なぜならば，欲しいものと交換する前に，この夏の日中の氷のような貨幣は「溶けて」しまって，何の価値もなくなるからです．

　ところで貨幣に②価値保蔵手段としての機能がないということは，ε がいくらでも小さい値をとるということですから，τ がどのような値をとろうとも，(1)式の不等式はつねに成立します．したがって，①の性質は持つが②の性質を持たない貨幣は事実上ありえないのです．

　では，この逆を考えてみましょう．すなわち，②価値保蔵手段の機能は持つが，①取引決済手段の機能は持たないという貨幣を考えるわけです．こうした貨幣が流通しないのは，上の場合よりも容易に示すことができます．すなわち貨幣は，将来，財やサービスの購入にあてることを目的に貯蓄されるものですから，取引決済手段として機能せず貨幣を貯めこんでもそれを財と代えることができないなら，だれも貨幣を持とうとしないことは，ほぼ自明と言えるでしょう．以上から明らかなように，平凡な教科書では別のものとして扱われている，貨幣の属性①と②は，実は同じことを別の表現で言い換えているだけにすぎないのです．

　最後に③価値尺度の性質について考えましょう．この問題はみなさんが考えるより，だいぶ深い問題が潜んでいます．つまり上での議論から明らかなように，貨幣の本質が将来の取引決済手段として機能することを認めれば，価値尺度としての貨幣の機能は，現在の財・サービスの価格だけでなく，それらの将来の価格が問題となってくることは容易に想像できるでしょう．

第5章　貨幣経済の世界（その1）：物価の理論

　たとえば将来物価が上昇するとしてみましょう．つまりインフレーションが起きると予想される場合です．すると財の価格が高くなる前に，急いで買ってしまおうという動機が起きることには何の不思議もありません．しかしかと言って，全財産をすべて使ってしまおうという人は，まずいません．ということは，使わなかった貨幣の財で測った価値はインフレによって目減りすることになります．

　たとえば1万円の定期預金は，現在の物価が1000円で将来も変わらないとするならば，将来も，

$$1(万円) \div 1000(円／個) = 10個$$

だけのモノが買えます．しかし物価が10パーセント上昇し1100円になったとするならば，

$$1(万円) \div 1100(円／個) = 約9個$$

しか買えません．つまり10パーセントのインフレが起きると，本来10個の財が買えたのが9個しか買えなくなるわけですから，残りの1個を税金としてとられてしまうことになります．すなわち現在の財の量で測って，

$$[[10-9] \div 10] \times 100 = 10\%$$

もの税金をとられることにほかならないのです．

　最近はほとんどすべてのマスメディアで，インフレさえ起きれば景気が良くなる（「デフレ脱却」）といわれています．しかしこの例から明らかなように，インフレとは実は大変な増税であるのが事実というものです．もう少し詳しく考えてみましょう．

　現在日本人全体で見ると，ほぼ1300兆円の金融資産（除く株式・土地）を持っています．消費税が増税されても，この資産は使わなければ，課税の対象となりません．しかしインフレが起きれば，物価が上昇することから（財・サービスの価格が上昇することから），このかけがえのない財産も目減りすることになります．かりに日銀の言うように毎年2パーセントのインフレが起きたとします．すると10年後には単利計算して，

$$2 \times 10 = 20 (パーセント)$$

だけ物価が上昇します．したがって現在 1000 円のものが 1200 円するようになります．すると 1300 兆円の財産は，10 年後には，

$$1300 \times \frac{1000}{1200} = 1300 \times \frac{5}{6} = 約1080兆円$$

の価値しか持たなくなり，結局 10 年間で知らぬ間に約 220 兆円（1 年間で 22 兆円）も損をすることになります．そしてこうしていつの間にか抜き取られたインフレ税は，借金をしている個人・企業・政府に吸収されるのです．

　この例の示すことは，インフレ税は消費税と比較にならないほど課税ベースが広いこと，そして 2 パーセントインフレといっても同率の消費税増税とは異なり，一度きりのものではなく，毎年税率が上がっていく恐ろしい税だということです．そしてそれが，消費税などとは異なり直接には目に見えないかつ国会の議決を必要としない罪深い増税であることから，こうしたことを唱道する経済学者・エコノミストには，強い非難の目が向けられるべきでしょう．

　つまり物価が連続的に上昇するインフレあるいは逆に連続的に下落するデフレは価値基準としての貨幣の安定性，すなわち貨幣の価値自身に対する「信頼」（ケインズの言葉で言えば confidence）を損なうことで，決して望ましいことではないのです．ちなみにケインズは，契約がなされた時点での貨幣価値で取引は履行されるべきであり，インフレ・デフレによってどちらか一方が得をすることを「不正義」（injustice）であると，強く非難しています．

5.3　世代重複モデルの考え方

　では貨幣経済を描写するのには，どういったツールが必要でしょうか．これまでの議論から明らかなように，貨幣の最たる機能は，「欲求の二重付合の困難」の困難を解決することですから，逆から言えば，そうした現象が経済に存在することを示しうるツールでなければならないことになります．そのもっとも簡便な方法が，世代重複モデル（overlapping generations model）と呼ばれるものです．以下ではこの考え方を紹介しましょう．

第5章 貨幣経済の世界(その1):物価の理論

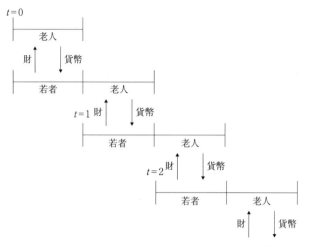

図 5-1　世代重複モデルの構造

　まず人生を単純化のために,「若年」と「老年」に二分して考えます.「若年」のときに働き賃金を得て,その一部を消費にあてるものとします.ただし年をとると所得がありませんから,若いときにあらかじめ賃金の一部を貨幣で貯蓄にあてるものとします.また議論の見通しを良くするために,毎期生まれてくる「若者」の数は,一定であると仮定します.

　こうした設定のもとでは,ある時点 t では前の期(すなわち $t-1$ 期)に生まれた「老人」と今期(すなわち t 期)に生まれた「若者」が同居していることになります(図 5-1 参照).このときかりに,貨幣が存在しないとすると,この経済には以下の深刻な「欲求の二重付合の困難」が発生します.

　つまり「若者」は自らの老後に備えて,将来の財を欲しがっています.しかし「老人」は現在の財を欲しがっているのです.したがって欲しがっている財が異なるわけですから,「若者」と「老人」の間に取引が起きる術もなく,あらゆる人は飢えて老後を過ごさざるをえないのです.これが,世代重複モデルにおける「欲求の二重付合の困難」の困難にほかなりません.

　この深刻な経済問題を解決できる社会制度こそが,貨幣経済なのです.すな

わち，ある時点 t_0 で，あるまとまった量の貨幣（紙幣）が老人にあまねく手渡されたとしましょう．そして「若者」をも含めたこの経済のすべての成員が，これを財と交換できる価値のあるものだと信じたとしましょう（現実には，金との兌換（交換）の保証がない不換紙幣が流通するまでには長い歴史があります）．すると「老人」は貨幣で，若者から財を買うことができるようになります．なぜならば，若者もまた，貯蓄した貨幣で次の世代の「若者」から老後の消費を購うことができると信じるからです．

　貨幣経済は，こうした貨幣に対する「信頼」を基礎にした，無限の連鎖からなるダイナミックな経済なのです．そして第 2 章で述べた物々交換経済とは，経済が無限に続くことへの確信を前提とするという意味で，決定的に性質が異なります．

　すなわち，物々交換経済ではいつ経済が終わっても何の問題も生じません．たとえ財の貸し借りがあったとしても，あらかじめ経済の終わりを読み込んでおけば，契約に齟齬を来すことはないのです．しかし貨幣経済ではそうはいきません．貨幣は経済が無限に続くとみなが確信することで，はじめて流通を始めるのです．このことを簡単に論証しておきましょう．

　かりに時点 T で貨幣経済が終わる，あるいは貨幣が無価値となるような恐るべき超インフレーションが起きるとしましょう．するとその 1 つ前の時点 $T-1$ に生まれた「若者」は，同じ経済に住んでいる老人，すなわち時点 $T-2$ の若者から，決して貨幣を受け取ろうとはしません．なぜならば，自分の老後すなわち時点 T では，それが無価値になってしまうことを知っているからです．

　すると芋蔓式に，時点 $T-2$ の若者も同時点の老人（時点 $T-3$ の若者）から貨幣を受け取りません．こういう具合に論理をつないでいくと，結局，ある時点で貨幣経済の破局が予期された途端に，破局は時が満ちるのを待たずに訪れることがわかります．こういう具合に貨幣経済は物々交換経済には必要とされない，経済が無限に続くという「確信」に裏付けられた貨幣に対する「信頼」という要素が不可欠な経済なのです．

第 5 章　貨幣経済の世界（その 1）：物価の理論

5.4　貨幣経済における物価の決まり方

5.4.1　貨幣経済の循環論法：貨幣価値はそれ自身の予想によって決まる

　この節では貨幣経済において，物価がどのように決定されるかを学びます．結果として，物価（価格）は物々交換経済のように財・サービスの需給を均衡するようには決定されないことが明らかとなります．

　さて貨幣の価値は，貨幣 1 単位でどれだけ財が買えるかということですから，

$$1(円) \div p(円 / 個) = \frac{1}{p}(個)$$

となり，貨幣の価値は現在の物価水準の**逆数**（⇒用語解説）で表されます．ここでは，これが貨幣自身の将来価値の予想 $\frac{1}{p_1}$ によって決定されることが，個人と企業の合理的行動から導き出されることになります．言い方を換えれば，現在の物価水準 p は将来の物価水準 p_1 の予想によって決定されると言うこともできます．

　このことは，貨幣の価値が失われると人々が思うと，それだけで現在の価値も低下してしまうこと（同じことですが，将来物価が上昇すると予想されると，現時点で即座に物価が騰貴してしまうこと）を意味します．5.3 節で議論したように，貨幣は価値があるとの「信頼」のもと価値が生ずるわけですから，このような貨幣のバブル的性質は，それ自身生来のものであるということができます．

　貨幣価値への「信頼」が揺らぐといかに深刻な事態が発生するかは，近くは，1973 年から 74 年にかけての「狂乱物価」に，その例をつぶさに見ることができます．第 1 章のコラムでも論じたように，この時期には田中角栄内閣の「日本列島改造論」というスローガンのもと，当時としては巨額の財政資金が事実上の国債の日銀引き受けのもと全国に散布されました．（この時期の国債は，「シンジケート団引き受け」（略して「シ団引き受け」）といって，市中銀行のシンジケートによる引き受けによってなされていました（国債引き受けシンジケート団とは，1965 年に戦後はじめて国債が発行されたときに約 1000 社の銀行・証券会社が安定的な国債消化のために結成された組織です．国債の大量発行のためにシ団引き受けだけでは国債が消化できなくなり，2006 年に廃止されました）．そして引き受けられた

112

国債は1年以内に日銀が買いオペ（買いオペとは日銀が金融機関の保有する国債を購入する代金として通貨を発行することであり，売りオペとはその逆，すなわち日銀が国債を売りその代金として通貨を回収することを言います）の対象とすることが慣例となっていました．したがって，発行された国債は事実上日銀引き受けの保証のついたものだったのです．）これが OPEC 諸国の原油供給がストップする懸念のもと原油価格の暴騰と相俟って（第一次石油危機），財・サービスの生産が大幅に不足するというパニック心理が発生しました．そして貨幣価値に対する信頼がいまからでは容易に思い返すことができないほど低下し，市民は財を買い漁ったのです．この結果，消費者物価水準は，わずか1年間で23パーセント以上も上昇してしまいました．それほど貨幣価値への信頼が揺らぐと，経済には大きな悪影響が及ぶのです．

　こうした貨幣経済の根源的な不安定性は，古人のよく知るところであり，日本銀行法の第2条にも

「日本銀行は，通貨及び金融の調整を行うに当たっては，物価の安定を図ることを通じて国民経済の健全な発展に資することをもって，その理念とする．」

とあります．こうした貨幣経済の基本的な構造にまで立ち戻って考えたとき，昨今のインフレ推奨のアジテーションには，首を傾けざるをえません．

5.4.2　貨幣経済の基本方程式

　この項では，5.4.1 で述べた貨幣経済の性質，すなわち「貨幣価値はそれ自身の予想によって定まる」ということを，個人や企業の合理的行動に基づいて，もう少し厳密に考えてみることにします．

　さて個人の行動は物々交換経済同様，予算制約のもとでの効用の最大化行動として表さねばなりません．そこで個人の生涯にわたる消費から得られる効用関数 U を，後の個人の効用最大化問題が，すでに学んだ二次関数の最大化問題に帰着できるよう，簡単化のために，

$$U \equiv \sqrt{c_1}\sqrt{c_2} \tag{2}$$

としてみましょう．ここで c_1 は「若年時」の消費量，c_2 は「老年時」のそれ

第5章　貨幣経済の世界（その1）：物価の理論

を表しています.

　(2)式のような効用関数は，上で述べた理由で用いられているのですが，次のような著しい性質を持ちます．そのためにまず，無差別曲線という考え方を導入します．無差別曲線とは,

「同じ効用水準（満足感）を保つことができる生涯の消費(c_1, c_2)の組み合わせを描いた曲線」

として定義されます.

　そこで無差別曲線を描くために，(2)式のUを$U=1$の水準に固定してみましょう．すると(2)式は,

$$\sqrt{c_1}\sqrt{c_2} = 1 \tag{3}$$

となります．つまり(3)式を成立させる生涯の消費(c_1, c_2)の組み合わせは，同じ効用水準1にあると言うことができます．したがって(3)式は，(2)式という効用関数から導かれる無差別曲線の1つなのです.

　無差別曲線の性質は，(3)式のままではわかりづらいので，この両辺を二乗してみましょう．すると,

$$c_1 \cdot c_2 = 1 \Leftrightarrow c_2 = \frac{1}{c_1} \tag{4}$$

となります．(4)式は中学校の数学に出てくる「反比例」のグラフにほかなりません．つまり現在の消費c_1が最初の倍の量となれば，同じ効用水準1を保つためには，将来の消費c_2が最初の半分の量でも，同じ満足感を維持できることを，(4)式は表しているのです.

　このことを別の形で表現してみましょう．そこで生涯の消費(c_1, c_2)がどちらも2倍となって，$(2c_1, 2c_2)$となったものとしてみましょう．するとこの関係を(2)式に代入してみると,

$$U = \sqrt{2c_1}\sqrt{2c_2} = \left[\sqrt{2}\right]^2 \sqrt{c_1}\sqrt{c_2} = 2\sqrt{c_1}\sqrt{c_2}$$

となり，個人の物的欲望の充足感を示す効用も2倍となることがわかります．つまり(2)式のような形状を持つ効用関数は，消費が一様に倍になれば，満足

5.4 貨幣経済における物価の決まり方

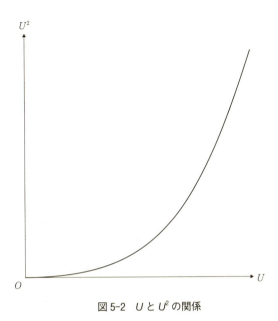

図 5-2　U と U^2 の関係

感もそれに比例して倍になるという性質を持っているのです．
このとき，

$$U^2 = c_1 c_2 \tag{5}$$

ですから，予算制約条件を与えたときに (2) 式を最大化する問題の解は，(5) 式を最大化する問題の解と同じになります．なぜならば，U と U^2 の関係は図 5-2 にあるように，右上がりの放物線のグラフによって表されます．したがって，U が大きくなることと，U^2 が大きくなることは同じことですから，逆から考えて U^2 の最大値を探すことは，U のそれを探すことと等価になるのです．
一方予算制約式は，

$$p_1 c_2 + p_2 c_2 \leq w_1 + \pi_1 \tag{6}$$

として表現されます．ここで p_1 は各期の物価水準，w_1, π_1 は「若年時」に受け取る名目賃金・名目利潤を表しています．ただし名目利潤 π_1 は，働いている人にも失業している人にも平等に分配されるものと考えます．

第5章 貨幣経済の世界（その1）：物価の理論

効用が最大となるのは(6)式が等式で成り立つ場合ですから，これを c_2 について解くと，

$$c_2 = -\frac{p_1}{p_2}c_1 + \left[\frac{w_1 + \pi_1}{p_2}\right] \tag{7}$$

となります．こうして得られた(7)式を(5)式へ代入すると，消費に関する効用の最大化問題は，前章で学んだ c_1 に関する二次関数の最大化問題となることがわかります．すなわち，

$$U^2 = c_1\left[-\frac{p_1}{p_2}c_1 + \left[\frac{w_1 + \pi_1}{p_2}\right]\right] = -\frac{p_1}{p_2}\left[c_1\right]^2 + \left[\frac{w_1 + \pi_1}{p_2}\right]c_1$$

$$= -\frac{p_1}{p_2}\left[c_1 - \frac{1}{2}\left[\frac{w_1 + \pi_1}{p_1}\right]\right]^2 + \frac{1}{4}\frac{p_1}{p_2}\left[\frac{w_1 + \pi_1}{p_1}\right]^2$$

となりますから，結局効用が最大となる最適消費計画は，

$$c_1 = \frac{1}{2}\left[\frac{w_1 + \pi_1}{p_1}\right] \tag{8}$$

として表されることがわかります．同様に最適な将来の消費計画は，(7)式より，

$$c_2 = \frac{1}{2}\left[\frac{w_1 + \pi_1}{p_2}\right] \tag{9}$$

となります．

さてここで(8)式と(9)式の結果を，効用関数(2)へ代入してみましょう．すると，

$$U = \frac{1}{2}\frac{w_1 + \pi_1}{\sqrt{p_1}\sqrt{p_2}} \tag{10}$$

として表現され直すことがわかります．これは所得水準が $w_1 + \pi_1$ であり，物価水準の時系列が (p_1, p_2) であるときの，最大化された効用水準がどこに位置するかを示す関数であり，間接効用関数と呼ばれている概念です．

(10)式の間接効用関数には，きわめて便利で美しい性質があります．すなわち，直接は測ることのできない個人の物的満足感である効用を，一生かかって得られる所得（お金）と財の値段である物価という目に見える数字で表現でき

5.4 貨幣経済における物価の決まり方

るという性質があるのです.

そこで具体的に(10)式を見てみましょう. 比例定数の $\frac{1}{2}$ は別にして,

$$\frac{w_1 + \pi_1}{\sqrt{p_1}\sqrt{p_2}}$$

に注目しましょう. このうち分子の $w_1 + \pi_1$ は,生涯かかって稼ぐことのできるお金の総額すなわち生涯所得であり,何円というお金の単位を持ちます. しかしながら,いくらお金があっても物価が高くては豊かとはいえません. したがってお金の大きさを1個いくらという財の値段である物価で除して,財の単位に換算しないと豊かさは測れないことになります.

これが分母に現れる $\sqrt{p_1}\sqrt{p_2}$ という現在の物価 p_1 と将来の物価 p_2 の一種の平均(幾何平均(⇒用語解説)と呼びます)によって定義される物価水準なのです. ここで重要なのはお金で測った生涯所得を財の単位に換算するのに用いる物価水準に,現在の物価 p_1 だけでなく,同じ重要性で将来の物価 p_2 が含まれることです. これは個人が現在だけでなく将来の消費も考慮に入れながら,経済活動を営んでいることの証拠です.

つまり現在いくら一生懸命働いてお金を貯めても,将来物価が上がってしまえば,その貯蓄は価値を減じることになってしまいます. そうしたことまで含めて,人間は行動しているものです. それが日頃の生活で意識に上らないのは,物価水準が将来も安定しており,先に論じたように,貨幣に対する「信頼」があついからにほかなりません.

なお参考までに付け加えておけば,現在だけでなく将来の物価も同時に倍になれば,効用という名で呼ばれる個人の物的な豊かさも半分になります. つまり,

$$\sqrt{2p_1}\sqrt{2p_2} = 2\sqrt{p_1}\sqrt{p_2}$$

ですから,(10)式の分母は2倍となり,したがって効用は $\frac{1}{2}$ となります.

さてこの間接効用関数を用いることで,失業が存在する経済(不完全雇用均衡と呼ばれます)における賃金水準を求めることができます. まず失業者がいることは,雇用されている個人にとってつねに潜在的な競争者がいることを意味します. したがって,働くことによって効用が増加する水準に賃金が決まっ

117

第5章　貨幣経済の世界（その1）：物価の理論

ていたとすると，失業者がより低い賃金で働くことを希望するために，賃金はその水準にとどまることができません．つまり，働いても働かなくとも同じ効用が得られる水準に賃金は決定されるのです．

さてそこで，働くことによって生ずる不効用（疲労や苦痛）をδ（デルタ）と書くことにしましょう．そのうえで利潤π_1は就業状態に無関係にすべての個人に平等に分配されると仮定します．すると失業時の効用（すなわち$w_1 = 0$のときの効用）は，(10)式を用いることで，

$$失業時の効用 = \frac{1}{2}\frac{\pi_1}{\sqrt{p_1}\sqrt{p_2}} \tag{11}$$

となります．一方就業時の効用は，

$$就業時の効用 = \frac{1}{2}\frac{w_1 + \pi_1}{\sqrt{p_1}\sqrt{p_2}} - \delta \tag{12}$$

と表されます．上での議論から明らかなように(11)式と(12)式が等しくなるように，賃金w_1が決定されるわけですから，それは，

$$w_1 = 2\delta\sqrt{p_1}\sqrt{p_2} \tag{13}$$

という水準に決定されることがわかります．

ここで強く留意すべきは，現在の賃金の水準の決定にあたっては，現在の物価水準p_1だけでなく，将来の貨幣価値に関係するp_2も同様に影響を与えるというきわめて重要な事実です．これは個人が「若年時」に働くにあたって，老後のことも考慮するからにほかなりませんが，この何気ない式にはさらに重要な経済的意味が隠されているのです．

すなわち，この後見るように，賃金は企業の製造原価を決定する最重要要因ですから，現在の物価水準に大きな影響を与えることは容易に想像できるはずです．そしてその賃金が，将来の貨幣価値に依存して決まるわけですから（価値保蔵手段が貨幣であることを想起してください），現在の貨幣価値の逆数である物価水準が将来の貨幣価値から影響をこうむることは，理解できると思います．

さてそこで，具体的に計算してみましょう．ここでは簡単化のために1人の個人が働くと1単位の財が生産されるとしましょう．したがって財1単位の生産原価は(13)式で表される1人当たり賃金と等しくなります．さらに，厳密な

5.4 貨幣経済における物価の決まり方

計算は本書の範囲を超えるので省略しますが、企業は製造原価にある一定のマージン θ を上乗せして、製品価格を決めるものとしましょう。すると、次の方程式が成立することがわかります。すなわち、

$$p_1 = [1+\theta]w_1 = 2\delta[1+\theta]\sqrt{p_1}\sqrt{p_2} \tag{14}$$

です。

　この方程式を本書では、「貨幣経済の基本方程式」と呼ぶことにしますが、これには以下の理由があります。(14)式には物価水準を表す変数だけが現れます。このことは、物価水準あるいは貨幣価値の決定にあたっては、他の経済要素（たとえば貨幣供給量や財の需給状態を示す変数）が一切介在しないことを意味します。つまり 5.4.1 において日常言語で述べた「貨幣価値はそれ自身の予想によって決まる」という命題が、数式によって表現されたわけです。

　「貨幣経済の基本方程式」が意味するところは深長です。つまり現在の物価水準 p_1 は、物々交換経済のように財・サービスの需給を均衡させるように決定されるのではなく、個人の貨幣への信頼の度合いすなわち将来の物価水準の合理的予想 p_2 によって定まることを、(14)式は表しているのです。よって、貨幣経済においては物価水準（価格）の動きではなく、数量の変動によって需給が調整されることになりますが、これが後に解説される

「需要が供給を生み出す」

という**有効需要**（⇒用語解説）の理論の基礎を形成します。

　ところで(14)式を現在の物価水準 p_1 について解けば、

$$p_1 = \left[2\delta[1+\theta]\right]^2 \cdot p_2 \quad \Leftrightarrow \quad \rho \equiv \frac{p_2}{p_1} = \frac{1}{\left[2\delta[1+\theta]\right]^2} \tag{15}$$

となります。ρ（ロー）はインフレ率（貨幣の収益率の逆数）を表しますが、この値は経済の基本構造を表すパラメータである (δ, θ) のみによって決定され、貨幣供給量などの名目変数とは無関係であることがわかります。このことは、失業が存在する不完全雇用状態では、インフレは貨幣的現象ではありえないことを意味します。現在の日本経済において、貨幣供給量を増やしても一向にその気配がないのは、国民の貨幣に対する信頼があついことと、(15)式で表され

119

第5章 貨幣経済の世界（その1）：物価の理論

コラム10 貨幣の収益率

　貨幣の収益率とは現在消費せずに貨幣を1単位（1円）貯蓄したとき，将来どれだけの財が買えるかを意味します．これは以下のように計算されます．まず現在貨幣1単位で買える財は$1 \div p_1 = \frac{1}{p_1}$単位となります．将来貨幣1単位で買える財は$1 \div p_2 = \frac{1}{p_2}$単位です（**これが貨幣の価値になります**）．したがって現在財を犠牲にし，貨幣で貯蓄することで，$\frac{1}{p_2} \div \frac{1}{p_1} = \frac{p_1}{p_2}$だけの将来財を手に入れることができます．これが貨幣の収益率の定義です．なお，$1 \div \frac{p_1}{p_2} = \frac{p_2}{p_1} \equiv \rho$ですから，貨幣の収益率の逆数がインフレ率である（インフレ率が貨幣の収益率の逆数）ことがわかります．

るように，不完全雇用下ではインフレ率が本来貨幣供給の変化によって左右できる性質のものではないことに起因していると考えられます．

5.5 政府・中央銀行の役割

　貨幣の発行・供給量の調整を司っているのは，中央銀行です．一方，租税・国債の発行により財政のコントロールにあたるのは，政府の役割です．物々交換経済とは異なり，貨幣経済を扱う理論では，こうした政府・中央銀行の行動を描写することを避けては通れません．ここでは単純化のために，政府・中央銀行の行動を統合して考えることにします．さらに政府の発行した国債は，すべて中央銀行によって買い取られると想定しましょう．

　この前提のもとで，まず政府の予算制約式は，以下のように書き下すことができます．すなわち，

$$p_1 g = D_1 - D_0 \tag{16}$$

です．ここで g は実質財政支出（何円ではなく財何個という単位で測った財政支出），D_0, D_1 は各期の国債残高を表します．したがって(16)式の左辺は政府の

歳出を右辺は国債の新規発行 $D_1 - D_0$ による歳入を表しています.

これに対し中央銀行の予算制約式は,

$$D_1 - D_0 = M_1 - M_0 \tag{17}$$

となります. すなわち(17)式の左辺は中央銀行の国債購入額を表します. これに対して右辺は, M_0, M_1 がそれぞれ第1時点, 第2時点の貨幣残高を表し, その差 $M_1 - M_0$ が国債購入のために新たに発行された名目貨幣額です. つまり(17)式は, 新規発行国債(左辺)がすべて貨幣の新規発行(右辺)によって賄われていることを示しています.

さて(16)式と(17)式を辺々足し合わせてみましょう. すると,

$$p_1 g = M_1 - M_0 \tag{18}$$

という式が得られます. これが政府と中央銀行の予算制約式を統合した公的部門の予算制約式なのです. つまり公的部門をすべて統合して考えると, 新規発行の貨幣で財政支出が賄われていることになるのを, (18)式は表しているのです.

政府と中央銀行の予算制約式を統合した(18)式は, 国債の日銀引き受けを推奨するために書かれているわけではありません. 第9章でお話しするように, 実際にはこの間に銀行や証券会社などの金融機関が介在しています. より厳密に金融政策の効果を考えるときには, これら金融機関の事情も考慮に入れる必要があります. なぜならば, 彼らこそが貨幣経済の信用のネットワークを形成しているからです. 現在の日本では, 特にこうしたことが深刻な問題となっています.

ここで政府・中央銀行が操作できる変数は, 潜在的には g, M_1 ですが, (16)式の制約があるために, 自由に選べる政策変数はどちらか1つに限られることになります. ここでは, 金融政策に焦点を当てるために, M_1 を選ぶことにします.

そこで(18)式の両辺を現在の物価水準 p_1 で除し, 若干の変形を施すと,

$$g = \frac{M_1}{p_1} - \frac{M_0}{p_1} = \frac{M_1}{p_1} - \frac{p_0}{p_1}\frac{M_0}{p_0} \equiv \frac{M_1}{p_1} - \frac{1}{\rho}\frac{M_0}{p_0} \tag{19}$$

第5章　貨幣経済の世界（その1）：物価の理論

となります．ここで注意していただきたいのは，名目貨幣供給量 M と物価水準 p は，(14)式の「貨幣経済の基本方程式」より，互いに影響を及ぼし合わないことから，政府・中央銀行は，実質貨幣残高（経済に流通している貨幣を財の単位に換算したもの）$m_1 \equiv \dfrac{M_1}{p_1}$ を思いのままにすることができることです．

(19)式の右辺に注目してください．$\dfrac{M_1}{p_1} - \dfrac{1}{\rho}\dfrac{M_0}{p_0}$ は，財の単位で測った政府の歳入（貨幣の増発量）です．しかしなぜ，実質貨幣残高の差 $\dfrac{M_1}{p_1} - \dfrac{M_0}{p_0}$ にはならないのでしょうか．インフレ経済で $\rho > 1$ の場合で考えてみましょう．すると 5.2 節で学んだように，前期までに発行された貨幣はインフレによって目減りして，$\dfrac{1}{\rho}$ 倍だけになってしまうことがわかります．この目減り分（インフレ税あるいは貨幣発行益と呼びます）は，$\left[1 - \dfrac{1}{\rho}\right]\dfrac{M_0}{p_0}$ になりますが，私たちの設定では政府の歳入となり，公共支出を通じてすべて平等に個人に帰着されます．

ところで，

$$\frac{M_1}{p_1} - \frac{1}{\rho}\frac{M_0}{p_0} = \left[m_1 - m_0\right] + \left[1 - \frac{1}{\rho}\right]m_0$$

と書き直すことができますから，こうしてみると，政府の貨幣発行による歳入が2つのパートからなり，1つは実質貨幣量残高の増加 $m_1 - m_0$，いま1つはインフレ税の収入 $\left[1 - \dfrac{1}{\rho}\right]m_0$ であることがわかります．

❗ 要点の確認

・欲求の二重符合の困難とは何か

物々交換の経済では，自分が欲しいものを持っていて，かつ自分が相手の欲しいものを持っていないと取引は成立しません．これを「欲求の二重符合の困難」と呼びます．たとえば大学で講義をする・聴くということは，教師の側から見れば，学生の欲している教育サービスを提供していることになります．しかし物々交換経済で講義が成立するには，学生が教師の欲しているもの（たとえば専門書）を提供できなければなりません．しかし一般には，こうしたことは起こりえず，講義は成立しません．ここに貨幣が導入されると，学生が授業料を払い，教師がそのお金で本を買うことができれば，講義は成立します．このように，貨幣は信じがたいほど経済の効率を高めているのです．

文献ガイド

・世代重複モデルについて

世代重複モデルは，貨幣経済を描写するのにもっとも平易な経済学的ツールです．世代重複モデルは人生を「若年」と「老年」の2つに分割します．そして「若年」のときに働いて所得を稼ぎ，その一部を消費に残りを「老年」に備えて貨幣の形で貯蓄すると考えます．ここで消費・貯蓄および労働供給は，その個人の生涯効用を最大にするようになされると考えます．さらにこのモデルでは，「欲求の二重符合の困難」が貨幣によって解決されている様子が活写されています．つまり若者は現在の財と引き換えに将来の財を欲しているのですが，取引相手の老人は将来の財を供給することができません．しかしここで貨幣が経済に導入され，それが将来の財に対する請求権であると信じ込まれると（言い換えれば貨幣に固有の価値があると確信されると），老人は貨幣で若者から財を購入することができるようになり，「欲求の二重符合の困難」は解消されるのです．

・貨幣経済における物価の決まり方について

第2章で学んだように，物々交換経済では需要曲線と供給曲線の交点で需要と供給が等しくなるように，価格が決定されます．しかし貨幣経済では，その命題は成立しません．価格（物価）は，貨幣の価値（1円で何単位財が買えるか）の逆数ですから，物価がどこに定まるかは，経済社会に住む若者が将来の貨幣価値をどう評価するかにかかっています．たとえば，将来の貨幣価値が上昇する（将来の物価が低下する）と働き手である若者が予想すれば，最低限要求する賃金は低くなりますから，現在の物価水準も低下します．このように貨幣経済において価格（物価）は，財の需給とは無関係に人々の将来の貨幣価値に関する予想によって定まります．これを数式で記述したのが，5.4.2の「貨幣経済の基本方程式」です．

📖 文献ガイド

ハル・ヴァリアン（1986）『ミクロ経済分析』（第7章），佐藤隆三・三野和雄訳，勁草書房

▷本章と次章では，「間接効用関数」（indirect utility function）という考え方が用いられています．このヴァリアンの本は，双対問題の取り扱いが大変クリアーなところに一番の特色があります．第7章はその白眉です．実際に自分で理論を組み立てるようになると，双対性をいかに上手に使うかによって飛躍的に計算が簡単になる場合が多々あります．この本でそのキレを味わってください．

大瀧雅之（2011）『雇用・貨幣の基礎理論』（第1章・第2章），勁草書房

▷本書はこの章での議論をより厳密にかつ一般的に展開したものです．少し計算が難しいかもしれませんが，本書の第10章が読み切れれば，後は何とかなるはずです．本書のヒントになったのは，次の古典です．

第5章 貨幣経済の世界（その1）：物価の理論

ジョン・メイナード・ケインズ（1936）『雇用・利子および貨幣に関する一般理論』
（第1章から第3章），間宮陽介訳，岩波文庫
　　▷近代経済学に革命をもたらした20世紀の最高峰です．不思議なことに全24章から
　　なるこの古典は，その最初の3章に濃縮された形で，理論の骨格が提示されていま
　　す．難しいですが，わからなくても読んでみましょう．第6章末のブックガイドに
　　挙げた大瀧雅之・加藤晋編著（2017）は，この本を読む参考書となります．

第 6 章

貨幣経済の世界（その 2）：失業の理論

　　この章では，財に対する総需要が不足しているために，働こうと思っても働けない非自発的失業が発生することが，前章での議論を受けて証明されます．この章のもっとも大きな特徴は，第 5 章の 5.4.2 で導いた貨幣経済の基本方程式から，財の総需要・総供給と無関係に，物価水準が決まるために，財市場の均衡を達成するには数量によって調整がなされざるをえないところにあります．つまり総需要が不足していると，売れないものを作っても損をするだけですから，総供給も減少し，同時に生産のために雇われていた一部の人も余剰人員となり解雇されることになります．

第**6**章 貨幣経済の世界（その2）：失業の理論

6.1 有効需要の理論

第2章の物々交換経済では，（相対）価格が財・サービスの需給を均衡させる役割を果たしていました．しかしながら貨幣経済では，第5章の5.4.2で学んだ貨幣経済の基本方程式により価格が決定されるので，言い換えれば，貨幣価値への信頼の度合いにより物価が決定されるので，財・サービスの均衡は取引数量で調整されることになります．

ところで貨幣経済の基本方程式（第5章の(14)式）のように価格が決定されている限り，企業には需要があるだけ目いっぱい生産しようという動機があります．つまり製品1単位当たり確実に θ_w だけ儲かるわけですから，経済全体の需要（これを**有効需要**（⇒用語解説）あるいは総需要と呼びます．国民経済計算では実質支出 GDP に対応します：GDP とは Gross Domestic Product の略で日本語では粗国内総生産と呼びます．一国内で1年間に生み出された付加価値の合計額を名目 GDP と呼びます．これは何円というおかねの単位で付加価値を測ることを意味しています．これに対して実質 GDP は財・サービスごとに生み出された付加価値をその価格で割って，それを経済全体で足し合わせたものを指します）の天井にぶつかるまで，生産を増加させるのが合理的なのです．したがってこの経済に存在する企業すべての生産量を足し合わせたもの（総供給と呼びます．国民経済計算では実質生産 GDP に対応します）を y_1^s と書くことにすると，最適な y_1^s は総需要 y_1^d と等しくなります．言い換えれば先に予告したように，貨幣経済においては**「需要が供給を創り出す」**わけです．

これは物々交換経済で成り立つ**「供給が需要を創り出す」**というセイ法則と，きわめて対照的です．価格が需給を均衡させる働きをする物々交換経済では，技術進歩などによって生産能力が上昇しても，価格が下落することで，それに応じた需要を生み出すことができるのです．このように物価（価格）が何に依存して決定されるかによって，経済の構造はまったく異なったものとなるのです．

では総需要はどのように定義されるのでしょうか．これは経済の各主体の需要を加え合わせたものですから，①若者の消費需要，②老人の消費需要，③政府の財政支出から構成されることになります．これを数式で表せば，

126

$$y_1^d \equiv \frac{1}{2}y_1 + \frac{1}{\rho}m_0 + g, \quad y_1 \equiv \frac{w_1 L_1 + \pi_1}{p_1} \tag{1}$$

ということになります．(1)式の右辺第1項が若者の財に対する消費需要で，これは第5章の(8)式そのものです．第2項が老人の消費需要を表します．老人は貯蓄によって前期から M_0 だけの貨幣を持ち越しています．遺産の問題を考えていませんから，彼らはこれをすべて今期の消費にあて，すべてを使い尽くすことになります．それでどれだけのモノが買えるかと言えば，

$$M_0 \div p_1 = \frac{M_0}{p_1} = \frac{p_0}{p_1} \cdot \frac{M_0}{p_0} = \frac{1}{\rho} \cdot m_0$$

ということになります．これが(1)式の右辺第2項の意味です．そして第3項が，政府がどれだけ財を買うかを表しています．

なお y_1 は，実質分配 GDP と呼ばれる概念で，個人が受け取ることのできる所得を経済全体で足し合わせたものであり，実質労働所得の合計（ここでは簡単化のために労働人口を1としています）

コラム11　セイ法則

　ジャン・バティスト・セイ（Jean-Baptiste Say: 1767-1832）は19世紀前半に活躍した，フランス人の古典派経済学者です．セイ法則とは，この章で分析している貨幣経済ではなく，時間の流れを捨象した物々交換経済で成り立つものです．すなわち物々交換経済において，何らかの技術進歩が生じ，生産能力が上がったとしましょう．すると物価（価格）が変化しなければ，財は余ってしまいます．しかし物々交換経済では，貨幣経済とは異なり，物価（価格）は需給を一致させるように決定されると考えていますから，物価（価格）が低下することにより，需要が喚起され，技術進歩によって生じた過剰な生産力は吸収されることになります．このような物価（価格）の働きにより，供給が増えても需要が喚起され，「売れ残り」が出ないというのがセイ法則の内容です．この意味で「供給が需要を喚起する」とするのがセイ法則です．

第6章　貨幣経済の世界（その2）：失業の理論

$$\frac{w_1}{p_1}L_1 \quad (L_1 \text{は雇用されている個人の数})$$

と財の単位で測った利潤の受け取りの合計 $\frac{\pi_1}{p_1}$ からなります.

ここで5.5節の(18)式で述べた政府・中央銀行の予算制約式が関係していることを思い出さなくてはなりません. 5.5節の(19)式を用いて(1)式から g を消去すると,

$$y_1^d \equiv \frac{1}{2}y_1 + \frac{1}{\rho}m_0 + g = \frac{1}{2}y_1 + \frac{1}{\rho}m_0 + \left[m_1 - \frac{1}{\rho}m_0\right] = \frac{1}{2}y_1 + m_1$$

$$\text{ただし } \frac{M_1}{p_1} = m_1, \ \frac{M_0}{p_0} = m_0 \tag{2}$$

という式が得られます.

ところで, 企業の売上総額は賃金支払いか利潤のいずれかに必ず分配されますから,

$$y_1^s \equiv y_1 \tag{3}$$

が成立します. さらに先ほどお話ししたように, 企業は利潤動機により需要のある限り生産するから,

$$y_1^s \equiv y_1^d \tag{4}$$

も成立します. そこで(3), (4)式を(2)式へ代入すると, 5.5節の(19)式の定義式はモノの需給をバランスさせる均衡有効需要を決定する方程式となり,

$$y_1^d = \frac{1}{2}y_1^d + m_1 \tag{5}$$

となります. これを y_1^d について解くと,

$$y_1^d = \frac{m_1}{1 - \frac{1}{2}} = 2m_1 \tag{6}$$

すなわち $2m_1$ が, 実質貨幣残高が m_1 であるときの財の需給を均衡させる実質GDP となることが確認できます.

ここで一般に, 財政支出が1単位増加したときに実質GDP が何単位増加す

128

6.1 有効需要の理論

るかを表す指標を，(財政)「乗数」(Multiplier) と呼んでいますが，私たちの経済ではこの値は，(6)式から明らかなように，2になります．(5)，(6)式をよく眺めるとわかりますが，これは若者の所得が1単位増えたときに，消費が $\frac{1}{2}$ だけ増えるという性質（**限界消費性向**（⇒用語解説）が $\frac{1}{2}$ であると言います）が，2という乗数の値を規定しているのです．第5章の5.4.2で仮定した(2)式の消費に関する効用関数がより一般的であれば，限界消費性向を $\alpha, 0 \leq \alpha \leq 1$ とすることができて，この場合の乗数の値は，$\frac{1}{1-\alpha}$ となり，一般に1より大きな値をとります．

つまり，政府支出が1単位増加すると，それ自身が1だけの所得を形成しますが，経済を豊かにする効果はそれにはとどまらないのです．所得が1単位増えたことで，消費が α だけ刺激されるからです．するとこの増加した消費も経済全体で見れば所得を形成しますから，さらに $\alpha \times \alpha = \alpha^2$ だけの消費を誘発します．こうした効果が累積するわけですから，乗数の値は合計で

$$1 + \alpha + \alpha^2 + \alpha^3 + \cdots = \frac{1}{1-\alpha} \tag{7}$$

ということになるわけです．私たちの場合は，$\alpha = \frac{1}{2}$ の場合に相当します．

(7)式の計算方法は，以下に示すとおりです．まず n 回目までの消費の誘発過程によって生ずる所得の増加量を計算します．これを S_n としましょう．つまり

$$S_n \equiv 1 + \alpha + \alpha^2 + \cdots + \alpha^{n-2} + \alpha^{n-1}$$

です．次に，これに α を乗じた αS_n を計算すると，

$$\alpha S_n \equiv \alpha + \alpha^2 + \alpha^3 + \cdots + \alpha^{n-1} + \alpha^n$$

となることがわかります．

さてそこで，上の式から下の式を辺々減じてみましょう．すると左辺は，$[1-\alpha]S_n$ となることがわかります．では右辺はどうでしょうか．上の式の項とそれに対応する下の式の左下の項は，お互いに打ち消しあうことがわかります．したがってそうした対応が存在しない，上の式の1と下の式の α^n だけが「生き残る」ことになります．ですから右辺の答えは見かけほどではなく，$1-\alpha^n$

第6章 貨幣経済の世界（その2）：失業の理論

という簡単な答えになります.

よって,

$$[1-\alpha]S_n = 1-\alpha^n \iff S_n = \frac{1-\alpha^n}{1-\alpha}$$

というのが, その答えです. 誘発された消費による所得の増加は, 限りなく続きますから, n を限りなく大きくしたときの値が, 正確な実質所得の増加ということになります.

ここで α は 0 と 1 の間の数であることに注意しましょう. こうした数を限りなくかけ合わせていけば, いくらでも 0 に近づくことは容易に理解できるでしょう. すると上式の分子にある α^n という値は, 正確な計算では無視してもよいことになります. したがって, 正確な乗数は, (7)式のように表されるのです.

6.2 労働市場の動き

では前節で議論したような拡張的金融政策（財政支出の増加に伴う貨幣供給量の増加）があったときに, 雇用や賃金はどのように反応するでしょうか. 考えてみましょう. すると第5章の5.4節の(14)式を導くときに仮定したように, ここでは労働1単位で財1単位が生産できると考えています. ですから, (6)式から明らかなように, 貨幣供給量の2倍だけ雇用量も増えます. したがって拡張的な金融政策は, 失業救済に役立つことがわかります.

次に賃金はどうでしょうか. まずお金の単位で計った名目賃金について考えましょう. そこで, 第5章の5.4.2の(13), (14)式を見てください. (14)式に名目貨幣供給量 M が含まれていないことから, みなが貨幣の価値を信じあっているときには, 名目貨幣供給量 M が変化しても, 将来の物価水準（この逆数が貨幣の価値になりますが）p_2 は変化しません. したがって同じく(14)式から, 現在の物価水準 p_1 も変化しません. さらに(13)式から明らかなように現在・将来の物価水準が変化しないときには, 名目賃金 w_1 も雇用量の変化の影響を受けず不変に留まることになります. なお以上の議論から, 現在の財で計った実質賃金 $\frac{w_1}{p_1}$ も変わらないことがわかります.

130

6.3 ワルラス法則の成立の確認

　以上をまとめると，社会の成員みなが貨幣の価値を信じあっている経済では，
名目・実質賃金とも硬直的となり，有効需要の変化はすべて雇用量で調整され
ることになります．このように市場の需給の調整が価格（賃金）ではなく，数
量（雇用）のみで調整されることを数量調整と呼びます．ケインズ経済学はた
びたび数量調整の経済学であると呼ばれましたが，ここでの議論は数量調整を
生じさせる原因が貨幣価値への信頼にあるということを明らかにしている点で，
従来の理論を一歩先んじたものとなっています．

6.3　ワルラス法則の成立の確認

　第5章では，第2章の物々交換経済の財市場，労働市場に加えて貨幣市場が
新たに加わりました．第2章の 2.4.2 で議論したようにワルラス法則（⇒用語解
説）は，予算制約式と市場の均衡条件のみから導かれるものですから，物々交
換経済のみならず，貨幣経済でも成立していなければなりません．このことを
確認しておきましょう．

　さて私たちは分析に先立って，失業が存在する不完全雇用均衡を前提として，
労働市場の均衡条件（第5章の(13)式）を基礎に議論を組み立ててきました．
言い換えれば労働市場はつねに均衡しているとの想定を用いて経済の性質を分
析したわけです．したがって上に挙げた3つの市場のうち，財市場あるいは貨
幣市場が均衡していれば，他方は必ず均衡していなければならないのです．

　私たちはこのうち財市場の均衡を取り上げてきました．したがって，その均
衡条件(3)がみたされていれば，貨幣市場も均衡していなければなりません．
ところで，若者の貨幣での貯蓄すなわち貨幣需要は，所得から現在の消費を差
し引いたものですから，

$$y_1 - \frac{1}{2}y_1$$

となります．一方老人と政府の財政支出による貨幣供給は，m_1 となります．
よって貨幣市場の均衡条件は，

$$y_1 - \frac{1}{2}y_1 = m_1 \quad \Leftrightarrow \quad y_1 = \frac{1}{2}y_1 + m_1$$

第6章　貨幣経済の世界（その2）：失業の理論

となり，(5)式と一致します．したがって財市場が均衡していれば，必ず貨幣
市場も均衡しているのです．以上で，貨幣経済でもワルラス法則が成立してい
ることが確認されました．

6.4　非自発的失業の存在

　これまでは，第5章の5.4.2の(13)式のように，名目賃金は働いても働かな
くとも同じ経済的利得が得られる水準に決定されると考えて，議論を進めてき
ました．しかしこのような水準に賃金が決定されると考えることは，いささか
現実性に欠けます．やはり，失業しているよりも，より経済的に恵まれるから，
人は一生懸命働こうとするのだと考える方がより自然でしょう．

　こうしたことは，5.4.2で想定したように，企業側に一方的に賃金を決める
力があると考えるよりも，働く側にも賃金を交渉する力があると考えることが
自然であるということを意味します．そこで名目賃金の決定式を少し別なもの
に取り換えてみることにしましょう．

　つまり，実際に経営者と社員の間の賃金交渉によってつく賃金を$\bar{w}_1$とする
と，それは，

$$\bar{w}_1 = w_1 + \beta[p_1 - w_1], \quad 0 < \beta < 1 \tag{8}$$

をみたすように決定されると考えるわけです．すなわち，働いても働かなく
とも同じ満足感しか得られない最低水準の賃金であるw_1に，人が1人働くこと
で生まれる「余剰」$p_1 - w_1$のうちβだけの割合を賃金に繰り込むことができる
と想定するのです．

　ここで「余剰」とは，人が1人働くことで実際には製品価格であるp_1だけ
の価値が生産されることになります．しかしそれは同時に，金銭に直してw_1
だけの苦労を生じさせます．したがって差し引き$p_1 - w_1$だけの豊かさが新た
に生み出されることになるのです．その意味で「余剰」(surplus)（⇒用語解説）
という言葉が用いられています．

　一般にこうした「余剰」が経営者と社員の間でどのように分配されるかは，
「交渉」(bargaining)によって決定されますが，この厳密な議論はこの本の範

132

囲を超えますので，ここではただ，β が大きくなるほど，働く側の交渉力が強まり，より高い賃金を獲得することができることだけを理解してください．

さて，賃金の決定式が(8)式に置き換わると，企業の利潤 π_1 はどうなるのでしょうか．(8)式のもとでは，

$$\pi_1 = \left[p_1 - \overline{w}_1\right] \cdot y_1 = \left[p_1 - \left[w_1 + \beta\left[p_1 - w_1\right]\right]\right] \cdot y_1$$
$$= \left[1 - \beta\right]\left[p_1 - w_1\right] \cdot y_1 \tag{9}$$

となります．社員の交渉力 や企業の直面する有効需要 y_1 は，企業の経営者にとっては変えることのできない変数ですから，結局彼らは，(8)式で表される実際に交渉を通じて成立する賃金 $\overline{w}_1$ ではなく，働いても働かなくとも同じ効用しか得られない最低水準の賃金 w_1 のみを参考に，価格 p_1 を定めることになります．つまり第5章の(14)式

$$p_1 = \left[1 + \theta\right]w_1$$

が，(8)式のもとでも成立し，同時にそれを書き換えた貨幣経済の基本方程式もそのまま成立します．

これは，(8)式のように交渉により名目賃金が決定されるとしても，5.1節から6.2節までで議論してきた貨幣経済の理論には，ただ1点を除いて修正の要がないことを意味します．その修正点とは，「現行の賃金のもとでも働きたくても働けない人がいる」という非自発的失業（involuntary unemployment）が存在することが，新たに証明されたことです．

このことをもう少し詳しく解説しましょう．まず(8)式の性質から，

$$\overline{w}_1 > w_1 \tag{10}$$

が成立することは，すぐにわかるでしょう．したがって，この状態で失業者が存在するとすれば，その人は「（最低賃金 w_1 よりも高い）現行の賃金 $\overline{w}_1$ のもとで，働きたくても働けない」わけですから，非自発的に失業していることになります．

ところで問題は，次の点です．こうして起きる失業は，企業に雇われている社員が交渉によって不当に高い賃金を獲得しているから起きるのかという問題

第6章 貨幣経済の世界（その2）：失業の理論

です．答えは否です．(9)式から明らかなように，企業がどのような価格付けを行いどれだけ生産するかについて重要となるのは，最低水準の賃金 w_1 と企業が直面する有効需要 y_1 であり，定数である β がどのような値をとろうとも，それには無関係です．

　言い換えれば，経営者・社員間の賃金交渉の力関係を表す β は，企業の雇用計画に対して影響を与えることはないのです．したがって，賃金が交渉により最低水準よりも高く決定されることにより，失業が発生することはありません．端的に言えば，労働組合が雇用の阻害要因となって，非自発的失業を生み出すことはありません．

　要約すれば，

1. 労使間で交渉されるのは「余剰」というパイの分け方であり，交渉に先立ち，そのパイをできるだけ大きくしておこう（雇用を最大限拡張しておこう）ということでは，両者の利害はまったく一致している．
2. パイの大きさを決めるものは，最終的には企業の直面する有効需要 y_1 であり，それは1企業だけではどうしようもない経済全体で決定される変数である．

という2つの理由により，有効需要不足によって非自発的失業が発生します．そして上での議論から明らかなように，交渉により賃金が決定されることは非自発的失業を生み出す原因とはなりえないのです．

6.5　経済政策と経済厚生

　6.1 節で議論したように，財政支出の増加を通じて貨幣供給量を増加させると，乗数効果を通じて実質 GDP が増加します．つまり，景気が良くなるわけです．ではこのことは，経済学的に考えて「善い」ことなのでしょうか．この節ではこれを，厳密に考えてみましょう．

　第2章の 2.5 節で学んだように，経済学では事の善し悪しを「パレート効率性」という観点から評価します．いろいろな「経済学者」やエコノミストと自

称する人たちが，政策のあり方を随分と気軽に提言するのを見かけますが，こうした経済学の考え方に則った基準で判断しているのは，きわめて稀だと言えましょう．

しかし物事の良し悪しを判断することには，どれほど慎重であっても過ぎることはありません．また判断の基準が曖昧だったり，互いに矛盾していたりするのは，自分に都合の良いように政策をまげようという証拠で，とても危険なことです．したがって，直面する経済問題を慎重かつ入念に調べ，だれにでも理解できる基準で，政策のあり方を考えねばなりません．この節では，貨幣や国債の価値への「信頼」が揺らぐことがないことを前提とした，理想的な環境における経済政策のあり方を議論します．

さて復習ですが，パレート効率性とは，

「だれか 1 人が有利になるためには，少なくとも他のだれか 1 人が不利になってしまう状態」

を指します．これを言い換えれば，パレート非効率（Pareto inefficiency）な状態とは，

「だれか 1 人が有利になっても，他のだれも不利になることはない状態」

として定義されることになります．経済がこうした状態にあるとき，言い換えれば，だれを傷つけることもなく，他の人たちをより有利にする余地があるときに，経済政策が必ず必要となることは，明らかでしょう．

じつは

「「非自発的失業」が存在すると，その経済は必ずパレート非効率な状態にある」

ことを証明することができます．すなわち，「非自発的失業」が存在するとき，適当な経済政策によって，経済をより良い状態であるパレート効率的な状態へ導く必要があることがわかります．まずこのことを，明らかにしておきましょう．

6.4 節で考えたように，ここで考えている経済には，個人と経営者がいます．このうち個人は仕事に就いている人と失業している人に分類できます．「非自

135

第6章　貨幣経済の世界（その2）：失業の理論

発的失業」が存在することは，(10)式の不等式が成立しているもとで，失業している人がいることを意味します．したがって，これらの人たちが新たに職に就くことができれば，彼らは失業しているより，より幸福な人生を送ることができます．したがって，「非自発的失業」を少しでも減らすことができるならば，個人あるいは社員の側からすると効用が高まることになります．

　ところで，この経済では社員1人当たり1単位の財を生産できると考えていますから，財の生産すなわち実質GDP y_1 が増加すると，新たに多くの人が雇われて満ち足りた生活ができるようになります．

　では一方，経営者側にとってはどうでしょうか．そこで，企業の利潤を表す(9)式に第5章の(14)式を代入してみましょう．すると，

$$\pi_1 = [1-\beta][p_1 - w_1] \cdot y_1 = [1-\beta][[1+\theta]w_1 - w_1] \cdot y_1 = [1-\beta]\theta \cdot w_1 \cdot y_1 \qquad (11)$$

という具合になります．したがって実質GDP y_1 が上昇すると，それに比例して企業の利潤も増加し，経営者も有利となることがわかります．

　以上の議論をまとめると，実質GDP y_1 が上昇しより多くの財が生産されるようになると，個人も経営者もともにより有利な状態に辿り着くことができることがわかりました．つまり「非自発的失業」が存在する限り，実質GDP y_1 を押し上げることが，経済学的に見て「善い」ことであることが証明されたのです．

　ところで，経済をそうした方向へ動かすには，どうしたらよいのでしょうか．答えはすでに，6.1節の(6)式で与えられています．つまり「非自発的失業」が存在する限り，財政支出の拡大を通じて，実質貨幣供給量 m_1 を増加させるのが，経済学的に見て望ましい政策なのです．この意味で，景気が良くなることは，経済学的に望ましいのです．

6.6　インフレーションの理論

　この節では労働生産性の変化を中心に，インフレがなぜ起きるかを考えてみることにしましょう．労働生産性とは1人の労働者が何単位の製品を作るのかを表す概念です．これを γ としましょう．すると1単位の製品を作るのに必要

6.6 インフレーションの理論

な労働者は、$\frac{1}{\gamma}$ となります。この場合、製品 1 単位当たりの製造原価は $\frac{w_1}{\gamma}$ となります。したがって第 5 章の (14) 式の「貨幣経済の基本方程式」は、

$$p_1 = [1+\theta]\frac{w_1}{\gamma} = \frac{2\delta[1+\theta]\sqrt{p_1}\sqrt{p_2}}{\gamma} \tag{12}$$

となります。これをインフレ率 $\frac{p_2}{p_1}$ について解けば、

$$\frac{p_2}{p_1} = \left[\frac{\gamma}{2\delta[1+\theta]}\right]^2 \tag{13}$$

となります。

(13) 式から明らかなことは、労働の生産性 γ が上昇すると、インフレ率 $\frac{p_2}{p_1}$ も上昇することです。すなわち労働生産性の上昇はインフレの原因となりうるのです。なぜでしょうか。まず労働生産性は経済全体での財の供給能力の指標であることを忘れてはなりません。同じ雇用量でもたくさんの財・サービスが生産されるようになるわけですから、財市場の均衡をたもつためには、総需要も増える方向に力が発生しなければなりません。そのためには貨幣の収益率（インフレ率の逆数）が低下して（インフレが加速して）、貨幣に対する需要が減り消費を刺激する必要があるのです。もちろんこの際、第 5 章の (13) 式から名目賃金（かりに現在の貨幣価値 $\frac{1}{p_1}$ に「信頼」があるなら）も上昇しますし、現在財単位で測った実質賃金も必ず上昇します。

逆から言えば労働生産性の低下・停滞は、ディスインフレ要因となります（ディスインフレとはインフレ率が低下することを指します。たとえばインフレ率が 5 パーセントから 2 パーセントという具合にです。これに対してデフレとは、インフレ率が負の値をとること、つまり物価が持続的に低下する現象を言います。たとえば 1 パーセントのデフレとは、物価水準が 1 パーセント低下することを指します。したがって、ディスインフレでデフレの場合も、論理的にはデフレであってもディスインフレでない場合がありえます）。潜在的な生産能力が低下するのですから、消費は減少し貨幣に対する需要が増えなくては、需給のバランスがとれません。したがって貨幣の収益率は上昇し、インフレ率は低下します。第 9 章でも触れますが、労働生産性は日本に限らず先進各国では停滞しており、ここでの考え

第6章 貨幣経済の世界（その2）：失業の理論

方を素直に適応すれば，それが世界的に顕著なディスインフレ・デフレの一因
となっていると考えられます．

6.7 現実の日本経済と経済政策

6.4 節での理論は，経済学をはじめて学ぶ人のために，大変に単純化した経
済を描写しています．現在の日本が置かれた状況は，必ずしもこれほど楽観的
なものではありません．国債の累増問題と急速な人口減少に直面しているから
です．国債の残高はおよそ 1000 兆円に上ります．国立社会保障・人口問題研
究所の 2013 年の推計では，2040 年には現在の 1 億 3000 万人の人口が 1 億 700
万人まで減少するとされています．

少ない人口で多くの国債を保有することはきわめて困難であると予想されま
す．したがって，このまま国債残高を減らさなければ，利払いのための支出
（国債費）の膨張により，①他の予算がしわ寄せを受け，国・地方自治体の公
的サービス（たとえば上下水道や道路（高速道路も含む））の維持が困難となり，
日本国民の生活基盤が危うくなる，②窮余の策である国債の大量日銀引受によ
り，貨幣価値の「確信」が低下し，高率のインフレーションが起きる．その結
果，貨幣で収入を得ている一般市民が大変貧しい生活を強いられることになる．
このどちらかのことが起きることは，避けられないでしょう．

つまり現実の経済は，貨幣や国債の価値に対する「信頼」を前提に機能して
います．ここでいう「信頼」とは，貨幣の供給量とは無関係に貨幣はつねに一
定比率で（一定の価格で）財と交換できるという，人々の確信を指します．こ
の「信頼」がいかに維持できるかはきわめて難しい問題です．

しかしながら，少なくとも次のことは言えるでしょう．すなわち，政府・中
央銀行が経済の潜在的な生産力を上回る勢いで，貨幣を増発すれば，そのよう
な貨幣に対応して購入できる財・サービスが存在しないわけですから，貨幣へ
の「信頼」は揺らぎ急速にインフレーションが進むことになるでしょう．こう
したことは，経済の生産能力が極度に低下した戦争後の経済で決まって見られ
るハイパーインフレーションに，その歴史的根拠を見出すことができます．言
い換えれば，金融政策の守備範囲にはそれが貨幣の「信頼性」を棄損しない範

囲で有効であるという意味で，限界があるのです．

したがって，すべてを返済する必要はありませんが，増税し，国債残高を人口に見合っただけの額に減らさねばならないことは，将来の日本を考えるうえで（つまりいま大学生のみなさんが家庭を持ち大学生の子供を持つようになる頃の日本です），とても大切です．そして政府が人気取りのために無駄遣いしないように，増えた税収は，国債を減らすための「減債基金」に繰り入れ，将来に備えて積み立てておく必要があります．

このように，経済はまだ生まれて来ていない子どもたちをも含めた，みんなのものなのです．これからの経済政策には，その場限りの景気の繁閑に一喜一憂するものではなく，こうした長期的な視野に立った考え方が欠かせません．

要点の確認

- 有効需要の理論とは
  有効需要の理論とは，一般に貯蓄主体と支出主体の意思決定の一部が分離されている経済において，GDP が総需要と総供給を一致させるように決定されるという考え方を指します．ケインズの『雇用・利子および貨幣に関する一般理論』では，貯蓄とは意思決定が分離された支出主体が企業で，その支出が設備投資にあたります．ただしこの際，設備投資が名目賃金あるいは物価の影響を受けないと考えているところに限界があります．これに対してこの章では，貯蓄主体が若者で，老人が消費の一部を担うという設定になっているために，貯蓄主体と支出主体が分離して，『一般理論』と同様に有効需要の原理が成立します．また第 5 章で学んだ「貨幣経済の基本方程式」によって物価水準が，財の需給とは無関係に決まりうるために，貯蓄とは分離された支出の意思決定が物価水準の影響を受けないという仮定は不要になります．
- 非自発的失業の存在
  名目賃金が，働いてやっともとのとれる水準，すなわち名目留保賃金より高く決定されているときに発生する失業を，この章では非自発的失業と定義しました．個人に賃金交渉力があり，名目賃金が個人の自ら生産した付加価値（この場合価格）と名目留保賃金の間に決まるとき，労使の交渉は全体のパイである付加価値総額を最大化したうえで，交渉力の強さによって，利潤と賃金に分配することが合理的となります．したがって，名目賃金が名目留保賃金よりも高く決まっても，それは企業の生産縮小を招くことはありません．言い換えれば，労働組合の存在が経済停滞・非自発的失業の原因とはならないのです．

139

第6章　貨幣経済の世界（その2）：失業の理論

・有効需要管理政策の厚生経済学的意義

　中央銀行によって引き受けられた拡張的な財政金融政策は，貨幣価値に関する「確信」が保たれている限りにおいて，乗数効果を通じて非自発的失業を減少させます．失業者がこれによって，以前より有利になることは自明です．さらに生産量つまり付加価値総額が上昇することによって，すでに雇われている個人もその分け前に預かりますから，彼らにとっても，このような政策は好ましいものとなります．したがって（繰り返しになりますが，貨幣価値への「確信」が保たれている範囲で），税負担のない積極的な有効需要管理政策は，経済効率をパレートの意味で改善します．

・インフレーションの理論

　労働生産性の停滞は，現在の先進国経済が直面している顕著なディスインフレーションを引き起こす有力な原因の1つです．労働生産性が低下あるいはその伸びが屈曲すると財の生産能力が低下し，一時的に経済に超過需要（以前より財が足りなくなる）が発生します．するとディスインフレが引き起こされます．ディスインフレは貨幣の収益率の上昇を意味しますから，若者の消費を抑え貨幣の需要を刺激します．こうして財の総需要が減少し，潜在的な超過需要は解消されます．

・貨幣価値への「確信」について

　現在の日本経済は1人当たりおよそ1千万円の公的債務を抱えています．現在のところ公債の大半は日本人によって保有されているから，借金であると同時に財産でもあるのだから，何の問題もないと強弁する人たちもいます．しかし財産であると考える人たちは，やがて返済されるものと確信しています．現状のように財政赤字による国債発行を日銀に引き受けさせて，お金で返せばよいではないかと，うっかり考えがちです．ですが，急速な少子高齢化によって働き手は激減する一方で，たくさんのお金を財産として持っている人が著増します．こうした将来を見越すと，いまのままでは貨幣価値への「確信」が揺らいで，高率のインフレーションが起きることは避けられない見通しです．

文献ガイド

ジョーン・ロビンソン（2008）『ケインズ雇用理論入門［新装版］』，川口弘訳，厳松堂出版

　▷ケインズ亡きあとケンブリッジ大学の教祖的存在であったジョーン・ロビンソンの書いたケインズ経済学入門書です．この章では扱わなかった設備投資が導入されたより一般的なケインズ経済学の体系が，実にわかりやすく核心をついて解かれており，大づかみにケインズ経済学を知りたい人にはうってつけの書物です．

大瀧雅之・加藤晋編著（2017）『ケインズとその時代を読む：危機の時代の経済学ブックガイド』東京大学出版会

　▷マクロ経済学を学ぶには，十分な教養と歴史に関する知識が不可欠です．本書はケ

インズの著作を中心とした古典の紹介だけでなく，それ自身が読み物となるように
作られています．読んでみて気になった古典を実際に手にとってみることをお薦め
します．

大瀧雅之（2011）『雇用・貨幣の基礎理論』（第3章・第4章），勁草書房
　▷本書はこの章での議論をより厳密にかつ一般的に展開したものです．貨幣経済の性
　　質をより詳しく知りたい人には，おすすめです．

駒村康平編著（2016）『2025年の日本：破綻か復活か』勁草書房
　▷現在の日本における，人口構成・財政赤字・社会福祉・労使関係などの多様で深刻
　　な問題を明らかにし，その解決策を探った提言集です．平易に書かれているので，
　　大変読みやすいと思います．本書に挙げられた問題は，みなさんにとって他人事で
　　はありません．学校を卒業し就職し，そして家庭を持つようになったとき，逃げて
　　は通れない問題ばかりです．明るい未来を切り開くために，一読を強く薦めます．

第7章

経済成長理論

　この章では GDP で測った経済の規模がどうして大きくなるかを分析します．ここで紹介する理論は，ハロッド・ドマー理論，ソロー・スワン理論とラムジーに始まる最適成長理論です．ハロッド・ドマー理論が企業の投資意欲が経済の行き先を決めると考えるのに対し，残りの2つの理論では，個人の貯蓄がそのまま投資（資本蓄積）にまわると考えるところに大きな違いがあります．またソロー・スワン理論と最適成長理論では，前者が個人が自動的に所得のある一定割合を貯蓄（資本蓄積）にまわすと考えるのに対して，最適成長理論では，個人が現在だけでなく将来の消費も合理的に勘案したうえで，消費・貯蓄行動を決めると考えるところに差異があります．

第7章 経済成長理論

7.1 はじめに

第5章・第6章では貨幣経済を描写する経済理論としてマクロ経済学を解説しました．この章では経済の規模がなぜ大きくなるのかを考える，言い換えれば，市民が時代を追うごとになぜ経済的に豊かになるのかを考えるツールである経済成長理論を学びます．ここでの経済成長理論は物々交換経済を前提とした理論です．以前は経済成長のような長期間にわたる現象には，貨幣は本質的な影響を与えないと考えられてきたからです．もしそのような考え方が適切であるなら，それはそれでよいのですが，実はそうはいきません．貨幣を成長理論に取り込んだものを，貨幣的成長理論と呼びますが，残念ながらこの本の守備範囲を大きく超えてしまいます．しかしそうした進んだ考え方も，ここで学ぶ成長理論を基礎として成り立っています．その意味で，この章を学習することには大きな意義があります．

ところで，経済は果てしなく成長することができるのでしょうか．ここで紹介する理論から出る答えは，この問いに対して肯定的です．しかし，われわれ人類だけでなく，生態系全体を揺るがしかねない問題として，地球温暖化問題というきわめて深刻な問題があります．温暖化のもっとも大きな原因は，石油・石炭などの化石燃料を燃やすことで発生する二酸化炭素にあると考えられています．炭素に太陽から受ける熱を押しとどめる効果があるからです．

最近の激しい気候変動は，たとえばこれまで類を見ないような台風の発生や不安定な進路は，地球温暖化により海水の温度が上昇していることが大きな原因となっています．南極で日本よりはるかに大きい氷床が割れてその一部が巨大な氷山となっていることも，地球温暖化の1つの証拠です．

つまり究極的には大気という何物にも代えがたい資源に希少性があり，経済は無限に成長できないことは明らかなのです．こうした地球環境と経済成長の関連を分析する経済学を環境経済学と呼びます．この基礎となる理論は，外部不経済を取り入れた最適成長理論と呼ばれるものであり，不思議なことにこの章で学ぶ成長理論の延長上にあるものなのです．みなさんの将来がかかっているこうした問題を論理的に考えるためにも，この章を学習することには，大き

な意義があります.

7.2 ハロッド・ドマーの成長理論

　この節では，イギリス人の経済学者ロイ・ハロッド（Roy F. Harrod）とロシア（現ポーランド）人の経済学者イブシー・ドマー（Evsey D. Domar）によるケインズ経済学的な経済成長理論を学びます．なお彼らは共同研究したわけではなく，たまたまほぼ同じ時期に独立して理論を開拓したのです．なお彼らの研究に少し遅れて，日本人の大蔵省出身の下村治博士によって独自にケインズ的成長理論が定式化された記念すべき事実を，私たちは忘れてはなりません．

　ここでケインズ経済学的という意味を解説しておきましょう．これは投資主体と貯蓄主体が全く別で，有効需要の理論によって設備投資が企業経営者によって定められるとそれに対応するように貯蓄が形成され所得水準および経済成長率が決まると考えるという意味でケインズ的なのです.

コラム 12　ハロッド・ドマー理論と下村理論

　ハロッド・ドマー理論と下村理論には，次のような顕著な違いがあります．すぐに学ぶように，前者では設備投資が不安定な動きをするために，資本主義経済は本質的に政府介入が必要であるとの需要面での動きが強調されます．これに対して下村理論は，旺盛な設備投資意欲を前提としたうえで，それが資本ストックとして生産力化したときに，それが過剰設備とならないように補助的な財政支出（ただし均衡財政のもとで）が必要であるという，供給側に力点を置いた理論です．ただ下村博士がその著『経済変動の乗数分析』（東洋経済新報社，1952 年）p. 31 で正しく指摘しているように，ハロッドらの議論は，投資と貯蓄の均等化が均衡条件であるか会計学的な恒等式であるのかがきわめて曖昧です．この本ではこの問題を資本の稼働率の変化という考え方を使って補強しています．

第7章　経済成長理論

　これに対して次の節で解説するソロー・スワン理論では，貯蓄したものはすべて投資にまわる，言い換えれば，財市場で売れ残りが発生しその影響で失業が発生することはないのです．このような供給がそれに対応する需要を作り出すという考え方を，セイ法則と呼びます（第6章のコラム11参照）．ケインズ以前の著名な経済学者（マルサスを除く）は，みなこうした考え方をとっていたために，セイ法則を前提とする理論は新古典派的と呼ばれます．すなわち，ソロー・スワン理論は新古典派成長理論の起源であることになります．

　さて前置きはこのぐらいにして，ハロッド・ドマー理論を紹介しましょう．彼らの理論では投資率（企業家が自分の事業を毎年何パーセント拡張するか：資本ストックに対する投資の比率）$\frac{\dot{K}}{K}$ はある時点では与えられているとします．ここで K は資本ストック量で，$\dot{K}$ は資本ストックの時間当たりの増加量すなわち投資量を表しています．さらに議論を簡単にするために，労働力は無制限にあるとし，生産関数を

$$y = \frac{1}{\sigma}[\alpha K] \tag{1}$$

とします．y は現在の実質 GDP を，α は資本の稼働率を表しています．ここでは正常な稼働率を基準化して1とします．ですから σ は正常稼働率のもとで，1単位の財を作るのにどれほど資本が必要であるかを表す資本係数と呼ばれる定数です．

　α が1より大きければ機械設備は過剰に使用され摩滅が早くなると考えるのが自然ですから，これを補うために投資率は上昇すると考えてもよいでしょう．逆に1より小さければ，資本（機械・設備）は余り気味になりますから，投資率は低下するでしょう．これを数式で表せば，

$$\frac{d}{dt}\left(\frac{\dot{K}}{K}\right) = \kappa[\alpha - 1] \tag{2}$$

となります．κ（カッパ）は正の定数です．(2)式の左辺は時間当たりの（微小時間 dt で割り算していることに注意してください）投資率の変化を表しており，右辺は現実の稼働率と正常稼働率の乖離を表しています．この方程式は微分方程式と呼ばれる方程式の中でもっとも簡単なもので，資本蓄積の時間的な変化を表しています．この方程式は右辺から左辺へ読み解きます．つまり現実の稼

7.2 ハロッド・ドマーの成長理論

コラム13 微分商

$\dfrac{dx}{dt}$ と $\dot{x}$ はまったく同じ意味で変数 x の時間に関する微分商を表しています．微積分学は 17 世紀にライプニッツとニュートンによって体系化されましたが，前者がライプニッツの記号で後者がニュートンの記号です．時間に関す微分商の場合を除く多くの場合，ライプニッツの記号が大変便利なので，こちらが多用されるようになったのです．ここでは両方の記号が使われていますが，それは説明を平易にする目的でなされています．

働率 α が正常値である 1 を超えると（右辺），それに比例して投資率 $\dfrac{\dot{K}}{K}$ が上昇する（左辺）と読むわけです．

さてここで有効需要の理論が現れます．つまり財市場の均衡を保つように現実の稼働率 α が決定されます．

$$y = \alpha \frac{K}{\sigma} \tag{3}$$

を考慮に入れて，有効需要の理論を方程式で表すと，

$$sy = \dot{K}, \quad s\left[\alpha\frac{K}{\sigma}\right] = \dot{K} \quad \Leftrightarrow \quad \alpha = \frac{1}{G_w}\cdot\frac{\dot{K}}{K} \equiv \frac{G_a}{G_w}, \; G_w \equiv \frac{s}{\sigma} \tag{4}$$

となります．ここで s は追加所得のうち何割が貯蓄にまわるかを表しており，限界貯蓄性向と呼ばれる概念です．(4)式の一番左の式は貯蓄が投資と等しくなるように所得 y が定まるという有効需要理論の考え方が定式化されています．真ん中の式は，生産関数である(3)式を先の式に代入したものです．

結論として出てくる右の式が，これからの分析のカギを握ります．まず記号の意味を解説しておきましょう．G_w は保証成長率（warranted rate of growth）と呼ばれる概念で，資本の稼働率 α が正常稼働率の 1 であるときの経済成長率を表しています（ここで(3)式から所得（生産量）は資本ストック量に正比例す

147

第7章　経済成長理論

コラム 14　微分方程式

　微分方程式とはある変数の時間的な動きを記述するための方程式です．問題となる変数がただ1つしかない場合を考えましょう．この変数を x とします．すると一階の微分方程式は，

$$\dot{x} = f(x)$$

と書くことができます．上の式は右辺から左辺へ読みます．すなわち変数 x の現在の値が定まることで，それからわずか先の x の動きである $\dot{x}$ が決まると考えるわけです．この形の微分方程式は，時間 t に直接依存せず，自らの力で動き続けるという意味で，自律型（autonomous）の微分方程式と呼ばれます．また上の方程式が一階の時間微分商 $\dot{x}$ のみを含み，より高階の微分商，たとえば二階の微分商 $\ddot{x}$（一階の微分商をさらに時間で微分したもの）などを一切含まないので，一階の微分方程式と呼びます．なおより高階の微分方程式も，連立の一階の微分方程式に帰着して考えることができます．さらに，右辺の $f(x)$ が一次関数であるとき，すなわち，

$$\dot{x} = \alpha x + \beta$$

であるようなとき，これを線形微分方程式と呼びます．したがって，(6)式は，一階の線形微分方程式となります．

るので，経済成長率（GDP の上昇率）$\dfrac{\dot{y}}{y}$ は資本蓄積率 $\dfrac{\dot{K}}{K}$ と等しくなることに注意してください）．保証成長率と呼ばれるのは，(2)式から明らかなように，正常稼働率だと経済成長率が時間を通じて一定となり，無理のない成長を達成できるからです．また G_a は現実の成長率であり，これが経済のあるべき姿を表す保証成長率 G_w と一致する保証はないというのが，ハロッドたちの主張ということになります．

　ではこの両者が乖離したとき何が起きるのでしょうか．じつは少しでも現実の成長率が保証成長率と違った値をとると，現実の成長率は，労働供給量が制

7.2 ハロッド・ドマーの成長理論

約とならないとしているここでの前提のもとでは，正の無限大に発散するか（$G_a > G_w$ の場合），逆に負の無限大（$G_a < G_w$ の場合）に発散してしまいます．その意味で市場経済は「剃刀の刃を渡るようなものだ」というのが，この理論の大きな特徴です．このことを数式を用いて明らかにしましょう．

そこで(4)式を(2)式に代入してみます．すると，

$$\frac{d}{dt}\left(\frac{\dot{K}}{K}\right) = \kappa\left[\frac{G_a}{G_w}-1\right] \equiv \frac{\kappa}{G_w}\left[G_a - G_w\right] \tag{5}$$

となります．さらに

$$\frac{\dot{K}}{K} = \frac{\dot{y}}{y} \equiv G_a$$

ですから，(5)式は

$$\dot{G}_a = \frac{\kappa}{G_w}\left[G_a - G_w\right] \tag{6}$$

と書き直すことができます．(6)式は現実の成長率 G_a に関する一階の線形微分方程式でこれを具体的に解くこともできます．しかしそこまでしなくとも，ハロッド・ドマーの描く経済が現在から将来にわたってどのように動いていくのかは，以下の手続きで知ることができます．(6)式において現実の成長率が保証成長率を上回り，$G_a > G_w$ が成立していたとしましょう．すると右辺の括弧の中は正ですから，$\dot{G}_a > 0$ であることがわかります．したがってひとたび $G_a > G_w$ となると，現実の成長率 G_a は留まることなく，いくらでも大きくなってしまうことがわかります．言い換えれば生産に必要な労働人口が現実の労働人口より少ない限りにおいて，現実の成長率が保証成長率を上回ってしまうと，先ほど予告したように，経済成長率は正の無限大に発散してしまうのです．

続いてこの逆の場合を考えてみましょう．すなわち，現実の成長率が保証成長率を下回り，$G_a < G_w$ が成立する場合です．このとき(6)式の括弧内は負の値をとります．したがって $\dot{G}_a < 0$ となりますから，現実の成長率は時を経るごとに小さくなります（負の無限大に発散します）．つまりいわば社会の種もみである資本を食いつぶして，何も生産できなくなるまで経済は縮小してしまうのです．

以上から明らかなように，いちど経済のバランスが崩れ，行き過ぎた好況と

149

第7章 経済成長理論

なると資本不足が資本不足を呼び資本主義経済は果てしなく膨張し，逆に総需要が不足すると過少投資が過少投資を呼び際限なく経済は縮小してしまうというのが，ハロッドたちの遺した不吉な予言なのです．このような現実の経済成長率がひとたび保証成長率と乖離してしまうと不均衡が不均衡をもたらすという考え方をハロッドの不安定性原理と呼びます．ここから導かれる政治経済学的な含意は，資本主義経済は本質的に不安定であり，その安定のためには現実の成長率が保証成長率と一致するように，政府が市場に介入することが不可欠であるということになります．

なお先ほど触れた下村理論は，1950年代後半から1960年代前半にかけての日本経済の特徴であった貯蓄率（限界貯蓄性向）s が高いと同時に資本係数 σ が小さい（この大きさをめぐっては日銀エコノミストの吉野俊彦氏や一橋大学の都留重人教授との間で論争がありました）場合，すなわち保証成長率 G_w が高く，日本経済に不況圧力が潜在的に存在することを喝破した詳細な理論・実証分析であったと解釈できます．また下村理論の記述は，財政および国際収支の均衡にまで配慮がなされ，ハロッドらの議論に比べはるかに一般的でかつ実践志向が強いことが大きな特徴です．要約すれば，ハロッド・ドマー理論が資本主義経済自体に否定的であったのに対し，下村理論は，戦後の復興期に日本経済の

コラム 15 資本係数

下村理論をめぐる論争でとりわけ問題になったパラメータは，資本係数 σ です．下村博士はこれを1として経済予測を立てました．すなわち1単位の資本蓄積で同じだけのGDPが生み出されると考えたわけです．これに対して安定成長論者と呼ばれていた吉野氏は，日本にはそれほどまでの供給能力の上昇は見込めず（つまり σ が大きく），積極的な財政金融政策はインフレの加速などで経済を不安定化するだけであるとの論陣を張りました．また都留教授は下村博士とはまったく対照的に，資本主義経済そのものに懐疑的で，市場経済にそのような高度成長を成し遂げる内在的な力がないと唱えました．

明るい見通しを与えその実現に向けての補助的な政治経済学的方策を与えたという意味で，市場経済の自律的安定性を深く認識した考え方なのです．

7.3 ソロー・スワンの新古典派的成長理論

1945 年 8 月に日本の無条件降伏によって，第二次世界大戦が終わりました．その後幸いにして 1970 年代までの世界経済は順調な発展を遂げ，ハロッドらの不吉な予言は外れました．この節では，この時期の資本主義経済の安定性を表したソロー・スワン理論を学びましょう．この理論のもっとも大きな特徴は，貯蓄と投資が必ず等しいこと，すなわち貯蓄主体と投資主体が同一であるところに求められます．前節で学んだハロッド・ドマー理論では，投資が貯蓄を引き出すという有効需要の理論に支えられていましたが，ソロー・スワン理論では，貯蓄こそが経済成長の源であると考えます．これを数式によって表してみましょう．

まず準備段階として，労働と資本を生産要素とする生産関数を次のように定義します．

$$Y = F(L, K) \tag{7}$$

ここで L は効率単位で測った労働の投入量を，K は資本のそれを表しています．そして，この生産関数は一次同次であるとします．つまり任意の正の定数 λ について

$$\lambda F(L, K) = F(\lambda L, \lambda K) \tag{8}$$

が成立すると考えます．(8) 式の経済学的意味は次のとおりです．つまりすべての生産要素を比例的に増やしたとき（λ 倍したとき），それに比例して産出量も 倍になるということです．言い換えれば生産規模を大きくしたとき，規模以上に生産が増えたり逆に増えなかったりしないという意味で，一次同次の生産関数は規模に関して収穫一定であると呼んだりします．

さてソロー・スワン理論では貯蓄したものがすべて投資（資本蓄積）にまわると考えていることから，次の方程式が成立します．

第7章　経済成長理論

コラム 16　一次同次関数

　一次同次関数には，次のような重要な性質があります．(8)式を λ に関して微分すると，

$$F(L,K) = \frac{\partial F}{\partial L} \cdot L + \frac{\partial F}{\partial K} \cdot K \tag{A.1}$$

となります（詳しくは第 10 章の 10.3 節を参照のこと）．ここで $\frac{\partial \varphi}{\partial x}$ は一般に関数 φ の変数 x に関する偏微分と呼ばれるものであり，φ の他の変数を定数とみなして，x だけが変化したときに，その変化分 1 単位当たり関数 φ の値がどれほど変化するかを表したものです．したがって，$\frac{\partial F}{\partial L}$ は資本ストック量 K を一定として雇用量 L が 1 単位増えたときに，どれだけ産出量 F が増加するかを表しています．これを労働の限界生産力と呼びます．同様に $\frac{\partial F}{\partial K}$ は資本の限界生産力で，雇用量 L を一定とし，資本のみを 1 単位追加したとき産出量 F がどれほど増えるかを表しています．

　さて以上の準備のもとで，一次同次の生産関数を持つ企業が利潤を最大にするように行動したとき，どんなことが起きるかを考えてみましょう．すると労働をこれ以上追加すると，追加分の費用すなわち実質賃金 w が，追加的に得られる生産量 $\frac{\partial F}{\partial L}$ を上回ってしまっては，逆に利潤が減ってしまいますから，

$$\frac{\partial F}{\partial L} = w$$

が成立していなくてはならないことがわかります．またまったく同じ理由で資本についても，

$$\frac{\partial F}{\partial K} = r$$

が成立します．ここで r は資本のレンタル料で，わかりやすく言えば企業家が株主からお金を集めて資本設備を買うときに，資本 1 単位当たりどれだけ株主に収益を分配しなければならないかを表しています．

　この 2 つの条件を (A.1) 式に代入してみましょう．すると，

$$Y = F(L,K) = wL + rK$$

が成立することがわかります．この関係を完全分配の定理あるいはオイラーの定理と呼びます．つまり企業の生産物はすべて労働と資本への報酬に帰着してしまいます．つまり一次同次生産関数では，第2章の2.3節で学んだ市場が完全競争的であるとき，利潤は究極的には0となってしまうのです．

　読者の皆さんはこれを奇妙に感じるでしょう（私もそうでした）．しかし少し深く考えてみましょう．生産に必要な資源は労働と資本だけです．つまり企業家はそれを市場で買い集めてくるだけで，自分の企業を作り上げることができます．言い換えれば，社員の人事管理や工場のレイアウトなど考えずに，すなわち企業を立ち上げたり規模を拡大するための経営資源など不要であることを，一次同次の生産関数と完全競争の仮定は意味しています．したがって利潤が正であれば，だれもがこぞって起業しようとし，その結果利潤は0となるのです．

　ここまで議論すれば明らかですが，一次同次の生産関数と完全競争の仮定は，組織体としての企業（チームワークが必要な組織）を捉えてはいないのです．

$$\dot{K} = sY = sF(L, K) \tag{9}$$

です．(9)式は $\dot{K}$（資本の増加すなわち投資）が，貯蓄に等しいことを表しています．(9)式の両辺を L で割って1人当たりの資本蓄積量に直すと，(8)式の性質を使うことで（$\lambda = \dfrac{1}{L}$ とみなすことで），

$$\frac{\dot{K}}{L} = sF(1, k), \ k \equiv \frac{K}{L} \tag{10}$$

となります．ここで k は資本労働比率と呼ばれるもので，別名資本装備率とも呼ばれます．さて(10)式は

$$y \equiv \frac{Y}{L} = \frac{F(L, K)}{L} = F(1, k) \tag{11}$$

という関係を用いて導かれていますが，(11)式から明らかなように，y は1人当たりのGDP（$\dfrac{Y}{L}$）を表していることがわかります．したがって資本労働比率 k が一定値をとると同時に，1人当たりのGDPも一定値をとるようになります．ではそうした経済が，ある種の落ち着いた状態（定常状態と呼びます）

第 7 章　経済成長理論

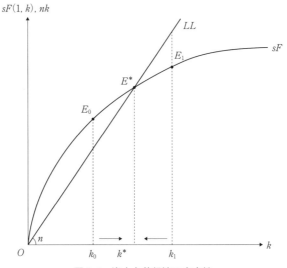

図 7-1　資本主義経済の安定性

になるのは、どうしたときでしょうか。また経済はそうした状況にたどり着くことができるのでしょうか。この問題を考えてみましょう。

そこで資本労働比率 k を時間について微分してみましょう（第 10 章の 10.2.4 商の微分法則を参考にしてください）。すると (10) 式を用いることによって、

$$\dot{k} \equiv \frac{d}{dt}\frac{K}{L} = \frac{L\dot{K} - K\dot{L}}{L^2} = \frac{\dot{K}}{L} - \frac{\dot{L}}{L}\frac{K}{L} = sF(1, k) - nk, \ n \equiv \frac{\dot{L}}{L} \tag{12}$$

という結果を得ることができます。ここで n は効率単位で測った労働人口の成長率です。この値は、人口そのものの増加だけでなく、教育制度の充実や技術進歩によって人々が効率よく働けるようになるとき、上昇します。なお経済成長率がこの値に等しいとき、それを自然成長率と呼びます。

(12) 式の様子を描いたものが図 7-1 です。図の sF 曲線は (10) 式（(12) 式の右辺第 1 項）をグラフにしたものです。この曲線が右上がりであるのは、資本労働比率 k が上昇することは、所与の労働人口のもとでは資本ストック量 K が増えることを意味しますから、1 人当たりの生産量が増加するからです。

同時にこの曲線が上に向かって凸であるのは、次の理由によります。労働人口を固定して考えると、資本ストック量が増加すると 1 人当たりの生産量は増

7.3 ソロー・スワンの新古典派的成長理論

えますが，追加的に増える生産量は次第に減少するからです．なぜならば，資本だけ増やしても（工場を増やしても），労働が増えないと（そこで働く人が増えないと），作業効率が落ちてしまうからです（この現象を資本の限界生産性が逓減すると呼びます）．一方，図の直線 LL は，(12)式の右辺第2項を表しています．つまり資本労働比率は，他の事情を一定とすれば，比例定数 n で低下することを表しています．

さて(12)式によれば資本労働比率の時間的変化 k は，曲線 sF と直線 LL の高さの差に対応します．したがって経済が点 E_0 に位置した場合は，この値は正ですから，資本労働比率は時間とともに上昇します．つまり資本の追加的な生産力（限界生産力）が十分に大きいために，労働人口の伸びよりも資本が早いペースで蓄積されるわけです．逆に資本が労働に比べて豊富で，経済が点 E_1 に位置する場合は資本の限界生産力が低く，資本蓄積速度に比べて労働人口の成長速度の方が速いので，資本労働比率は低下します．

すると経済は最初にどこに位置しても，最後は曲線 sF と直線 LL の交点 E^* に収束することがわかります（これが先に述べた定常状態です）．この意味でソロー・スワン理論の描く資本主義経済は安定なのです．ではこの点での経済成長率はどれほどのものでしょうか．

その答えは，(11)式にあります．(11)式の分母を払い，それを定常状態で評価すると，

$$Y_t = F\left(1, k^*\right) L_t \tag{13}$$

となります（添え字は時間を表します）．ここで $F\left(1, k^*\right)$ は定常状態では定数ですから，GDP は効率単位で測った労働人口成長率に正比例することがわかります．したがって GDP で測った経済成長率は，自然成長率 n に等しくなるのです．ですからソロー・スワン流に経済を捉えると，言い換えると経済のサプライサイドに注目して考えると，効率単位での労働人口を上昇させる教育（学校教育だけではないより広い意味での）が一国経済の長期的消長にいかに大きな影響を及ぼすかが浮かび上がってくることになります．

では貯蓄率（限界貯蓄性向）s は，どのような働きをするのでしょうか．この節を閉じるにあたって，考えておくことにしましょう．そこで図7-2を参照

第7章 経済成長理論

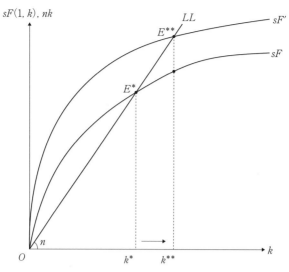

図7-2 貯蓄率の上昇と定常状態の変化

してください．貯蓄率 s が上昇すると，図7-1の sF 曲線は図7-2の sF' 曲線のように上方へシフトします．したがって定常状態は点 E^* から，点 E^{**} へと移ります．この結果，定常状態での成長率は自然成長率で以前と変わりませんが，資本労働比率が上昇するために，1人当たりのGDPは上昇することになります（(13)式を参照のこと）．つまり貯蓄率の上昇は資本蓄積を一時的に加速するために，究極的に資本労働比率と1人当たりのGDPを長期的に押し上げるのです．この意味で，ソロー・スワン理論では貯蓄は美徳なのです．

7.4 ラムジーの最適成長理論*

この節では若くして惜しくも亡くなったケンブリッジ大学の天才フランク・ラムジーの手よる最適成長理論を学びます．ラムジーの論文が書かれたのは1928年で，より平易なヴァージョンであるソロー・スワン理論より30年ほども先んじています．実に輝かしい業績と言えます．

最適成長理論とソロー・スワン理論を分けるもっとも大きな特徴は，貯蓄の

＊ この節は少し数学的ハードルが高いので，苦手な人は飛ばしても差し支えありません．

7.4 ラムジーの最適成長理論

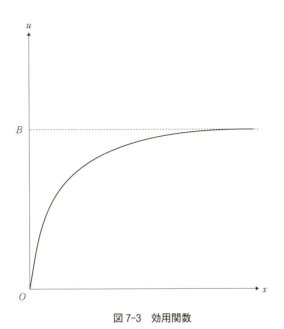

図 7-3 効用関数

役割が厳密に分析されていることです．すでに学んだように，ソローらはケインズにならって所得の一定割合が自動的に貯蓄されると考えました．ラムジーはそうではなく，貯蓄を将来の消費とみなし，個人は一生涯の消費から得られる効用を最大にするように，予算制約のもとで行動すると考えたのです．以下ではそのあらましを，お話しします．

まず現在の消費を x とし，そこから得られる効用を $u(x)$ とします．ただし u には，図 7-3 に示されるように上限 B があるものと考えます（これを「至福状態」：bliss point とラムジーは呼んでいます）．さらに経済全体での資産残高を a とします．このとき da 単位だけの貯蓄を取り崩して，それを現在の消費に追加したとしましょう．するともとの資産残高に戻るために dt 時間だけかかるとすると，このような資産取り崩し 1 単位当たり（割り算が分母 1 単位当たりに直す計算であることを思い起こしてください），$\dfrac{[B-u(x)]dt}{da}$ だけ効用が低下します（割引率が 0 であることに注意）．したがって現在の消費が追加的に 1 単位増えることによって生ずる効用の増加（現在の消費の限界効用）とこの値が等し

第**7**章　経済成長理論

く均等でなければ，最適な消費・貯蓄計画とは言えません（理由をよく考えてみましょう）．このため，次の方程式が成立します．

$$u'(x) = \frac{\left[B - u(x)\right]}{\dfrac{da}{dt}} \quad \Leftrightarrow \quad \frac{da}{dt} = \frac{\left[B - u(x)\right]}{u'(x)} \tag{14}$$

ここで大いに留意すべきは，ラムジーが現在と将来の消費を同等に扱っていることです．もし人々が将来よりも現在を重く考えるとするなら，(14)式の右辺には１より小さい正の定数がかかることになります．これを一般には**社会的割引因子**（social discount factor）（⇒用語解説）と呼びますが，ラムジーの場合はそれが１であり，彼の言葉を借りるならば，将来の効用を割り引くことは「倫理的に許されざることで，単に想像力の欠如からくるものである」(a practice which is ethically indefensible and arises merely from the weakness of the imagination)，ということになります．こうした問題は地球温暖化問題など，長い将来にわたる経済活動・政策を考えるうえでは，大変重要な問題となります．

さて(14)式の持つ意味をもう少し掘り下げてみましょう．すると個人の予算制約式から，

$$\frac{da}{dt} \equiv \dot{a} = ra - x \tag{15}$$

という関係が成立します．ここでrは資産の収益率を表しています．つまり(15)式の右辺は資産から得られる収益（これが所得に対応します）から現在の消費を引いたものに対応しており，それが左辺である時間当たりの資産蓄積，すなわち，貯蓄になることを(15)式全体で表しているのです．ここで(15)式を(14)式に代入してみましょう．すると，

$$ra = x + \frac{\left[B - u(x)\right]}{u'(x)} \tag{16}$$

となります．資産残高aは与えられた時点では変更のできない変数ですから，(16)式は左辺の値が与えられたもとで，この方程式を満足するように現在の消費xを定めるのが，最適な消費計画であることを主張しているのです．

ということは，消費はケインズやソロー・スワン理論で考えられている所得の関数ではなく，資産残高aの関数であることがわかります．では資産残高が

コラム 17　*dt, da* の意味

　dt, da の意味について解説しておきましょう．高校までの数学では，このライプニッツの記号をバラバラにして使ってはいけない，つまり $\dfrac{da}{dt}$ のようにひとまとまりのもの（微分商）として考えなさいと教わっているはずです．しかしそれでは，ライプニッツの記号の便利さがわかりません．本文中で用いたようにバラバラにできるからこそ，この記号は有用なのです．ここでは，なぜバラバラにできるのかを解説します．

　まず時刻 t から $t+\Delta t$ までの a の変化量を Δa とします．さらに da を

$$da = a'(t)\cdot\Delta t$$

と定義します．つまり da は a の動きを，時刻 t を固定してその接線と等しい傾きを持つ Δt の一次関数として近似したときに，どれほど捉えられるかを表しています．この線形近似の誤差 $\varepsilon|\Delta t|$ は微分可能性の前提から，

$$|\Delta a - da| = |\Delta a - a'(t)\cdot\Delta t| < \varepsilon\cdot|\Delta t|$$

となります．このとき $\varepsilon\to 0$ で，

$$\frac{\varepsilon\cdot|\Delta t|}{|\Delta t|} = \varepsilon \to 0$$

ですから，$\varepsilon|\Delta t|$ は $|\Delta t|$ より早い速度で 0 に近づくことがわかります．

　したがってこの近似には意味があり，近似の誤差 $|\Delta a - da|$ は近似の範囲 $|\Delta t|$ を適当に定めることで，いくらでも小さくすることができるわけです．その範囲で，da で Δa を置き換えることができるのです．

　続いて dt について考えましょう．$a(t)=t$ とおくと，$a'(t)=1$ ですから，$dt = 1\cdot\Delta t = \Delta t$ となります．つまり独立変数の微分 dt は近似の範囲を指定しているのです．以上の誤差無限小の $a(t)$ に関する線形近似として，

$$da = a'(t)dt$$

と書くことが許されるわけです．こう考えると微分商 $\dfrac{da}{dt} = a'(t)$ が確かに割り算であり，単位時間当たりの $a(t)$ の変化であることが確認できます．

第7章　経済成長理論

上昇すると（俗にいうお金持ちになると），消費はどんな影響を受けるでしょうか．容易に想像されるように，資産残高が上昇すると，消費も増加します．これを計算で確かめておきましょう．すると，(16)式の両辺の微分をとることで

$$rda = \left[1 + \frac{-[u']^2 - u''[B-u]}{[u']^2}\right]dx = \left[1 - 1 - \frac{u''[B-u]}{[u']^2}\right]dx = -\frac{u''[B-u]}{[u']^2}dx \quad (17)$$

となります．右辺の dx の前の係数は正または0ですから，$\frac{dx}{da} \geq 0$ となり（等号成立は $u(x) = B$ のときのみ），資産の増加とともに消費が増えることが確認できます．

　ではいかなる時間的経路をたどって，経済は「至福状態」に至るのでしょうか．その答えは，(14)式にあります．(14)式の右辺は「至福状態」に到達する以前は正の値をとりますから，そのような経済は回り道をせずに貯蓄を重ね，時間の経過とともに単調に「至福状態」を目指すことがわかります．

　最後に「至福状態」は $u(x) = B$ へたどり着いた後の経済のことを考えましょう．すると再び(14)式から，この場合 $\dot{a} = 0$ となりますから，もうすべての人は貯蓄をやめ，資産から上がってくる収益のみで消費を楽しむことになるのです．このときの消費水準 x^B は，予算制約式 (15) から，

$$x^B = ra^B, \; u\left(ra^B\right) \equiv B \quad (18)$$

となります．

！ 要点の確認

・経済成長理論とは
　経済成長理論とは，時間を追うごとに，なぜ経済が発展し豊かになるのか，その原動力を探る理論を指します．
・ハロッド・ドマー理論とは
　経済成長理論は，ハロッドとドマーによる不吉な予言から始まりました．資本主義経済は，安定的な成長を成し遂げることがほとんど不可能であるという理論です．この理論は企業の設備投資行動に関する仮定に強く依存しています．つまり，一度資本設備の稼働率が正常稼働率を上回ると，有効需要の理論（乗数理論）からさらに景気が良くなり，ますます設備投資が必要となります．ハロッド・ドマー理論に

文献ガイド

は，こうしたことを食い止め市場経済を安定化させる要素が含まれていないので，一度景気が良くなると天井知らずで良くなり，逆に一度景気が悪くなり資本の稼働率が低下すると，設備投資が減少し乗数効果を通じて，底知れぬ不況に落ち込むことになるのです．これを「ハロッドの不安定性原理」と呼びます．

・ソロー・スワン理論とは

ソロー・スワン理論は，別名新古典派的経済成長理論とも呼ばれます．これは貯蓄と投資が区別できない，言い換えれば，貯蓄がつねに投資と結びつくということを，仮定した理論であるからです．貯蓄がつねに投資に結びつくとは限らないことを，はじめて明確に認識したのは，ケインズです．それ以前の経済学つまり新古典派経済学では，暗黙の裡に貯蓄は自動的に投資に結びつくと考えられていました．そのため，この別名があるのです．ソロー・スワン理論は，資本主義経済には自律的に安定的な成長を成し遂げる力が備わっているという命題に集約されます．資本が労働に対して過多となれば，資本の生産性が低下するため1人当たりの所得・貯蓄の伸びが低下し，労働人口の増加より資本蓄積の速度が遅くなります．これによって資本の過剰は次第に解消されるのです．逆に資本が労働に対して過小な場合は，資本の生産性が高いために，1人当たりの所得・貯蓄の伸びが労働人口の増加速度を上回り，究極的には資本不足が解消されます．以上の議論から明らかなように，資本主義経済は資本蓄積の速度が労働人口成長率と等しくなるところへ，初期にどんな状態にあるにせよ，「収束」することになります．そしてこのような労働人口成長率を自然成長率と呼びます．

・最適成長理論とは

最適成長理論とは個人の一生（多くの場合無限に生きると仮定して考えますが）を通じた消費から得られる効用を最大とするには，どういった消費・貯蓄（資本蓄積）計画が必要であるかを探る理論です．現在の大学院生向けの英語のテキストでは，ほとんどの場合，開拓者たちの意図と異なる解釈が施されていますが，この章で学んだように当初は，経済計画のあり方を探る成長理論でした．ここでの議論の鍵は，貯蓄とは現在財の消費を将来財のそれに換えるという経済行為であることを強く認識することです．この考え方はすでに，第5章，第6章に現れていたことを思い出しましょう．議論がこの本の範囲を大幅に超えてしまうので詳細は省略しますが，(14) 式が現在財と将来財に関する無差別曲線の接線の傾きが両者の相対価格（この場合割引率が0ですから，相対価格は1となります）に等しくなる条件であることを考えぬいてください．

文献ガイド

成長理論では，これといって優れた書物は残念ながら見当たりません．原典にあたることを薦めます．この章の議論が理解できれば，原典もそれほど困難なく読破

第 7 章 経済成長理論

できるはずです．この本のような解説書とは違い，原典の魅力は筆者の発想や苦闘を肌で感じられることです．

Harrod, R. F. (1939) "An Essay in Dynamic Theory," *Economic Journal*, XLIX, pp. 14-33

Solow, R. M. (1956) "A Contribution to the Theory of Economic Growth," *Quarterly Journal of Economics*, LXX, pp. 65-94

Ramsey, F. P. (1928) "A Mathematical Theory of Saving," *Economic Journal*, XXXVIII, pp. 543-559

第 III 部

応用編

第 8 章

限定合理性（個人の多様性）と社会秩序

　人は自分に気づくということがあります．これはそれまでの自分にない何かを見つけることを意味します．経済学的に表現するならば，自分の効用関数の中に含まれていた要素を，経験によって気づくということになります．こうした個人（おそらくだれもがそうでしょうが）の行動を，経済学では限定合理性に基づいた行動と呼びます．この章では進化論的ゲームを用いて，このような多数の個人が形成する社会の秩序がどのように形成されるかを学びます．

第8章　限定合理性（個人の多様性）と社会秩序

8.1　はじめに

この章では，これまでの6章では不変のものとして取り扱ってきた社会秩序や慣習といった，より長期的な問題をより広い視点から分析します．これまでは個人の行動は予算制約のもとでの効用の最大化をめざすものであり，企業のそれは利潤の最大化にあると前提して議論を進めてきました．

しかし，「生き方」（lifestyle）という言葉があるように，人は自らの持っている効用関数のすべての要素について最大化すると考えるよりも，その中からある特定の価値（経済活動の目的）を選び出して，それに沿った行動をすると考えるのが，制度や秩序がなぜできあがりそして変化するかを分析するには，より自然です．つまり上で述べたように，これまでの分析で暗黙のうちに前提としていた財・サービス（余暇を含む）の消費から得られる効用が予算制約の中で最大となるように行動するというのも，より広く考えれば，人間としてのあり方の，よく見られる形ではあるが，その1つにしかすぎないということになります．この考え方が「経済人」（homo economicus）の仮定と呼ばれる所以でもあります．

すなわち効用関数をより広く定義したとき，個人はその一部についてのみ最大化しているとする考え方は，限定合理性（bounded rationality）に基づく分析と呼ばれる分野の一部です．たとえば，上で挙げたような標準的「経済人」的な生き方ではなく，自分の生計が立つ限りにおいて良質の財・サービスを顧客に提供できるように弛まぬ努力を惜しまぬ生き方もあります．これはいわば，「職人気質」（artisanship）とも呼ぶべき生き方です．

ソースティン・ヴェブレン（Thorsten Veblen）はその著『営利企業の理論』で，生産工程の機械化が「職人気質」を衰退させ，企業を金銭的動機に基づく組織に変身させてしまったとして，強い憤りを表しています．またデイヴィド・リースマン（David Riesman）は『孤独な群衆』の中で，西洋では価値観の大きな転換が2度あり，産業革命後の人々は信ずべきものを失い，「無力感」（アパシー：apathy）の中で漂うように生きていると憂いています．

一方，第二次世界大戦により著しい人的・物的損害を受けた日本を，その後

コラム18 ソースティン・ヴェブレンと デイヴィッド・リースマン

ヴェブレン（Thorsten Veblen: 1857-1929）は，ノルウェー移民の子として
アメリカに生まれました．イェール大学で博士号を取得し，シカゴ大学やスタ
ンフォード大学などで教鞭をとりました．彼の生涯はまさに波乱万丈でした．
他に有名な著書として，『有閑階級の理論』があります．鋭い現代社会の批判
者でしたが，彼の著作には共通して独特の虚無感あるいはニヒリズムがあると，
私は思います．

リースマン（David Riesman: 1909-2002）は，ヴェブレンとは異なり裕福な
ドイツ系ユダヤ人の家庭に育ち，ハーバード大学を卒業しました．その後バッ
ファロー大学の法科大学院とシカゴ大学で教鞭をとりました．彼は，ヴェブレ
ンの伝記も書いています．

わずか30年ほどで世界の先進国へ押し上げた力は，その時代を背負った多く
の大人が，こうした「職人気質」を持っていたことがもっとも大きな原動力で
しょう．後に明らかにされるように，高品質の財・サービスが大量に生み出さ
れ消費されるには，どうしてこうした仕事の「質」へのこだわりがなくては，
経済が支えられないからです．つまり「職人気質」は，一部の優れた研究者・
芸術家のみが持ちうる特殊な「才能」ではなく，1つの社会秩序たりうること
を，また同時に何らかの経済的誘因や外的ショックがあると脆くも崩れ去って
しまうことを，第二次大戦後の日本経済の歴史は物語っていると考えられます．

ではこういった，価値観の転換あるいは社会秩序の変遷は，何によってもた
らされるのでしょうか．この問いに答えるには，上述の「限定合理性」に基づ
く人々の多様性を理論の中に持ち込まなくてはなりません．なぜならば，たと
えば国民がみな「経済人」であれば，つまりみな同じ価値観を持っているので
あれば，定義によって社会秩序の変化なぞ起こりようがないからです．

以下では議論を明解なものにするために，「経済人」と「職人」からなる社
会を考え，できるだけ数理言語の使用を控えて，日常言語で，これらの人々か

第8章 限定合理性（個人の多様性）と社会秩序

らなる社会変動が，いかなる要因に規定されるかを分析します．

8.2 「経済人」と「職人」の作る社会

8.2.1 「経済人」と「職人」の定義

はじめに，ここで言うところの「経済人」と「職人」が，どういう経済行動をする人たちなのかを定義しておきましょう．ただしこの経済では，自分の生産した財・サービスを自分で消費することはできないと仮定します．つまり作った財は必ずほかのだれかと交換しないと消費できないと考えるわけです．

この仮定は私たちが実際に住んでいる経済社会においては，ごく自然であると考えられます．たとえば普通のサラリーマンがしている仕事は，その会社の利益を上げると同時に，社会貢献の務めを果たすためのものですが，これ自身をサラリーマンが消費できるわけではありません．給料をもらい，たとえばそれを酒場での一杯に替えるわけです．

さて以上の仮定のもとで，「経済人」を定義しましょう．すなわち，

「経済人」とは，自らの消費から得られる効用から，労働の不効用（働くことによって生ずる辛さ）を引いたもの（これを「利潤」と呼びましょう）が最大になるように，自分の作る財・サービスの質を決める個人

であるとします．一方

「職人」とは，労働の不効用を勘案しながら，生計が立つ範囲で，自らの生産する財・サービスの質を極力高めようと努力する個人

と定義します．そしてあらゆる個人は，成年に達するときまで，このどちらのタイプの人生を選択するかを決めるものとします．そしてこうした2つのタイプからなる膨大な数の個人が，経済社会を形成し，作った財と財を交換し，そして消費するものと考えます．

ではこの経済社会で，どのような秩序が生み出されるのでしょうか．第3章で学んだ「進化論的ゲーム」を理論的なツールとして分析しましょう．

ここで思い出してほしいのは，「進化論的に安定的な集合」（Evolutionary

168

Stable Sets：以下略して ESS と記します）の考え方です．大雑把に言えば，ESS とはナッシュ均衡の一種で，相手のプレーヤーがナッシュ均衡以外の戦略をとる可能性が多少存在しても，自分はナッシュ均衡戦略をとり続けることが有利になる均衡です．ESS は「頑丈な」ナッシュ均衡ということができます．また多少の「揺らぎ」があっても経済社会がそこに留まり続けるという意味で，ESS は 1 つの社会秩序を表していると解釈できます．

8.2.2 「職人社会」は 1 つの社会秩序

8.2.2.1 個人の選好

ではこの「経済人」・「職人」からなる社会の ESS は，どこにあるのでしょうか．それを探してみることにしましょう．そこで社会全体の人口に占める「職人」の割合を θ としましょう．このとき $\theta = 1$，すなわち，経済を構成するほとんどすべての人が「職人気質」を持つ社会が，1 つの安定的秩序である ESS であること，を示すのが当座の目的です．

そこで $\theta = 1$ のとき，ごく一部の少数の個人が，さらなる「利潤」を求めて，「経済人」に生き方を変えたと考えてみましょう．彼が生き方を変えて「利潤」重視になると，彼が生産する財・サービスは「職人」のそれより低質なものとなります．彼らには「職人」ほど，質へのこだわりがないからです．

問題はこうした「経済人」とたまたま遭遇した（$\theta = 1$ の社会の構成員のほとんどは「職人」です）ある意味不運な「職人」が，どういう経済行動をとるかです．もし彼らも「経済人」に転ずることになれば，社会に惰力が付いて，「経済人」になる「職人」が一方的に増え，「職人」だけから構成される社会（$\theta = 1$ の社会）は崩壊します．言い換えれば，$\theta = 1$ は ESS ではないのです．逆に「経済人」と出会った「職人」が，初志貫徹で「職人」であり続けることができるなら，$\theta = 1$ は ESS となり，「職人社会」は安定した社会秩序となりうるのです．

結論を先にすれば，$\theta = 1$ の社会は 1 つの ESS であり，大きな外的社会変動がなければ，1 つの社会秩序として存続できるだけでなく，私たちの「経済人」・「職人社会」の秩序としては，もっとも効率的なものであることを証明できます．以下では多少まわりくどくなりますが，微積分をまったく使わず，こ

第8章　限定合理性（個人の多様性）と社会秩序

のことを明らかにしましょう.

　さてこの社会では，大人になって取引相手と出会う前に，自分が「経済人」
となるか「職人」となるかを決めなければならないと考えます. そして自分が
成年に達するまでの社会は，$\theta = 1$ の「職人社会」であったとしましょう. 将
来世代交代すると，ある微小な割合だけ「経済人」が誕生すると，どうなるか
を考えてみます.

　このときにはまだ，大人になって「経済人」と出会う確率は無視できるほど
小さいですから，青年期にどちらの生き方を選択するかは，周りの人がみな
「職人」であるとみなして，自分が「経済人」と「職人」のどちらかを選ぶこ
とになります. したがって,

他が「職人」のとき「職人」を選ぶ利得
＞他が「職人」のとき「経済人」を選ぶ利得 (1)

という関係が成り立てば，$\theta = 1$ の「職人社会」は ESS であることがわかりま
す. 次に問題になるのは，上の不等式の両辺が，つまり「職人社会」で「職
人」・「経済人」をそれぞれ選んだときの利得がどうなるかを考えなくてはなり
ません.

　すると先の「経済人」と「職人」の定義に戻らねばなりません. 個人の利得
を表す効用関数は，次の3つの要素から成り立っていることがわかります. す
なわち,

[1]　交換した財の消費から得られる効用（快楽）,

[2]　自分が生産した財の質の高さから得られる効用（誇り）,

[3]　労働の不効用（財を生産するために働くことからくる疲労・苦痛）

です. したがって，あらゆる個人の利得は,

個人の利得 ≡ [1] + [2] − [3] (2)

ということになります. そして先ほどの定義から，「経済人」は [1]−[3] を,
「職人」は [2]−[3] を，自らの生産する財・サービスの質について最大化する

個人ということになるのです.

　ここで, 次の約束事をしましょう. すなわち,

1. $[1]^q$ と書いたときには, 交換した品質 q の財を消費することで得られる効用を表し,
2. $[2]^q$ と書いたときには, 品質 q の財を生産したときに得られる効用を表し,
3. $[3]^q$ と書いたときには, 品質 q の財を生産するために生ずる労働の不効用

を表すものとします. ただしこれらの効用・不効用はすべて金銭単位で測ることができると考えます.

　以上の準備のもとで, 不等式(1)の両辺に現れる利得をそれぞれ計算してみましょう. まず, 「他が「職人」のとき「職人」を選ぶ利得」を考えます. すると「職人」は取引相手が同じ「職人」であるとき, [2]-[3] を最大にするような高品質 q^H の財・サービスを生産します. 先ほどの約束事から, この財の質を消費することから得られる「職人」の効用を $[1]^{q^H}$ となります.

8.2.2.2 「職人」どうしの取引の場合

　「職人」どうしが巡り会い取引をしたときには, お互いにできる限り最高の品質の財・サービスを交換できますから, その利得は

$$[1]^{q^H} + \max_q \left[[2]^q - [3]^q\right] \equiv [1]^{q^H} + [2]^{q^H} - [3]^{q^H} \tag{3}$$

ということになります. ここで max という記号は [2]-[3] を品質 q について最大化せよという意味を表しています. (3)式の表している経済的意味は, 「職人」どうしが巡り会うと, 高品質の財・サービスを消費できるだけでなく, 働くことから得られる充実感 (生きがい) も最大化されるということです. ただしここで,

$$[1]^{q^H} - [3]^{q^H} > 0 \tag{4}$$

を仮定します. これは「職人」どうしの取引で, 彼らの生計が立つ (「利潤」が正になる) ということを意味します.

8.2.2.3 「経済人」と「職人」の取引の場合

では一方，「他が「職人」のとき「経済人」を選ぶ利得」はどうなるでしょうか．なお「経済人」どうしの取引の結果は，説明の都合上，次の8.2.3で明らかにします．取引相手が「職人」であることがわかっていますから，「経済人」は相手から，彼らは生計が立つ限り上質の財・サービスを供給してもらえます．すなわち，相手の「職人」は，

$$[1]^{q^E} - [3]^{q^A} \geq 0 \tag{5}$$

が成り立つ範囲の質の財・サービスを提供してくれます．ここで，$[1]^{q^E}$ は相手の職人が「経済人」から受け取る q^E だけの質を持った財・サービスを消費したときに得られる効用を，$[3]^{q^A}$ は，「職人」が自分の q^A だけの質の財・サービスを作るのにかかる労苦，すなわち，労働の不効用を表しています．不等式(5)は，「職人」がこの取引で得られる「利潤」（消費の効用から労働の不効用を引いたもの）が負にならない限り，つまり生計が立てられる限り，高質の財・サービスを提供してくれることを表しているのです．

さて「経済人」になることは，自らの「利潤」

$$[1]^{q^A} - [3]^{q^E} \tag{6}$$

を最大にするように，自らの生産する財・サービスの質 q^E を決定することを意味します．(6)式の第1項は取引相手である「職人」の戦略変数ですから，これは「経済人」に変えられない変数です．したがって，取引が成立するとするならば，「経済人」は最低の質の財を生産します．この品質を q^L としましょう．さらに不等式

$$[1]^{q^L} - [3]^{q^H} < 0 \tag{7}$$

を仮定しておきます．この不等式の意味は，「経済人」が最低ランクの品質しか提供しないとき，「職人」が高品質 q^H の財を提供しようとすると，彼の生計が成立しなくなり，取引が起きないことを表しています．

8.2.2.4 「職人社会」がESSであることの証明

さて以上で，不等式(1)を証明する準備は終わりました．早速それを実行に移しましょう．すると，「他が「職人」のとき「職人」を選ぶ利得」は，(3)式を再掲することで，

$$[1]^{q^H} + \max_q\left[[2]^q - [3]^q\right] = [1]^{q^H} + \left[[2]^{q^H} - [3]^{q^H}\right] \tag{3}$$

となります．一方「他が「職人」のとき「経済人」を選ぶ利得」は，

$$[1]^{q^{A^*}} + \left[[2]^{q^L} - [3]^{q^L}\right] \tag{8}$$

となります．このとき q^{A^*} は「職人」の予算制約式を $[1]^{q^L} - [3]^{q^{A^*}} = 0$ という具合にみたす品質です．このとき，(3)式と(8)式の第2項は，

$$\max_q\left[[2]^q - [3]^q\right] \geqq \left[[2]^{q^L} - [3]^{q^L}\right] \tag{9}$$

という関係にありますから，不等式(1)が成立することを示すには，

$$[1]^{q^H} > [1]^{q^{A^*}} \tag{10}$$

であることを明らかにすれば十分となります．このことを背理法で証明します．

ここで不等式(4)を仮定したことを想起すれば，

$$[1]^{q^H} \leqq [1]^{q^{A^*}} \quad \Leftrightarrow \quad q^H \leqq q^{A^*} \tag{11}$$

であっても，q^{A^*} が q^H に十分近ければ，$[1]^{q^{A^*}} - [3]^{q^{A^*}} > 0$ であることがわかります．(4)式が仮定されているからです．この場合，「経済人」は働かなくとも，「職人」の作った財・サービスを手に入れることができます．なぜならば，(11)式から職人の生計が保証されているために，彼らは「経済人」がどんな質の財・サービスを供給しようとも q^{A^*} だけの高質の財・サービスを提供するからです．しかし「経済人」は，品質 q^L の最低の財しか供給しませんから，仮定した(7)式から，「職人」の生計に関する予算制約式(5)はみたされません．これは矛盾です．これは(11)式を仮定したために起きたことです．したがって，(10)式が成立することになります．

つまり「職人」どうしが取引をする場合から比べ，行動様式・価値観の異な

第8章　限定合理性（個人の多様性）と社会秩序

る「経済人」・「職人」の間での取引では，取引される財・サービスの質が劣化することになります．

　以上をまとめると，不等式(9)と(10)から，不等式(1)が成立することが証明されました．したがって「職人社会」を表す $\theta = 1$ は ESS なのです．

8.2.3　「経済人社会」は ESS 足りうるか？

8.2.3.1　「経済人」どうしの取引

　では安定的な社会秩序は「職人社会」しか存在しないのでしょうか．これとは正反対の，$\theta = 0$ で利潤追求が中心の「経済人社会」もまた，若干の条件のもとで，ESS となります．「経済人社会」が ESS となるためには，「職人社会」の成立を保証する不等式(1)と同じ考え方で，

$$\text{他が「経済人」のとき「経済人」を選ぶ利得} \atop \text{>他が「経済人」のとき「職人」を選ぶ利得} \tag{12}$$

が成立しなければなりません．以下では，$\theta = 0$ が ESS となる条件を探ることにしましょう．「経済人」どうしが出会うと，それぞれの「経済人」が得られる効用は同一で，

$$[1]^{q^L} + [2]^{q^L} - [3]^{q^L} \tag{13}$$

となります．

8.2.3.2　取引される財の性質について

　ここで少し寄り道になりますが，以下の関係が成り立つことを明らかにしておきましょう．すなわち，

$$q^H > q^{A^*},\ q^{A^*} \geq q^L \tag{14}$$

という関係です．左側の不等式はすでに証明されていますから，今度は右側の不等式を証明しましょう．さて「経済人」どうしが出会う均衡において，彼らの利潤が正となることから，

$$[1]^{q^L} - [3]^{q^L} > 0 \qquad (15)$$

が成立します．すると「職人」の予算制約式(5)から，

$$[1]^{q^L} - [3]^{q^{A^*}} = 0, \ q^{A^*} > q^L \qquad (16)$$

というq^{A^*}が存在し，費用が品質を上げるにつれて増加することを考えると，確かにq^{A^*}はq^L以上であることがわかります．

8.2.3.3 利得行列と ESS

さてここまで分析が進むと，この「経済人」・「職人」社会を進化論的ゲームによって解釈した場合の利得行列を書くことができます．それが**表8-1**にあたります．

表の左上のコラムは，「職人」どうしが出会ったときの利得を表しています．これは(3)式から明らかなように，どちらのプレーヤーも$[1]^{q^H} + [2]^{q^H} - [3]^{q^H}$だけの利得を得ます．対角線の右下のコラムは，「経済人」どうしが出会った場合で，(13)式に示されるように，双方のプレーヤーとも，$[1]^{q^L} + [2]^{q^L} - [3]^{q^L}$だけの利得を得ます．

これに対し右上・左下のコラムは，「職人」と「経済人」が出会ったときの利得を表しており，「職人」は(16)式から明らかなように，彼の利潤は0となりますから，その利得は8.2.2.1の(2)式で定義したように，生産した製品の質，すなわち達成感から得られる効用$[2]^{q^{A^*}}$となります．「経済人」の利得は$[1]^{q^L} + [2]^{q^L} - [3]^{q^L}$です．これは(2)式と(6)式から明らかです．これで**表8-1**の利得行列の解説は終わりました．早速どこがESSとなるか探すことにしましょう．

プレーヤー	職人	経済人
職人	$[1]^{q^H} + [2]^{q^H} - [3]^{q^H}, \ [1]^{q^H} + [2]^{q^H} - [3]^{q^H}$	$[2]^{q^{A^*}}, \ [1]^{q^L} + [2]^{q^L} - [3]^{q^L}$
経済人	$[1]^{q^L} + [2]^{q^L} - [3]^{q^L}, \ [2]^{q^{A^*}}$	$[1]^{q^L} + [2]^{q^L} - [3]^{q^L}, \ [1]^{q^L} + [2]^{q^L} - [3]^{q^L}$

表8-1 「経済人」・「職人」の進化的ゲームにおける利得行列

第8章　限定合理性（個人の多様性）と社会秩序

　まず8.2.2.4での議論から，左上の「職人」・「職人」のペアが，ESSである
ことは明らかです．では同じ対角線上の「経済人」・「経済人」のペアはどうで
しょうか．じつはこれには条件が要ります．ここがESSとなるためには，
8.2.3.1の不等式(12)が成立しなければなりません．(12)式の左辺は**表8-1**の利
得行列から，$[1]^{q^L}+[2]^{q^L}-[3]^{q^L}$です．一方その右辺は，右下のコラムから，$[2]^{q^{A^*}}$と
なります．したがって(12)式が成立することは，

$$[1]^{q^L}+[2]^{q^L}-[3]^{q^L}>[2]^{q^{A^*}} \quad \Leftrightarrow \quad [1]^{q^L}-[3]^{q^L}>[2]^{q^{A^*}}-[2]^{q^L} \tag{17}$$

として表されます．このことの経済学的意味は，以下に述べるとおりです．み
なが「経済人」であるとき，自分もそこへ留まったときの金銭的効用，すなわ
ち「利潤」の方が，より良質な財・サービスを生産する精神的な喜び，すなわ
ち達成感を上回るとき，「経済人」・「経済人」のペアはESSとなるのです．こ
れからの議論では不等式(17)の成立を前提にします．

　さて残された非対角の「経済人」・「職人」のペアはどうでしょうか．ここで
右上のコラムに経済が位置するとして，仮に「経済人」の方が「職人」に戦略
を変えたとしましょう．すると利得のプロファイルは，左上に移ります．

　するとこの「元経済人」の利得は，$[1]^{q^{A^*}}+[2]^{q^L}-[3]^{q^L}$から，$[1]^{q^H}+[2]^{q^H}-[3]^{q^H}$へ
と移ります．8.2.3.2で証明した不等式(10)と，$[2]^{q^H}-[3]^{q^H}≧[2]^{q^L}-[3]^{q^L}$の関係か
ら，

$$[1]^{q^H}+[2]^{q^H}-[3]^{q^H}>[1]^{q^{A^*}}+[2]^{q^L}-[3]^{q^L} \tag{18}$$

が成立することがわかります．したがって「経済人」から「職人」に移行する
ことで，より多くの利得を得られることから，「経済人」・「職人」の混在する
社会はESSではありません．

　以上をまとめれば，この経済社会での安定的な秩序をESSとみなせば，社
会はすべての個人が「経済人」となるか，逆に残らず「職人」となるかのどち
らかです．ではかりにどちらか一方の人間類型に社会が染められるとするなら，
それはどういった社会的・経済的要因によって決まるのでしょうか．さらに現
実の社会には，「経済人」タイプと「職人」タイプが混在していると理解する
のが自然です．それを説明するには，新たな深い考察が求められます．これら

176

のことについて，節を改めて議論しましょう．

8.3 社会のエンジンと ESS

この節では，私たちの「経済人」・「職人」社会を動かすエンジンと秩序としての ESS の関係を分析します．最初の 2 つの項で，社会変動を引き起こす大きな要因を解説します．その後に，そうしたエンジンの存在を前提としたとき，この社会にはいかなる秩序が形成されうるかを考えることにしましょう．

8.3.1 社会の自己組織力

まず社会を動かす大きな原動力として，社会の「自己組織力」が挙げられます．「自己組織」（self-organization）とは，1 つの社会が，ある特定の「生き方」（ここでの文脈で言えば「経済人」か「職人」）をする人を再生産・拡大していく内在的な力を指します．ではこのような力は，どこから生まれるのでしょうか．身の回りの例から，考えてみましょう．

大学生の就職という問題（俗には「就活」）を例にとりましょう．どうして男女を問わず，みな黒いスーツを着て企業の採用担当の人に会うのでしょうか．派手なものは問題外として，なぜ常識の範囲で許されるスーツではいけないのでしょうか．不思議だとは思いませんか．これは小さな例ですが，社会の自己組織力の現れなのです．

つまり先輩の就職活動やマスメディア情報を伝え聞いて，それが「普通」すなわち目立たないと考えるから，黒いスーツを着るわけです．言い換えれば，「変わった学生」とみなされることが損であると考えることが原因なのです．そして黒いスーツで就職活動をする学生が増えると，次の年にはますますそうした振る舞いをする人が増えるわけです．なぜならば，今年は去年に比べて黒いスーツを着る人が増えたことにより，他のスーツで就職活動することが，より目立つようになってしまうからです．

このように社会は，経済社会に限らず，一般に「自己組織力」を持っています．もう少し身の回りの言葉で言えば，「定番」，「社風」，「伝統」，「社会秩序」というものは，影響力の範囲や強さの違いこそあれ，みな社会の「自己組織

第8章 限定合理性（個人の多様性）と社会秩序

力」の別名なのです．フリードリッヒ・ハイエクという，オーストリア人の経済学者（ノーベル賞受賞者：ケインズの同時代人）は，もう少し深い意味で「自発的秩序」(spontaneous order) の重要性を説いています．少し回り道になりますが，簡単に彼の議論を紹介しておきましょう．

全体主義の時代に徹底的に抗したハイエクは，「自由」(liberty) という考え方をきわめて深く追及した人です．ちなみに彼は，大著『自由の条件』(Constitutions of Liberty) を著しています．みなさんは，「自由」とは何をしても勝手であることを意味すると，考えるかもしれません．しかしこの考え方は，誤りです．嘘をついたり，他人のものを盗ったりすること（いわゆる泥棒だけではありません．レポートをコピー・アンド・ペイストで書くことも，これに該当します）が許されるなら，その社会に住む人は，どんな人でもやる気をなくして，社会は成り立たなくなります．第3章で学んだように，そうした状態も社会の1つの均衡であり，「自己組織力」によって，そこへ辿り着いてしまう危険がつねに内在していることを，強く留意しなくてはなりません．

したがって，そうした反社会的な行為を拒否するという良識あるいは常識を社会の共通理解としたうえで，個人の望む行動や言動がなされる必要があることがわかります．ハイエクが提示した「自発的秩序」に基づく「自由」とは，

コラム 19　フリードリッヒ・ハイエク

　ハイエク（Friedrich August von Hayek: 1899-1992）は，ウィーン大学を卒業し博士号も取得しています．ロンドン・スクール・オブ・エコノミクス（LSE），シカゴ大学等で教鞭をとりました．1974 年にノーベル経済学賞を受賞しています．ハイエクの研究分野は広範で，経済学だけでなく，政治哲学や心理学にまで及びます．多数ある著書の中でもっとも読まれているのは，『隷従への道』(1944) ですが，この本は一般向けに書かれたこともあり，誇張や極論が少なからず見られます．みなさんが読まれる際には，第二次世界大戦中という時代背景を十分に考慮に入れる必要があります．

8.3 社会のエンジンと ESS

コラム 20　ハンナ・アーレント

　アーレント（Hannah Arendt: 1906-1975）は，女性の政治哲学者でドイツ生まれのユダヤ人の家系に生まれました．ドイツのハイデルベルク大学でカール・ヤスパースの指導のもと，博士号を取得しています．その後第二次世界大戦の影響で，フランスを経てアメリカに亡命しました．アメリカの多くの一流大学で教鞭をとりながら，精力的な執筆活動に勤しみました．ここで用いられている「条件付けられている」という言葉は，彼女の代表作の1つである『人間の条件』で頻繁に表れる言葉です．『全体主義の起原』はまさに名著です．大部ですが思い切って挑戦してみてはどうでしょうか．

そうしたものであると，私は解釈します．こうした立場からすると，ハイエクよりはるかに早く，作家の夏目漱石がすでに「私の個人主義」という講演で，ほぼ同じ内容の主張をしていることを，私たちは誇りに思うべきでしょう．ちなみに漱石のロンドン留学は，明治の日本の知識人として，まさに苦闘の2年でした．

　「自発的秩序」が「自己組織力」を持っているかどうかは，より深い哲学の知識が必要で，本題から外れますので，ここでは検討しません．しかし社会の「自己組織力」によって作り上げられた社会秩序は，社会にこれから入ろうとする若者に対して，良きにつけ悪しきにつけ，生きる指針を与えます．私たちはこうした中で生まれ育っていることをよくわきまえて，別の社会秩序，言い換えれば，別の価値基準で成り立っている社会が，世界中にたくさんあることを知らなければなりません．哲学者のハンナ・アーレントの言葉を借りれば，「私たちは歴史によって条件付けられている」，のです．

第 **8** 章　限定合理性（個人の多様性）と社会秩序

8.3.2　エトス（ethos）の力

「エトス」とは，Oxford Advanced Learners Dictionary によれば，

"the characteristic spirit, moral values, ideas or beliefs of a group, community or culture"

となっています．つまり，ある特定の集団・コミュニティー・文化に固有の精神・道徳的価値，思想あるいは信仰を意味する概念です．「資本家精神」・「職人気質」という言葉に象徴されるように，根っからの「経済人」あるいは「職人」で，経済的な条件だけでは容易に「生き方」を変えない人々あるいは家族があることは，否めません．そうした心の働きをエトスと呼ぶわけです．

　こうしたエトスの問題は，ことに，自分とは異なった「生き方」をする人と出会ったときに重要な問題となります．つまり自分と同じ「生き方」をする人と出会ったときには，自分の価値観（「経済人」あるいは「職人」であることへの肯定）の正しさを，再確認するだけに留まるのがつねでしょう．しかし，自分とは異なった「生き方」をする人と出会ったとき，すなわち「経済人」が「職人」と出会って取引するとき，あるいはその逆のとき，相手の「生き方」から何らかの影響を受けることは，否定できないでしょう．

　たとえば，「職人」が「経済人」の物質的豊かさに迷ったり，逆に，「経済人」が「職人」の一徹な生き方に心を動かされたりもするでしょう．こういう2つの異なる価値観に，同時に価値を見出すことを，「アンビヴァレンス」（両面価値：ambivalence）と呼びます．アンビヴァレンスは，人間に備わった能力の1つであり，健全な心の働きを意味します．迷ったり惑ったりしない人など，だれもいないのです．逆にアンビヴァレンスを感じることで，本来の自分を見つめ直すことができて，大きな取り返しのつかない過ちを犯すことから自分を守ってくれるのです．また，他人の心を思いやる優しさの源にもなっています．こうしたアンビヴァレンスを通過しながら，それでも経済的条件の有利・不利を度外視して，自分の本来の生き方を貫こうとする姿勢を，ここではエトスと呼びます．これは「職人」だけではなく，「経済人」にも存在します．

　より具体的には，私たちの「経済人」・「職人」社会の進化論的ゲームにおいて，**表 8-1** の右上と左下のコラムを見てください．右上のコラムは「職人」が

180

8.3 社会のエンジンと ESS

「経済人」と出会ったときのそれぞれの利得が記してあります。左下のそれは「職人」が取引相手に合わせて、「経済人」に鞍替えした場合の利得です。すると「職人」は、「生き方」を変えることで、

$$[1]^{\eta^L} + [2]^{\eta^L} - [3]^{\eta^L} - [2]^{\eta^{A^*}} > 0 \tag{19}$$

だけの利得を得ます。なお(19)式は、仮定の(17)式そのものです。しかしこの利得は、たまたま「経済人」とあったからであり、今後もこれが継続するとは限りません。もし「生き方」を変えることが、エトスの存在（この場合職人気質）によって容易でないとするならば、多少の短期的な損失には、目をつぶり我慢すると考えるのが自然です。

　そしてその傾向は、社会に占める「職人」の割合 θ が十分に高いとき、強まるでしょう。なぜならば、次回以降あるいは次世代以降、同じ価値観を持つ「職人」仲間に出会う確率が高いからです。ここで「職人」が「経済人」に会っても、その後も「職人」であり続ける比率を $P_{AA}(\theta)$ と書くことにしましょう。すると、このグラフは図 8-1 のようになります。この理由を説明しましょう。

　まずグラフの両端、すなわち、$\theta = 0, 1$ の近辺に注目しましょう。$\theta = 0$ の近辺、つまり社会にほとんど「職人」が存在しない状態では、一人強がっていても仕方がありませんから、かつての「職人」は、みな「経済人」に転じてしまいます（表 8-1 と(19)式を参照してください）。したがって、P_{AA} は図のように 0 の値をとります。これを $P_{AA}(0) = 0$ と書きます。

　また何かの拍子で、現在わずかに「職人」が増加したとしても、周りは「経済人」だらけですから、次の取引機会までには、みな「経済人」に戻ってしまいます。このため、$\theta = 0$ での P_{AA} の接線の傾きは水平、つまり 0 となります。

　同様に $\theta = 1$ の近辺であることは、この社会の構成員のほとんどが、「職人」であることを意味します。よって、8.2.3.3 の(17)式を導いたプロセスから、残りの「経済人」も「職人」に転じて、高品質の財を交換・消費し合い、また働くことの充実感を満喫することが得です。したがって、現在・将来を問わず $\theta = 1$ の近辺では、すべての「職人」は「経済人」と出会っても、将来も「職人」であり続けることになります。これは $\theta = 1$ で P_{AA} の値が 1、つまり $P_{AA}(1) = 1$ です。

181

第8章 限定合理性（個人の多様性）と社会秩序

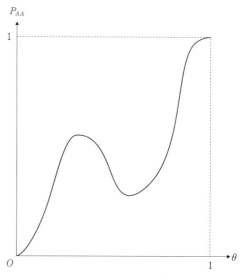

図 8-1　$P_{AA}(\theta)$ のグラフ

　さらに $\theta = 1$ の近辺で，偶然気の迷いで「経済人」として行動した人が，わずかばかりいたとしましょう．しかし残りの人ほとんどにとっては，「職人」として留まることが有利ですから，P_{AA} の値の変化は無視できるほどのものでしかありません．こうして $\theta = 1$ での接線の傾きは 0 となります．なお以上の解説は，先に 8.2.3.3 で，$\theta = 0, 1$ が ESS であることの証明を言い換えたものです．

　さて次に，この中間の場合を考えてみましょう．そこで再び，図 8-1 を見てください．$P_{AA}(\theta)$ に対応するグラフは，大体において右上がり，つまり社会に占める「職人」の比率 θ が大きくなるにつれて，「経済人」と出会っても，「職人」が「職人」であり続ける比率も高くなります．これは 8.3.1 で議論した，社会の「自己組織力」のなせる業です．しかし図のように，右下がりになる部分が存在しえるのです．なぜでしょうか．

　ここで重要な働きをするのが，エトスの存在です．すなわち，たとえ少数派であっても，さらに言えば少数派であるほど（θ の値が低くても），生来の才と努力の果実に誇りを持ち孤高を厭わない「職人」が相応に存在すると，図 8-1

8.3 社会のエンジンと ESS

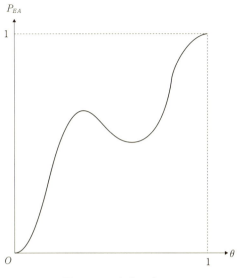

図 8-2　$P_{EA}(\theta)$ のグラフ

のようにグラフに「山」ができるわけです.

　もう少し詳しく議論しましょう.「職人」が社会に占める比率 θ が小さい領域では, 社会の自己組織力のために,「経済人」として生きることが, 有利になります. しかしそうした「職人」は, 強いエトスすなわち「職人気質」を持っていると考えられます. したがって, 少数派であり経済的に不利であっても, 自らの生涯を 1 つの「生き方」で貫き通す硬い意志があるとみなしてよいでしょう. そうした意志堅固な「職人」が集まるほど彼らの小集団の中では生きやすくなります. これが, θ が小さな値をとる領域で, グラフが右上がりになる理由です.

　しかし θ がある程度大きくなると, そこまで意志堅固な「職人」ばかりではなくなります. そのため θ の上昇とともに,「職人」が「経済人」と出会ったときに「職人」であり続ける比率 P_{AA} は, 逆に低下しうるのです. この領域では, グラフは右下がりになります. これが「山」ができる究極の原因です.

　なお,「経済人」が「職人」と出会ったときに「職人」に鞍替えする比率 P_{EA} も図 8-1 と同じようなグラフ, 図 8-2 が描けます. この理由は, 以下のと

183

第8章 限定合理性（個人の多様性）と社会秩序

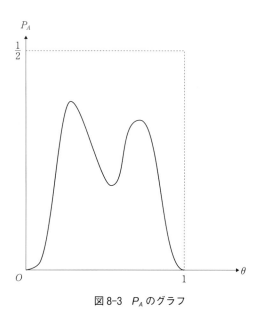

図8-3 P_A のグラフ

おりです．まず θ が次第に上昇し，「職人」でいることの居心地が良くなるにつれて，P_{EA} は上昇します．これがグラフの左側の方が右上がりとなっている原因です．しかし θ が十分に大きくなり，「経済人」から「職人」へ「生き方」を変える人が増えてくるなか，それでも「経済人」に留まっている人は「経済人」のエトスをより強く抱いた人に相違ありません．したがって，たとえ経済的に不利であっても，「経済人」に留まり続ける比率が高まります．言い換えれば，「経済人」が「職人」と出会ったときに，「職人」に転向する比率 P_{EA} は低下します．こうしてグラフの左の方に「山」ができるのです．

「経済人」と「職人」が出会ったとき，次の取引機会まで，両者合わせてどれほどの比率で「職人」に留まるあるいは転ずるか，その比率を P_A と書けば，それは，

$$P_A(\theta) \equiv \theta_t [1-\theta_t] \cdot P_{AA}(\theta) + [1-\theta_t]\theta_t \cdot P_{EA}(\theta)$$
$$= [1-\theta_t]\theta_t \cdot [P_{AA}(\theta) + P_{EA}(\theta)] \quad (20)$$

となります．このグラフが図8-3に対応します．1人の「職人」が「経済人」

にめぐり会う確率（頻度）は $1-\theta_t$ であり逆に1人の「経済人」が「職人」にめぐり会うそれは θ_t であることに注意しましょう.

以上をまとめれば，エトスの存在は社会の自己組織化にブレーキをかける働きがあることを認識するのが，とても大切です．次の項では，この社会の秩序形成およびその経済厚生について考えます．そこでは，「経済人」と「職人」が共存する安定的秩序が存在することが示されます．ここでのモデル分析の枠をはみ出した議論であることを，あらかじめお断りしておきますが，人間に多様な「生き方」（diversity）が存在しうることは，それ自身素晴らしいことなのではないでしょうか.

たとえばここでは，「職人」となるための高度な技術を会得するための困難さ，「経済人」と「職人」が生産する財・サービスの数量の違い，などが無視されています．私の見るところ，現代社会は「経済人社会」に，かなり急速に自己組織化されつつあり，大変危険な状態にあると思います．しかしまた現代の先進国社会の物質的豊かさは，かなりの部分「経済人」の活動に負うところが多いことは，だれもが否定できないでしょう．これらの分析の限界を踏まえながら，次の項に進むことにしましょう.

8.3.3 社会秩序の生成と摩擦的 ESS

この項では前2項を受けて，私たちの「経済人」・「職人」社会の秩序が，どのように形成されるかを考えましょう.

8.3.3.1 社会秩序を支える2つの柱

私たちの社会は，2つの柱によって支えられています．1つは「摩擦的 ESS」と定義されるより広い意味での ESS です．いま1つは，社会の自己組織力とエトスから形成される社会秩序のダイナミクスです．この項では，まず「摩擦的 ESS」についてお話ししましょう．現在の秩序，すなわち「職人」の存在比率 θ が，「職人」の気紛れによる揺らぎ（気まぐれで「経済人」の行動をとってしまう）によって，変化しないことを，「摩擦的 ESS」と呼びます．ここで「摩擦的」と名付けたのは，先の「職人社会」あるいは「経済人社会」（$\theta = 0, 1$ の社会）は，単一の生き方をする個人から構成されているのに対し，「摩擦的

第8章　限定合理性（個人の多様性）と社会秩序

ESS」では，両方のタイプの個人が共存することになるからです．

　整理して書くと，「経済人」を選ぶ行為を x，「職人」を選ぶ行為を y とします．このとき，相手が「職人」で自分が「経済人」であるときに対応する利得を，利得関数として $\pi(x, y)$ と書きます．もちろん**表8-1**の利得行列に対応して，利得関数はこのほかに，

  (1) $\pi(x, x)$（どちらも「経済人」の場合），
  (2) $\pi(y, x)$（自分が「職人」で相手が「経済人」の場合），
  (3) $\pi(y, y)$（どちらも「職人」の場合）

の値をとります．

　以上の予備知識のもとで「経済人優位の摩擦的 ESS」とは，ある与えられた θ のもとで，ある $\varepsilon > 0$ が存在し，$0 < |\varepsilon'| < \varepsilon$ をみたすすべての ε' について，

$$\pi\left(x, [1-\theta-\varepsilon']x+[\theta+\varepsilon']y\right) > \pi\left(y, [1-\theta-\varepsilon']x+[\theta+\varepsilon']y\right) \qquad (21)$$

が成立することとしてまとめられます．

　少し難しいので，(21)の数式の意味に解説を加えておきましょう．不等式(21)の左辺は，「経済人」が「経済人」としての行動をとったときの利得です．利得関数 π の左側の要素 x は，彼の行動そのものを表しており，右側の $(1-\theta-\varepsilon')x+(\theta+\varepsilon')y$ は，彼が出会う取引相手の比率を表しています．つまり $1-\theta-\varepsilon'$ の比率で戦略 x をとる個人すなわち「経済人」と出会い，$\theta+\varepsilon'$ の比率で戦略 y をとる「職人」と出会うのです．不等式(21)の左辺は，こうした偶然の出会いから得られる利得の期待値を表しています．したがって，**定義上**

$$\pi\left(x, [1-\theta-\varepsilon']x+[\theta+\varepsilon']y\right) \equiv [1-\theta-\varepsilon'] \times \pi(x, x)+[\theta+\varepsilon'] \times \pi(x, y) \qquad (22)$$

と書き直すことができます．(22)式の右辺第1項は「経済人」どうしが巡り会ったときの期待利得であり，第2項は「経済人」が「職人」と出会ったときの期待利得です．そしてその合計が，こうした他の「経済人」の行動に揺らぎがある場合にも，「経済人」であり続けることから得られる利得の期待値ということになります．

ここでε'は，この社会の現在に加わる揺らぎで，具体的にはε'だけの比率の「経済人」が，何らかの気の迷いで，「職人」として行動することを表しています．εはその揺らぎの上限を表します．

これに対し不等式(21)の右辺は，この「経済人」の行動が揺らぐ可能性を含む社会において「職人」として行動したときの利得の期待値に対応します．つまり(21)式の右辺は，(22)式にならって，**定義上**次のように書き換えられます．すなわち，

$$\pi\left(y,\left[1-\theta-\varepsilon'\right]x+\left[\theta+\varepsilon'\right]y\right)\equiv\left[1-\theta-\varepsilon'\right]\times\pi(y,x)+\left[\theta+\varepsilon'\right]\times\pi(y,y) \tag{23}$$

となります．不等式(21)の意味は，すぐ上で解説した不等式(22)の意味を咀嚼して，みなさんが考えてみてください．

こうしてみると，不等式(21)の意味がわかってきます．つまり最大限たかだか比率ε程度の非合理的な行動によっては，比率θの「摩擦的 ESS」は崩壊しないというのが，不等式(21)の意味だったのです．そこで具体的に，「経済人優位の摩擦的 ESS」となるθの範囲を求めておきましょう．

すると(22)式から(23)式を引くことによって，

$$\begin{aligned}
&\pi\left(x,\left[1-\theta-\varepsilon'\right]x+\left[\theta+\varepsilon'\right]y\right)-\pi\left(y,\left[1-\theta-\varepsilon'\right]x+\left[\theta+\varepsilon'\right]y\right)\\
&=\left[1-\theta\right]\times\left[\pi(x,x)-\pi(y,x)\right]+\theta\times\left[\pi(x,y)-\pi(y,y)\right]\\
&\quad+\varepsilon'\times\left[-\pi(x,x)+\pi(y,x)+\pi(x,y)-\pi(y,y)\right]>0
\end{aligned} \tag{24}$$

がみたされなければなりません．

詳しい計算過程は以下のように示されます．すなわち，(22)式と(23)式の定義から，

$$\begin{aligned}
&\pi\left(x,(1-\theta-\varepsilon')x+(\theta+\varepsilon')y\right)-\pi\left(y,(1-\theta-\varepsilon')x+(\theta+\varepsilon')y\right)\\
&=\left[1-\theta-\varepsilon'\right]\times\left[\pi(x,x)-\pi(y,x)\right]+\left[\theta+\varepsilon'\right]\times\left[\pi(x,y)-\pi(y,y)\right]
\end{aligned}$$

これをε'を含まない項と含む項に分離して書き直せば，

$$\begin{aligned}
&=\left[1-\theta\right]\times\left[\pi(x,x)-\pi(y,x)\right]+\theta\times\left[\pi(x,y)-\pi(y,y)\right]\\
&\quad+\varepsilon'\times\left[-\pi(x,x)+\pi(y,x)+\pi(x,y)-\pi(y,y)\right]
\end{aligned}$$

第8章 限定合理性（個人の多様性）と社会秩序

となります.

ε' の絶対値はいくらでも小さく選べますから，結局，不等式(24)が成立するためには,

$$[1-\theta]\times\big[\pi(x,x)-\pi(y,x)\big]+\theta\times\big[\pi(x,y)-\pi(y,y)\big]>0 \tag{25}$$

が成立しなければなりません．さて**表8-1**の利得行列に戻りましょう．すると，

$$\begin{aligned}&\pi(x,x)=[1]^{q^L}+[2]^{q^L}-[3]^{q^L},\ \pi(y,x)=[2]^{q^A},\\&\pi(x,y)=[1]^{q^A}+[2]^{q^L}-[3]^{q^L},\ \pi(y,y)=[1]^{q^H}+[2]^{q^H}-[3]^{q^H}\end{aligned} \tag{26}$$

に対応することがわかります．したがって不等式(18)と(19)から，

$$\pi(x,x)>\pi(y,x),\ \pi(y,y)>\pi(x,y) \tag{27}$$

であることがわかります．よって(25)式は，

$$0\le\theta<\frac{\big[\pi(x,x)-\pi(y,x)\big]}{\big[\pi(x,x)-\pi(y,x)\big]+\big[\pi(y,y)-\pi(x,y)\big]} \tag{28}$$

となり，この不等式をみたす θ が，「経済人優位の摩擦的ESS」であることが明らかになりました.

これと同様に，ある θ が「職人優位の摩擦的ESS」であることは，ある与えられた θ のもとで，ある $\varepsilon>0$ が存在し，$0<|\varepsilon'|<\varepsilon$ をみたすすべての ε' について，

$$\pi\big(y,[1-\theta-\varepsilon']x+[\theta-\varepsilon']y\big)>\pi\big(x,[1-\theta+\varepsilon']x+[\theta-\varepsilon']y\big) \tag{29}$$

であることを意味します．いま計算した方法と同様な手続きで，「職人優位の摩擦的ESS」は，

$$\frac{\big[\pi(x,x)-\pi(y,x)\big]}{\big[\pi(x,x)-\pi(y,x)\big]+\big[\pi(y,y)-\pi(x,y)\big]}\le\theta\le1 \tag{30}$$

であることを確認できます．これらの関係を図示したものが，**図8-4**に対応します.

8.3 社会のエンジンとESS

図8-4 摩擦的ESS

　これまでの議論からほぼ明らかですが，社会の自己組織力により，θが低い値をとり「職人」の比率が低いときに，「経済人優位の摩擦的ESS」となり，逆にθが1に近い値で「職人」の比率が高いときに，「職人優位の摩擦的ESS」となる様子が見て取れます．

8.3.3.2　エトスと社会の自己組織力

　「摩擦的ESS」は，その時点での社会秩序θが，エトスに支えられて崩壊しないことを保証するものです．この様子を「職人優位の摩擦的ESS」で考えてみましょう．すると図8-4から明らかなように，この状態では期待利得だけ考えれば，「経済人」は「職人」に鞍替えした方が有利です．したがって，「職人」であることのエトスの存在は社会の自己組織力を高め，「職人社会」への流れを加速するように思えます．

　しかしいつもそうとは限りません．図8-3の「谷」に見られるように，「経済人」には「経済人」のエトスがあり，「経済人」の比率が小さくなると「経済人」のエトスを強く持った人が「経済人」として残ることになります（たとえそれが最終的には（θが1に近くなると），利得の誘惑に勝てないにせよ）．これは社会の自己組織化を押し留める働きをします．これが，$\theta = 1$の「職人社会」（8.2.3.3で論じたように，この社会秩序は通常の意味でのESSです）とは異なる，「職人優位の摩擦的ESS」という秩序を作り出す源となります．つまりたとえ，「職人」に転ずることが有利であっても，多少の損得は度外視して「経済人」に留まる人がいるために，「職人優位の摩擦的ESS」は秩序足りうるのです．

　さてこれまで学んできたことを，整理しましょう．ここで社会に占めるt期の「職人」の割合θ_tのダイナミクスを，次の方程式で表します．つまり，

$$\theta_{t+1} = \theta_t^2 + P_A(\theta_t) \tag{31}$$

(32)式の意味を説明しましょう．この方程式は差分方程式（章末の付録を参

189

照)と呼ばれるものの特殊なケースですが，この式は右辺から左辺へ読みます．つまり右辺で現在の秩序（社会に占める「職人」の割合）θ_t が定まると，その結果として，左辺の将来の秩序 θ_{t+1} が定まると考えるわけです．

　まず右辺第1項 θ_t^2 は「職人」どうしが出会う比率です．「職人」どうしが出会うと，同じ価値観を確認できることから，そうしたペアは双方とも将来すなわち $t+1$ 時点でも，「職人」であり続けると考えられます．この式は社会の自己組織力の一部を表していると考えられます．すなわち，現在の「職人」の比率 θ_t が高まるほど，この出会いによって将来も「職人」に留まる人の比率 θ_t^2 が上昇します．

　これに対し第2項は，「職人」と「経済人」が出会ったとき，将来も「職人」が「職人」であり続ける比率と「経済人」が「職人」に鞍替えする比率の和を表しています．つまり「職人」と「経済人」が出会う頻度は $\theta_t[1-\theta_t]$ となります．一方出会った人たちのうち，「職人」に留まるあるいは「職人」に転ずる人の割合は，8.3.2 で定義された $P_{AA}(\theta_t)+P_{EA}(\theta_t)$ となります（図8-4 参照）．したがって「職人」・「経済人」の出会いのうち，将来「職人」となる人の割合は，この両者の積である $P_A(\theta_t)$ となるのです．そして将来の（次の $t+1$ 時点の）「職人」の比率 θ_{t+1} は，この第1項と第2項の和となることがわかります．

　(31)式を図にしたものが，図8-5 です．右辺第1項の影響で，グラフは大局的には右上がりとなります．しかし，部分的には後に見るように凸凹ができたりします（あるいは右下がりの部分さえ出る可能性があります）．これは図8-4 のように，「職人」にも「経済人」にもエトスというものが存在するからにほかなりません．

　図8-6 では，45度線との交点が3個ある場合が描かれています．45度線上では横座標 θ_t が縦座標 θ_{t+1} と一致しますから，

現在の「秩序」＝将来の「秩序」＝そのまた将来の「秩序」＝…… (32)

が成立して，一度社会がこの点に到達すると，その後ずっと同じ「秩序」が保たれることになります．このような点を一般に，「不動点」(fixed point) と呼んでいます．つまり図8-5 では，3つの不動点が存在します．

　上で述べたように，不動点それ自身は，変わらぬ「秩序」を表しているわけ

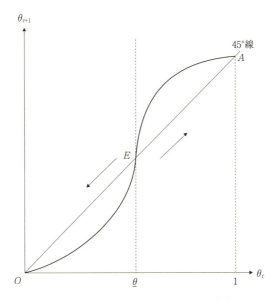

図 8-5　社会のダイナミクスと不動点

ですが，ここから何かの拍子で社会が少しだけ離れてしまったとき（「秩序」が揺らいだとき），もとの不動点へ戻る力が内在されていなくては，変わらぬ「秩序」とは言えません．こうした社会を自分自身に引き寄せる力のある不動点を，安定的な不動点と呼びます．

図 8-5 の矢印は，不動点に位置しない社会が，どのような方向で調整されるかを描いたものです．このような矢印がなぜ描けるかについての詳細は，付録を見てください．図 8-5 はその一番単純な場合で，O, A, E の 3 つの不動点が存在します．このうち安定なのは，点 O と点 A とです．これは $\theta = 0, 1$ に対応しており，完全な「経済人社会」と「職人社会」を意味しています．先に 8.2.3.3 で明らかにしたように，この 2 つの点は普通の意味での ESS です．したがって，一度確立したそれぞれの「秩序」に多少の揺らぎがあっても，社会をもとへ戻す力があることは容易にわかります．

ただ注意しなくてはならないのは，その引き戻す力には限界があるということです．図から明らかなように，不安定な不動点 E を境に，これより最初の

第8章　限定合理性（個人の多様性）と社会秩序

社会の秩序 θ_0 が小さければ，やがて社会は $\theta = 0$ の完全な「経済人社会」にたどりつきます．逆に最初の社会の秩序 θ_0 が点 E より右側に位置すれば，遅かれ早かれ，社会は $\theta = 1$ の完全な「職人社会」に行き着くことになります．

これは社会の自己組織力とエトスのなす技です．いまかりに当初社会が，点 O すなわち $\theta = 0$ の完全な「経済人社会」であったとしましょう．ここで次第に θ が増加し職人の社会に占める比率が上昇すると，まず(31)式の右辺第1項で表される「職人社会」へ向けての自己組織力が高まります．これに加えて，潜在的に「職人」のエトスを強く持った「経済人」が（言い換えれば，なかば不承不承「経済人」をやっていた人が），環境の変化によって（「職人」と出会う確率が上昇することで），「職人」に転ずる機会が増えてきます．

こうして最初の社会の秩序 θ_0 がより大きな値をとりだすと，「職人」であることの不利さが次第に解消され，図8-5 の点 E の横座標 $\underline{\theta}$ に対応する閾値（いきち：閾は「しきい」のこと）を超えると，「職人」でいることが「経済人」に留まるより有利となり，社会は自己組織力によって，点 A で表される $\theta = 1$ の完全な「職人社会」へと向かうことになります．このように点 E を境に，「経済人社会」となるか「職人社会」となるかが分かれることになるのです．

さて上の例では，普通の意味での ESS だけが安定的な不動点になる場合でした．では「経済人」・「職人」が混在する「摩擦的 ESS」が存在するのでしょうか．これが図8-6 によって例示されています．図には5つの不動点が存在しますが，このうち，点 O, A, E のみが安定的な不動点であり，他の2つは自分に吸い寄せる力がないという意味で，不安定な不動点です．社会が最初からどこかの不動点に位置していることはまずありませんから，不安定な不動点は分析の対象として，大きな意味を持ちません．したがって以下では，安定的な不動点にだけ焦点を絞って考えましょう．

点 O, A は分析したばかりの，普通の意味での ESS です．したがって議論すべきは，真ん中の点 E という安定的な不動点です．この点は「経済人」・「職人」が混在する「摩擦的 ESS」に対応します．この均衡をかりに，「職人優位の摩擦的 ESS」であるとしましょう．であれば，「職人」の利得が「経済人」のそれを上回っていることになります．したがって，このような均衡を維持する力は，少数派となった「経済人」たちのエトスにほかなりません．

192

8.3 社会のエンジンと ESS

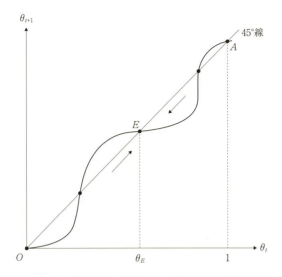

図 8-6 「職人」と「経済人」が混在する摩擦的 ESS

　つまりこうした社会では，「職人社会」に向けた自己組織力がより強くなっていますが，残り少ない「経済人」の中に，たとえ「職人」と出会っても生き方をまげない，生粋の「経済人」の比率が高まります．これは「職人社会」への自己組織力と対抗する力となります．両者の力のバランスがとれているのが，点 E なのです．

　かりに点 E に対応する「社会秩序」θ_E より，最初の社会の秩序 θ_0 が少し低かったとしましょう．すると利得に関しては変わらず「職人」優位ですから，社会の自己組織力が働き，「職人」の社会に占める比率 θ_t は次第に上昇します．しかし苦境にもかかわらず「経済人」であり続ける個人は，「経済人」としてのエトスが浸透した人ですから，「経済人」から「職人」の転業が，一時的にせよ減少します．したがって，「職人社会」へ向けた自己組織力は，次第に弱まり，社会は点 E に収束します．このように，社会の自己組織力とそれとは正反対のエトスが存在し，両者が支え合って安定的な「摩擦的 ESS」が存在するのです．

　最後に興味深いことは，点 E では「経済人」と「職人」の入れ替わりが，

第8章 限定合理性（個人の多様性）と社会秩序

どの時点でも起きていることです．簡単に証明しておきましょう．(32)式から
点 E では，

$$\theta_E = \theta_E^2 + P_A(\theta_E) \tag{33}$$

が成立します．したがって(33)式から，

$$P_A(\theta_E) = \theta^E[1 - \theta^E] \tag{34}$$

が成立します．ところで現時点で「経済人」と出会って転業する「職人」の比
率（「職人」のプールからのアウトフロー）は，8.3.2 での記号で書けば，$1 - P_{AA}(\theta_E)$ と
なります．一方「職人」と出会った「経済人」のうち，「職人」に鞍替えする
比率（職人のプールへのインフロー）は $P_{EA}(\theta_E)$ です．さらに定義式(20)と(34)式
から，

$$P_{AA}(\theta_E) + P_{EA}(\theta_E) = 1 \ \Rightarrow \ P_{EA}(\theta_E) = 1 - P_{AA}(\theta_E) \tag{35}$$

となります．議論を振り返れば明らかなように，(35)式は「職人」から「経済
人」に転ずる個人と逆に「経済人」から「職人」に代わる個人の社会に占める
比率が等しいことを意味しています．したがって点 E では，同数の「職人」
⇒「経済人」，「経済人」⇒「職人」の入れ替わりが絶えず起きているのです．

コラム 21　ジョン・スチュワート・ミル

　ミル（John Stuart Mill: 1806-1873）は，彼の父から教育を受けました．こ
の時代には，特にイギリスの上流階級では珍しくありませんでした．経済学で
の主著は『経済学原理』です．彼の父がベンサムからのアドバイスを受けなが
ら彼を教育したために，彼は功利主義に立脚した自由主義者でした．政治哲学
の方面での名著に『自由論』があります．ただ彼の伝記の1つを読むと，一般
の人が容易には付いてはいけないほど，過激な面があったようです．

8.3 社会のエンジンと ESS

このように社会全体を外から見れば，あたかも同じ状態にあるように見える
が，その中では活発な経済活動の変化が起きている社会を，宇沢弘文教授は，
イギリスの経済学者ジョン・スチュワート・ミルが，「定常状態」（stationary
state）と命名した状態であると解釈しました．

8.3.4 厚生経済学的分析と社会の多様性

この項では 8.3.3.2 の図 8-6 に現れた 3 つの安定的な不動点 O, A, E の社会的
望ましさの序列を付けましょう．ただ繰り返しになりますが，8.3.3.2 の末尾で
述べたように，ここでの分析では，「職人」となるための技術習得の困難さや
「経済人」の存在なくしては支えられない現代の大量消費社会などの問題の問
題は，分析の枠外となっていることに注意しましょう．

さてまず比較が簡単な点 O と点 A を考えましょう．これらの不動点はそれ
ぞれ，純粋な「経済人社会」，「職人社会」に対応しています．したがって，こ
れらの社会から得られる個人の利得は，表 8-1 の右下と左上のコラムを見れば
わかります．すなわち，点 O では $[1]^{q^L}+[2]^{q^L}-[3]^{q^L}$ だけの，そして点 A では，
$[1]^{q^H}+[2]^{q^H}-[3]^{q^H}$ だけの利得が生じます．

ここで，8.2.3.2 の (14) 式から $[1]^{q^L}<[1]^{q^H}$ であり，かつ，$[2]^{q^H}-[3]^{q^H}$ は，$[2]-[3]$
を品質 q について最大化したものですから，$[2]^{q^L}-[3]^{q^L}<[2]^{q^H}-[3]^{q^H}$ が成立し
ます．よって，

$$[1]^{q^L}+[2]^{q^L}-[3]^{q^L}<[1]^{q^H}+[2]^{q^H}-[3]^{q^H} \tag{36}$$

が成立します．このことは点 A の純粋な「職人社会」に住むすべての個人の
利得が，同じく純粋な「経済人社会」（点 O）に住む個人のそれを必ず上回っ
ていることを意味します．したがって純粋な「職人社会」は「経済人社会」よ
り望ましい社会なのです．

どうしてこんなことが起きるのでしょうか．これは，「経済人」が「結果重
視」の個人であるのに対し，「職人」が「プロセス重視」の個人であることが
原因です．つまり「経済人」は活動の結果，すなわち，自分の作った財・サー
ビスの質には何らこだわりがなく（プロセス軽視），手に入れたものとそれに必
要とした労苦だけを考えに入れて行動します．したがって，質に重きを置く

195

第8章　限定合理性（個人の多様性）と社会秩序

「職人社会」（プロセス重視）から比べて，より劣った品質の財・サービスしか消費できません．これが不等式$[1]^{q^L}<[1]^{q^H}$の意味です．

　さらに自ら生産した財・サービスの品質の高さから得られる効用からその労苦を金銭に換算したものを引いた「生きがい」でも，「職人」に劣ります．これが不等式$[2]^{q^L}-[3]^{q^L}<[2]^{q^H}-[3]^{q^H}$の意味です．したがって交換した財を消費する喜びおよび仕事から得られる達成感という人間の両側面において，純粋な「職人社会」は「経済人社会」と比べて優れた社会なのです．いわば「質へのこだわり」は，交換経済では外部経済効果を生じさせ，個人・企業の1つの社会貢献となるのです．たとえそれが，無意識から来るものにあるにせよです．

　込み入っているのは，点Eと点O, Aとの比較です．その原因の1つは，立場が違う個人が現れるからです．つまり点Eでは，

(1)　「職人」と出会った「職人」
(2)　「経済人」と出会った「職人」
(3)　「職人」と出会った「経済人」
(4)　「経済人」と出会った「経済人」

の4つの種類の個人が存在します．これらの諸個人の効用を，社会的な厚生とどう結びつけるかから始めなければなりません．

　ここでは簡単化して，各個人の効用はすべて金銭に換算できて，それを足し合わせることで社会の厚生を測ることにしましょう．すると「職人」が社会に占める比率がθであるときの社会厚生$SW(\theta)$は，次の式で表されます．すなわち．

$$SW(\theta) \equiv \pi(y,y)\theta^2 + \big[\pi(x,y)+\pi(y,x)\big]\theta[1-\theta] + \pi(x,x)[1-\theta]^2 \tag{37}$$

(37)式の意味を解説しておきましょう．右辺第1項は「職人」どうしの出会いによって得られる社会的利得の期待値であり，第2項は「職人」・「経済人」の出会いによって生ずる社会的利得の期待値です．最後に第3項は，「経済人」どうしの出会いで得られる社会的利得の期待値であり，これらの合計が，金銭で測った社会厚生$SW(\theta)$になることを，(37)式は意味しているのです．なお利

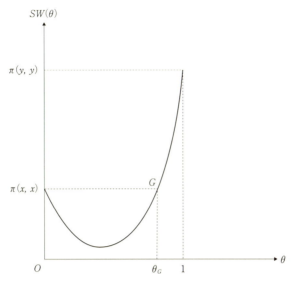

図 8-7 社会的厚生関数

得関数 $\pi(\cdot,\cdot)$ の考え方を忘れてしまった人は,もう一度 8.3.3.1 へ戻ってください.

さて (37) 式は,θ に関しての二次式でかつ二次の項の係数が正ですから,図 8-7 のようなグラフになります(実際にグラフがこうなることを計算して確認してください).したがって図の点 G の横座標 θ_G よりも,図 8-6 の点 E の横座標 θ_E が大きければ,つまり点 E における職人比率 θ_E が

$$\theta_G < \theta_E \tag{38}$$

をみたすならば,「摩擦的 ESS」である点 E は,$\theta = 0$ である純粋な「経済人社会」のよりも社会厚生が高いということになります.つまり十分多くの個人に「職人気質」が植え付けられると,その意図せざる外部経済が力を発揮し,「経済人」として生きる術のない個人がある程度存在しても,社会は改善に向かうのです.

ただ留意すべきは,図 8-7 から明らかなように,(38) 式がみたされないと,

第8章 限定合理性（個人の多様性）と社会秩序

逆に「職人」の存在は「時代遅れ」のものとなってしまい，逆に純粋な「経済人社会」が志向されることになります．

しかし純粋な「経済人社会」には，失われたものがあります．すなわち，何があってもめげずに良い仕事を心がける（質の高い財・サービスを供給する）という自分の生きがいが損なわれているのです．こうしたとき，人は何のために自分は働いているのかという，やり場のない虚無感を感じざるをえないでしょう．しかし限定合理性のために，一度，純粋な「経済人社会」が形成されると，人々は容易にこの原因を突き止められません．冒頭でお話ししたように，アメリカの社会学者のリースマンは，こうした社会の病理を「アパシー」（apathy）と呼びました．

仔細に立ち入ることはこの本の範囲を超えるので，大まかな話をしますが，教育は社会の自己組織力やエトスの強さに大きな影響を与えると考えられます．たとえば，テストの点数・学歴および生産した数量や儲けた金額は手に取ることができ，目に見える（tangible）教育効果の指標となりえます．こうした容易に優劣のつく能力の向上を目的とする教育方法を「メリトクラシー」（meritocracy）と呼びます．現在の日本の教育は，こうした方向に大きく傾斜していることは，だれもが否定できないでしょう．

確かにこうした教育方法は，規格化（マニュアル化）された仕事の能率を上げることは確かでしょう．しかし自分のしている仕事の意味，特に社会的な意義については何も教えてくれません．よく酒席で，場をわきまえずに自分のことを鼻にかけることしかできない大人を見かけます．こうした哀れな人たちは，メリトクラシーを何の疑いもなく受け入れて育ち，年を経るにつれてアパシーという虚しさに苛まれているに違いありません．

自分に最初から完全に「あった」仕事というものはまずありません．人は大まかな感触で仕事をするかを決め，より良い仕事ができるように，同僚・友人や上司・部下とのコミュニケーションによって，自分を作り変えていくものです．

その過程では誠実・信頼・友情というものが欠かせません．これらの目には見えない（intangible）そして測ることのできない人間としての徳は，相互のコミュニケーションを容易・円滑なものとするために，不可欠です．先に登場したアーレントの『全体主義の起原』は，まさにそうした人間としての徳が失わ

れたとき，恐怖の支配する忌むべき社会ができあがるかを，歴史に沿って見事
に書き下した著作です．

　この章で展開された「経済人」・「職人」からなる進化論的ゲームは，青少年
期の家庭・学校での教育を受けた大人の間でなされると，暗黙のうちに仮定さ
れています．しかし，この社会の秩序を表す職人が社会に占める比率 θ が，ど
こに定まるかは，大人になってどんな種類の個人と出会うかだけでなく，子供
の頃にどういった教育を受けているかにも強く依存します．このような立場に
立ち，またどうしても「経済人」としてしか生きられない大人の存在すなわち
多様性を認めても，いまの教育は明らかにメリトクラシーに傾いているといえ
ます．

　大人になってからの生き方が多様であるように，青少年の個性もまた多様で
す．彼ら一人一人の理解の仕方を把握し，それを基盤として仕事と家族を愛す
る社会化された大人をいかに多く生み出すかは，親・教師の子供たちへの深い
愛情なくしては，成し遂げられないことです．私は，こうした多様性を認める
暖かい心を前提として，青少年をいかに社会に羽ばたかせるかが，日本の将来
にとってもっとも重要なことだと考えます．

付録　差分方程式の安定性を考える

　この付録では，8.3.3.2 で用いられた差分方程式の安定性を，図によって解説
します．まず対象となる差分方程式を，

$$\theta_{t+1} = f(\theta_t) \tag{A.1}$$

とします．**本文中でも述べたように，差分方程式は因果関係を記述するための
方程式です．つまり方程式(A.1)は，現在の状態 θ_t が与えられると（原因：因
果の「因」），それによって将来の状態 θ_{t+1} が決定されると（結果：因果の「果」）
読まれなければなりません．** このグラフが右下がりになるときには，綿密な分
析が必要となるので，図 8-8，図 8-9 のように右上がりである場合についての
み，ここでは考えます．

　さてそこで，図 8-8 と図 8-9 を見比べてください．図 8-8 と図 8-9 の違いは，

第 8 章　限定合理性（個人の多様性）と社会秩序

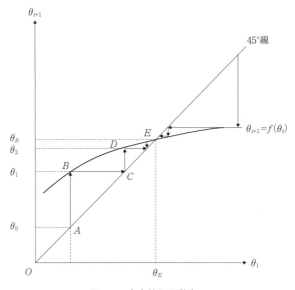

図 8-8　安定的な不動点

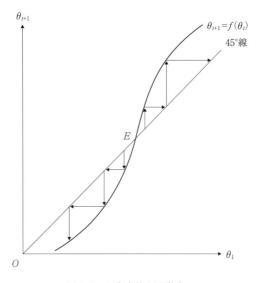

図 8-9　不安定な不動点

グラフが45度線と交差するときに，上から切るか（**図8-8**の場合），あるいは下から切るか（**図8-9**の場合）です．まず上から切る場合を考えましょう．当初社会が点 A に位置し，θ の値が θ_0 をとっていたとします．そこから上に垂線を引いて，それが f のグラフとぶつかる点を B とします．点 B は f 上の点ですから，その縦座標の値は $f(\theta_0)$ です．（A.1）式から，これが θ_1 となります．

同じように，点 B から横軸に水平な線を引き，それが45度線とぶつかる点を C とします．点 C は45度線上の点ですから，縦座標・横座標ともに値は θ_1 です．さらに点 C から f のグラフに向かって垂線を引き，ぶつかる点を E とすれば，その縦座標の値は，$\theta_2 = f(\theta_1)$ となります．

図から明らかなように，このようなプロセスを繰り返すことで，数列

$$\theta_0, \theta_1, \theta_2, \cdots, \theta_n, \cdots \tag{A.2}$$

は，次第に不動点の座標 (θ_E, θ_E) に収束することがわかります．**図8-9**の f のグラフが45度線を下から切る場合も，同じ考え方で矢印が引かれています．したがって f のグラフが右上がりであるときには，f が45度線を上から切るとき不動点は安定となり，逆に下から切るとき不安定となります．

⚠ 要点の確認

・**限定合理性とは**

人間の認識能力には限界があり，必ずしも，標準的な経済学が描くようにいつでも経済合理的に行動しているわけではありません．たとえば人間の思考・行動は，生まれ育った環境から強い影響を受けていることは明らかでしょう．社会の制度や慣習は，迷い多き人間に行動の指針を与えるものです．こうした長期的な社会の動きを捉えるうえで，限定合理性の考え方は有用です．しかし経済学にとって，合理性は前提でありかつ命です．それにそぐわない小さな現象があるとしても，それは標準的な経済学が役立たずであることを意味しません．自然科学とは異なり，社会科学の1つである経済学のもっとも重要な役割は，透徹した「ものの見方」を社会に提供することにあるからです．

・**安定した社会としての ESS**

この章では限定合理性の一例として，人の多様な生き方と社会の形成について考えてみました．ここでは，品質重視の個人を職人と呼び利潤重視の個人を経済人と名付けました．そのうえで職人と経済人の比率が時間を通じて変わらない社会を安定

第8章　限定合理性（個人の多様性）と社会秩序

な社会と定義し，第3章で学んだ進化論的ゲームの ESS を用いて，どのような社会が安定的な社会となるかを考察しました．

・社会の自己組織力とは

何があっても生き方を変えないエトスを持った人間が存在しなければ，社会は職人だけあるいは経済人だけからなる社会に落ち着くことになります．これは周りが圧倒的多数である特定のタイプの生き方をしているときに，一人だけ別の選択をすると，損をするからです．みなが群れ集まっているということは，それ自身集団を作ることに利益があることを表しているからです．ある生き方が支配的となると，そうした集団の利益が高まるために（これを社会の自己組織力と呼びました），ますますそうした生き方が社会に浸透していくのです．

・エトスの社会的意義

エトスを持った人間が存在すると，多様性を持つ社会が誕生します．既存の秩序・慣習に従って生きていた人たちの中にも，少なからず疎外感を持っていた人が潜在的に存在するからです．この人々は，違ったエトスを持つ集団に引き寄せられることで，より充実した人生を送ることができるようになります．こうして社会の多様性が生まれるのです．特に新しいエトスを持つ人たちの集団の行動が，それが意図せざるものであるにせよ，経済厚生を高めるものであるとき，そうした集団の自己組織力は社会貢献となります．

文献ガイド

Weibul, J. W. (1995) *Evolutionary Game Theory*, Cambridge, MIT Press

▷進化論的ゲームの専門書なので少し難しいですが，本書の第10章が理解できれば，十分読みこなせます．全部を読むのは大変ですが，とりあえず第2, 3章を読めば，進化論的ゲームに関して構造的な理解が得られるでしょう．英語だと嫌がらず，トライしてみましょう．実際，専門書の英語は小説や伝記に比べればはるかにやさしいのです．

マックス・ヴェーバー (1989)『プロテスタンティズムの倫理と資本主義の精神』，大塚久雄訳，岩波文庫

▷ヴェーバーと言えば社会学者と軽薄に分類して切り捨ててしまうようでは，あなたは良い経済学徒とは言えません．エトスが自己組織力を生み出しうる歴史的事例をえぐる古典であり，限定合理性という考え方を深く理解するためには必読の書です．

ジョージ・トレヴェリヤン (1971)『イギリス社会史 1, 2』藤原浩・松浦高嶺訳，みすず書房

▷しかめっ面のヴェーバーが苦手（私もそうですが）という人は，こちらを薦めます．前者が大陸ヨーロッパドイツの書き手のものであるのに対し，イギリス生まれのトレヴェリヤンはケインズと同時代の歴史家で，都市問題についてケインズと共同で

政府に具申書を出したりもしています．文化・宗教の変遷の底流には，技術の発展（トレヴェリヤンは無条件に肯定していません）やそれに伴う輸送・交通網の発達があることを生き生きと綴っています．私が何より本書を愛するのは，それが市井に生きる人への温かく深い共感のもとに書かれていることです．美しい文章とともに読者の心をとらえて離しません．

第9章

日本経済の繁栄と危機の歴史

この章では直近40年ほどの日本の経済の動きを学びます．歴史は暗記と決めつけている人は考え直さなければなりません．今の日本が苦境にあることは事実です．でもどうしてこうなったのでしょうか．それは過去を振り返らなければわかりません．歴史を学ぶことは過ぎた昔を懐かしむためではなく，これからの未来をどう切り開いていったらよいのかを考えるためです．そのためには今の社会に働いている力を知り，その根源を突き止めねばならないのです．そして歴史を記述するにも，やはり理論が必要であることも同時に知りましょう．

第9章 日本経済の繁栄と危機の歴史

9.1 この40年余りの日本経済のあらまし

　この章では，1980年代から現在にかけての日本の経済を，これまで学んだ理論をもとに概観します．ここで大事なことは，みなさんのほとんどがまだ生を受けていなかったのに対して，私は大学生・大学院生・大学教師として，この時代を生きてきたということです．その意味で，この章は他の諸章に比べても貴重な情報が含まれており，小さいながらも「生きた歴史の証言」でもあるわけです．

　一言で言えば，1980年代の日本は空前の繁栄を謳歌していました．ソニーのウォークマンに象徴される日本の誇る製造業の精密・頑健・コンパクトな製品は，世界市場を席巻していました．いまにしてみれば笑止とも感じますが，アメリカ人の経営学者エズラ・ヴォーゲルが著した『ジャパン・アズ・ナンバーワン』が一世を風靡し，日本の経済力はアメリカのそれを抜いたと唱える日本人経済・経営学者も数多くいたこと，さらに言えばそれが主流派でさえあったことは，日本経済の繁栄を象徴する出来事です．1985年のプラザ合意により為替レートは1年間で120円ほど円高になりましたが，日銀の徹底した低金利政策により景気の落ち込みは予想ほど深刻ではありませんでした．

　やがて土地や株式の値上がりを狙った狂熱の投機の時代，つまり，「バブル景気」を迎えることになります．いくら土地や株が値上がりするといっても，普通の市民が買えないほど高くなってしまっては，そうしたバブルも潰えざるをえません．土地そのものに価値があるわけではなく，最終的にはだれかがそこに家を建て住めるからこそ，土地を購入しようとする人がいるからです．バブルがいつ崩壊したかを厳密に定めることは困難ですが，常識的には1991年には崩壊が急速に始まったとしてよいでしょう．要約すれば1985年のプラザ合意あるいは1991年のバブル崩壊が日本にとっての転換点であったということができるかもしれません．

　1990年代はバブルの精算に費やされた10年ともいえます．この10年間に公的債務は400兆円も増加しています．これらのすべてがバブル処理にあてられたものではないにせよ，直接・間接的な不良債権処理（金融業への援助）や

206

9.1 この 40 年余りの日本経済のあらまし

公共投資を通じて極度の不振に陥りかけた土木・建築・不動産を立て直すために，莫大な国費が投入されたことをこの数字は物語っています．これは現在に至る巨額の公的債務累積の元凶となりました．

しかし私は責任を持って証言しますが，この時代はバブルとは無関係だった一般の市民にとって，決して「悪い時代」ではありませんでした．少なくとも1997 年のアジア金融危機が勃発するまでは，拡張的な公共投資政策により景気が維持されていたからです．詳しくは本文中でお話しますが，バブルは膨張するときだけではなく，潰れても後処理のために公費が投入されるため，景気が維持されるのです．実際この 10 年間の GDP はアジア金融危機以前では，平均して 2 パーセントほど伸びています．

閑話休題

私事ですが，1993 年にアメリカのある学術雑誌に論文が受理されました．その際のレフェリーのコメントはいまでも印象に残っています．論文の主旨は日本経済の安定した雇用環境が必ずしも経済の効率性の高さを示すものではないというものでしたが，一人のレフェリーは，日本の経済がアメリカに比べて非効率であるとはとうてい信じがたいというマイナーコメントを残しています．これほど世の「常識」とは移ろいやすいものなのです．

それほどでもないと思う人がいるかもしれません．しかしそうではありません．次節で解説されますが，伸び率何パーセントという数字を実額に直すと，イメージよりはるかに大きな数となります．因みに 1990 年の GDP は 451 兆円で，1997 年のそれは 513 兆円で景気の良かった 2007 年とほぼ同じ水準です．さらに基準となる 1990 年が「バブル景気」のピークで前年から比べて，35 兆円も GDP が伸びていることにも考慮が必要です．要約すれば，もともと「バブル景気」で大きく膨らんでいた経済に，さらに拍車をかけるように景気が良くなったのが，アジア金融危機以前の 1990 年代の日本なのです．

健全な発展を遂げていた 1980 年代前半（1985 年）の GDP は，330 兆円です．ということは，バブル景気によってわずか 5 年間で，日本は 120 兆円も豊かになったのであり，欲に目がくらんで，これを当然とするから経済感覚がおかしくなるのであって，アジア金融危機までの日本は，内心に不安を抱えながらも，

207

第9章 日本経済の繁栄と危機の歴史

十分経済的繁栄を謳歌していたのです.

1997年にタイを発火点として起きたアジア金融危機は,日本にきわめて大きな影響を与えました.東アジア向けの輸出が滞っただけではなく,もともと経営内容がきわめて悪かった,山一證券,日本長期信用銀行,日本債券信用銀行,北海道拓殖銀行などの大手の金融機関が経営破たんに追い込まれました.これは一種のパニックであり,特に企業の長期展望に大きな悪影響を及ぼしました.1997年に140兆円あった設備投資(含む公的資本形成)は1年間で10兆円も減少し,それ以来現在に至るまで100兆円前後まで低下しています.これは2000年代に入っての長期停滞の深刻な原因となっています.

こうした日本経済の危機に対応して,特に今世紀に入っての小泉内閣のもとで,「規制緩和」や「自由化」が急速に推し進められたのです.すなわち「構造改革」と呼ばれる一連の政策です.構造改革の考え方はいまに至るまで,日本の経済政策の方針に大きな影響を与えています.つまり繁栄を誇った1980年代は,日本は組織の力あるいは人と人との結びつきの強さにおいてアメリカに比べてはるかに優れており,それが日本の製造業の国際競争力の源であると考えられてきました.しかし構造改革は,こうした企業や社会の結びつきの強

コラム22　バブル景気

恥を忍んでお話すれば,この当時は私自身も景気維持のためには,拡張的な財政政策はやむをえないと考えていましたし,また公の場でもそうした発言をしていました.しかしある日,同じ東大の大先生から自宅に電話を戴き,大変なお叱りを受けました.大先生は,国費を無駄な公共投資に投じていることは愚かであり,その真実を国民があまねく知ったときの怒りを知らねばならないと,さまざまな類例を列挙されて,1時間余りにわたって説諭されました.公的債務が1300兆円を超えるいまなら当然といえば当然のお言葉ですが,20年ほど前にすでに現在の日本の危機を見抜かれていたのは,やはり大先生の大先生たる所以でしょう.私は己の不明を恥じるばかりです.

9.1 この 40 年余りの日本経済のあらまし

さが逆に競争による切磋琢磨を妨げているという認識のもとで始められた一連の政策なのです．したがって，組織や社会の連帯力を低下させる従来とは正反対の「規制緩和」と「自由化」がその眼目になることは，自然の成り行きです．

労働市場における規制緩和は，その中心的な政策です．総務省統計局の「労働力調査」によれば，2003 年には全雇用者に 9 割を占めた「正規労働者」が 10 年後の 2013 年には 6 割にまで低下しています．逆から言えば，これほどの「非正規労働者」の増加は，事実上，解雇権が強化されたことを意味します．平たく言えば「正規労働者」を解雇することは，きわめて困難ですが，「非正規労働者」については比較的容易だからです．こうした労働市場の規制緩和は，組織や社会の連帯の力が優れた経済パフォーマンスの源であるという 1980 年代から 90 年代にかけて一世を風靡した考え方を逆手にとったものです．

すなわち，組織や社会などの集団の力こそが個々の企業や個人の競争を阻害し，働かぬものに無駄なレントを与える温床となっているという逆転した発想が，構造改革の真底には存在するのです．読者のみなさんの多くは，こうした経済風土の中で物心がつき，育ってきたのです．したがって「バブル景気」以前の日本人の考え方や政策のあり方を理解するには，十分な時間と努力が必要です．

さて労働市場の規制緩和は，東アジアの低賃金を利用した対外直接投資（foreign direct investment：以下 FDI）のうねりを巻き起こしました．つまり多くの日本の製造業は，日本の高い生活水準を支える高賃金に代えて，東アジアの安価で豊富な労働力を利用して競争力を高めようとしたわけです．そのためには国内の工場・拠点を整理する必要があり，労働市場の規制緩和は，好都合だったのです．本文中で見るように，この反作用として若年者を中心とした未熟練労働者の失業問題および賃金の著しい低下が，深刻な問題となっています．また先に述べた，国内の設備投資の深刻な落ち込みの一因ともなっているでしょう．

さらにこの考え方には 1 つ大きな落とし穴があります．かつてのイギリス，現在のアメリカは FDI が盛んな国ですが，同時に基軸通貨国であることを忘れてはなりません．基軸通貨国であることは，ほとんどの取引が自国通貨を基準になされるために，為替レートの変動によって海外で稼いだ利潤の価値が変

第9章 日本経済の繁栄と危機の歴史

化することがないことを意味します．円は基軸通貨ではないので，これには該当しません．言い換えれば，為替レートが変動するとFDIによって得た外貨の円での価値が変化してしまうリスクがあるのです．これを為替リスクと呼びます．

たとえば海外の子会社で得たドルを日本の本社に送ろうとすると，ドルを売って円を買わねばなりません．現在膨大な企業が多額のFDIをしているわけですから，みなが決算期にこぞって本社に利潤を還元しようとすれば，為替レートが円高・ドル安になってしまい，せっかく海外で稼いだ利潤も，国内に戻すことによって大幅にその価値を減ずることになります．FDIで儲けたお金を円に換え日本経済を潤すことは，とても難しいことなのです．したがって現在の日本に見られるように，国内での賃金低下・失業率上昇，海外子会社での内部留保の増加という現象は，ある意味では，基軸通貨国ではない変動レート制の経済では必然的な現象です．

構造改革によるFDIの「流行」（経済のグローバル化と呼ぶ人もいます）のほかに，もう1つ今世紀に入って深刻な問題となってきたことがあります．それは少子高齢化とそれに伴う財政破綻への懸念です．2000年代に入ってバブルの清算も一段落し，公共投資は1990年代の年当たり平均28兆円から，19兆円（2000-2009年）に低下しました．しかし公的債務の残高は733兆円（2000年：内閣府「国民経済計算」）から1065兆円（2009年：同）で，この9年間で300兆円（年当たり33兆円）も増加しています．これはなぜでしょうか．

それを解く1つの手がかりとして，「国民経済計算」の「一般政府から家計への移転明細表（社会保障関係）」というデータがあります．ここには年金・健康保険・後期高齢者医療・介護保険などの社会保障関係でどれだけお金が使われたかが記されています．つまりこのデータは，上に挙げた社会保障費を，政府が徴収した税金や各種保険の掛け金を受益者に移転させたとみなして計算しているわけです．言い換えれば，納税者・納付者である国民から受益者である国民へ，国民間で所得が移転したとみなすわけです．しかし留意すべきは，社会保障費すべてが本当に集められた税金や掛け金をもとに支出されているわけではないということです．不足分は結局公債の発行で充当するので，公的債務の増大を意味します．2012年の社会保障費は108兆円に達し，2000年の79兆

円からおよそ30兆円も増えています．すべてではないにせよ，2000年代に入っての公的債務の累積は，こうした要因が大きく寄与していることは想像に難くありません．

社会保障費の受益に預かる人たちの多くは，年齢の高い人たちです．国立社会保障・人口問題研究所の推計によれば，今後30数年で日本の人口は4000万人ほど減少するそうです．したがって多くの受益者（高齢者）を少ない納税者（現役世代）で支えなくてはならなくなるのが目睫に迫っているのです．また公債は必ず返ってくるという信用があってはじめて，みんなが受け入れるわけですから，1300兆円すべてではないにせよ，かなりの額を将来償還しなくてはなりません．無論この元手となるのは税金です．したがって，これからのみなさんの将来のためにも，早急で実効性のある増税と日本経済の実力に見合った社会保障制度の再検討が必要と，私は考えます．

9.2 繁栄と狂熱の1980年代

9.2.1 日本的雇用慣行

ではこれから各論に入り，時代を1980年代，1990年代，2000年代以降に3つに区分して考えていくことにしましょう．まず1980年代についてです．1980年の日本のGDPは240兆円です．現在のGDPの半分にも満たない水準です．では多くの日本人は，当時，自分たちが貧しくまた将来に望みがないと考えていたのでしょうか．事実は正反対です．1970年終わりの第2次石油危機を積極的な省エネ投資や工程の徹底的な合理化で乗り切った日本は，健全な繁栄を遂げていました．同じく1980年の公的債務残高は126兆円でいまの10分の1以下であったことからも，この様子をうかがい知ることができると思います．つまり30数年で毎年30兆円ほどの借金をしながら，GDPは毎年約7兆円弱しか伸びていないわけですから，経済の効率が上がっているとはとても言えないのです．

無論この時代には，インターネット・スマートフォンに代表されるIT機器はまったく存在しませんでした．ではIT機器抜きには仕事が語れない現在から比べて，企業の生産効率はずっと劣ったものだったのでしょうか．そんなこ

第9章　日本経済の繁栄と危機の歴史

とはありません．優れた製品を生み出す日本の企業組織は，世界の注目を集め，特にアメリカとは対照的な労働市場の性質に注目が集まり，多くの研究がなされました．「終身雇用制」，「年功序列賃金」，「企業別組合」からなる所謂「日本的雇用慣行」は，その中でももっとも特徴的なものでした．以下ではこれらの慣行を逐次説明しましょう．

「終身雇用制」とは，転職せずに（あるいは転職を強いられることなく），定年まで1つの会社を勤めあげる慣行を指します．転職特に若年層のそれが一種のスタイルになりつつある現在とは，だいぶ違いますね．「終身雇用制」は大企業を中心としたもので，中小企業ではそうでなかったという説を唱える人もいますが，これは程度問題であって，中小企業でもいまとは比較にならないほど，安定した雇用環境にあったことは覆うべくもありません．

ではなぜこのような慣行が戦後以来50年余り続いてきたのでしょうか．これには諸説あります．たとえば日本人は「自己本意」ではなく「和を以て貴しとなす」とする気質があり，一度仲間となる（入社する）とお互いを尊重し協

コラム23　ITの進展

　私がはじめてパソコンを購入したのは1988年です．もちろんインターネットは存在せず他のコンピューターとのやりとり（たとえばe-mailの交換）は不可能で，所謂stand aloneの状態でした．メインメモリーもいまから考えると信じられないほど小さい640KBでした．研究資金に余裕のある友人が1MBのハードディスクを付けたのをとても羨ましく思ったことを覚えています．逆に価格はいまからすると恐ろしく高く1台40万円近くしたと記憶します．またe-mailをはじめて使ったのは1996年です．ただしこれは，コンピューター間のものであり，ハンディな携帯電話からの発信が可能になったのは，このずっと後のことです．学術雑誌とのやりとりもいまではインターネットで投稿し，審査結果も自分のホームページに返されるようになっていますが，こうしたシステムが完全に整ったのは2000年代半ばであり，それまでは，航空便によるやりとりが主でした．

9.2 繁栄と狂熱の1980年代

調するので，協力の結果，欧米に比べて優れた経済パフォーマンスを上げているという説もありました．そしてこの協力・協調の「和」は，企業内だけではなく政府との間にも広がっており（いわゆる「官民協調」），それが日本の強さの秘訣だというわけです．

こうした議論は，1950年代，60年代の学生運動華やかなりし頃の，マルクス経済学の「国家独占資本主義論」を焼き直したものです．そして明らかな論理的欠陥があります．もしこうした議論が正しいとするなら，欧米人は日本人に比べて経済合理性という点において劣った人々だということになります．これは随分と人を見下したものの考え方です．みなさんからすれば，なぜこんな議論がこの時代の先端的理論と呼ばれていたか不思議でならないでしょう．

しかし時世時勢とはそうしたものなのです．考えてもみましょう．グローバリゼーションと呼ばれる現在の極端なアメリカ志向もまた，上で紹介した極端な日本礼賛論の裏返しです．抜きんでて優れた憧れの国が，日本からアメリカへ変わっただけのことです．一国の経済社会は気候・風土・文化・歴史に決定的に規定されており，無批判に，どこか他所の国の真似をすることで，自分の国が繁栄したりすることはありえないのです．その意味で1980年代の日本礼賛論も，現在の過剰なアメリカ化（グローバリゼーション）も，確固たる論理的基盤を持っていません．その時代の流行の議論とは，一面，時代に流されている議論であることを，私たちはよく承知しなくてはなりません．

では「終身雇用制」はなぜ自己発生したのでしょうか．上で紹介した精神論ではなく，もっと経済合理性に根差した観点から考えてみましょう．ここでのキーワードは，「技能の錬成」（skill formation）です．

では技能の実体とは何でしょうか．理科系の人たちの多くは，実際に製品を開発・改善したりする技能を持っていますから，彼らが技能を持っていることは，相対的な問題ではありますが，わかりやすいでしょう．しかしこの本を読まれているみなさんの多くは，文科系の人でしょう．ではみなさんに要求されている技能とは，一体何なのでしょうか．もしそんなものはない，言われたことさえやっていればそれでよいと考えるのでしたら，それは誤っています．大卒のホワイトカラーの給与（40歳男，約680万円：2015年度賃金構造基本統計調査）は，高卒の人（40歳男，約550万円：同）に比べて，130万円ほども高いの

第9章　日本経済の繁栄と危機の歴史

です．高い給与をもらえるだけの裏付けがなければ，そうした人の社内での評価は低くなり，出世どころか真っ先にリストラの対象となるでしょう．

　私が考えるに，文科系出身の企業人にもっとも強く求められるのは，「情報の生産」ということだと思います．ここで言う「情報の生産」とは，これまで知られていなかったことを知り，それを正確に伝えるべきところへ伝えるということです．たとえば新たな顧客の開拓はまさにこの典型的な例です．目的達成のためには，潜在的な顧客を入念に調べたうえで訪問することがまず第一歩です．相手に失礼のない言葉遣いや応接・服装は言うまでもありません．不快感・不信感を持たれてしまっては最初から相手にされませんから，どんな魅力的な商品でも買ってもらえません．

　またこうして開拓した顧客の維持管理には，自分一人だけでなく上司・同僚の協力やアドバイスが必要です．このようなチームワークを円滑に機能させるためには，先ほどの「和を以て貴しとなす」という観念論ではとうてい通用しません．会社の中には厳しい競争というものがあります．自分の貢献を関係者に説得し動いてもらうためには，信頼という名の絆を築けるほどの粘り強い誠実さと周囲の人の性格や社内での位置を冷静に評価できるだけの勉強が必要です．ですから「情報の生産」といっても，電話やメイル一本で済むようなお手軽な話ではないのです．世界を席巻した日本の製造業の製品も，理科系の人たちが開発した優れた技術だけでなく，こうした文科系出身者の経営・人事管理や営業活動によって支えられていたわけです．要約すれば，1980年代前半の日本の繁栄は，組織体としての企業の「情報の生産」がきわめて円滑に行われていたことに由来するところが大きいのです．

　ところで，こうした技能の錬成にはかなりな程度の長期間の継続雇用が必要となることは言うまでもありません．つまりいまのみなさんの感覚とは異なり，入社するということは，その会社のコード，より具体的には，仕事のやり方を受け入れ理解することにコミットすることを意味します．したがって雇われる方の社員は，終身雇用を望むことになります．折角努力して馴染もうとした会社に途中で放り出されては，すべては水の泡になるからです．また雇う方の会社も，手間暇かけて教育した社員に中途でやめられてしまっては，それまでの教育費用が無に帰してしまいますから，やはり終身雇用を望みます．つまり終

9.2 繁栄と狂熱の 1980 年代

身雇用は,「和を以て貴しとなす」という精神論ではなく, 技術錬成のための有形無形の共同投資ということで労使が利害共同体となっていたことから生まれた慣行と考えられます.

「年功序列賃金」とは, 大過なく勤めれば, ある一定の年齢までは社員の給与がほぼ平等に上昇する賃金体系のことを言います. この賃金体系には, 2 つの経済的意義があると考えられます. 1 つは, 短期的な業績評価によるものではないために, 能力給とは異なり, よほどのものでない限り偶然的な失敗（成功も）が, 給与に著しく反映されることがないということです. その意味では, 年功序列賃金は社員の給与変動に対する保険（insurance）であったわけです. ある会社に入社することは, 終身雇用制のもとでは自分自身の能力をその会社に投資することを意味します. 給与体系はそうした投資からの収益とみなせますから, 保険としての年功序列賃金は, 投資の不確実性を低下させ, 若者に安心して終身雇用制を受け入れようという動機を与えます. この意味で, 年功序列賃金は終身雇用制を支える重要な柱です. いま 1 つの側面は, 高い給与を得るためには長期継続勤務をしなければならないために, 同じく終身雇用制を補強する働きをすることです.

「企業別組合」とは, 産業ごとに企業を横断して労働組合が組織されている欧米とは異なって, 日本では 1 企業単位で組合が組織されていることが多いことを指します. この評価は分かれるところですが, 将来高い職位に就くと目される人が労働組合の要職に就くことも珍しくありませんでした. つまりある一面を取り出せば, 会社のリーダーの一人となる人が, 広く現場の考えを知り, 知見を広める機会が「企業別組合」という慣習の中で提供されていたことは否定できません.

以上を総括すると,「終身雇用制」と呼ばれる長期雇用のもとで, 社内の情報生産・伝達（理科系出身者が担当する研究開発もやはりチームワークで, 情報の生産・伝達が決定的な役割を担うことには変わりがありません）が, 大変精力的にそして正確になされていたのが, 1980 年代前半の日本の繁栄を支えていた大きな要因であると言えます.

ところで,「人間は, 時として, 満たされるか満たされないか, わからない欲望のために, 一生をささげてしまう. その愚を嗤うものは, 畢竟, 人生に対

215

第9章　日本経済の繁栄と危機の歴史

する路傍の人に過ぎない」，とは芥川龍之介の『芋粥』の一節です．このように達成感とは，洋の東西を問わず，人を魅了するものです．納得できる良い仕事を積み重ね，会社で重きを置く存在になるためには（これは1つの大きな達成感です），同時に無責任な他人の（「路傍の人の」）その場限りの揶揄・嘲笑・無視に負けない「強い心」が必要です．したがって会社で要求される技能の学習・錬成にも，この「強い心」が前提条件となります．安定した雇用環境にあった1990年代半ばまででも，会社の中の競争は大変激しかったのです．それは給与というよりも社内での職階によって争われました．いわゆる出世競争というものです．ですから，くれぐれもこの時代の会社員が終身雇用制のもとで，安穏と暮らしていたとは考えないでください．現在に限らず，競争とはいつの時代も厳しいものです．そして「強い心」もまた技能の錬成と競争によって養われて行くのです．

9.2.2　プラザ合意から狂熱のバブルへ

　1980年から85年にかけてのGDPの成長率は平均して，約3.3パーセントです．私はこの時代を学部生・大学院生として過ごしましたが，個人的には悩み多くも楽しい青春を謳歌しました．1970年代後半からのこのほぼ10年は「安定成長期」と呼ばれ，戦後の日本が，経済面だけでなく政治的にも外交的にももっとも安定・充実した時期であったと思います．この時期は輸出主導で経済が成長し，優秀な日本製品がアメリカ市場を席巻したことで，「日米貿易摩擦」が発生しました．しかし中国・インドをはじめとする東アジア各国は，経済的にはまだそれほど日本の脅威とはなっていませんでした．また中東情勢も比較的安定しており，日本にとっては大変恵まれた世界情勢にあったのです．

　こうした日本経済の平和で着実な歩みが変調をきたし始めたのは，1985年9月のプラザ合意です．これはG5（日米英独仏）の蔵相・中央銀行総裁が外国為替市場への協調介入で合意し，為替レートをドル高に強力に誘導することを決めたことを指します．図9-1（日銀統計より作成）を見てください．為替レートはプラザ合意のなされた1985年までは，ほぼ1ドル240円程度であったものが，3年後の1988年にはほぼ2倍増価し1ドル120円ほどに一気に円高になっています．

9.2 繁栄と狂熱の1980年代

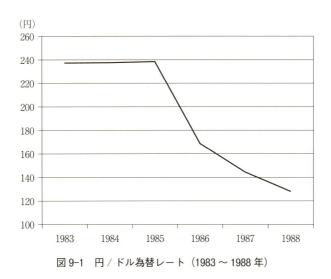

図9-1 円/ドル為替レート（1983〜1988年）

　このような円高・ドル安への為替レートの誘導には，次のような原因がありました．1980年代のアメリカは大幅な経常収支の赤字に見舞われていました．これは財政を拡張して景気を良くしようとしたことの副作用です．つまり財政支出が増加すると，第5章・第6章で学んだように，乗数効果を通じて所得や消費が増加します．その一部は外国製品への需要にまわるわけですから，輸入が増えてしまいます．言い換えれば，財政支出増に伴う赤字は，経常収支の赤字に反映されるのです．ですから，経常収支赤字は財政赤字の別の顔であり，両者は「双子の赤字」と呼ばれていました．こうした観点からすると，日本製品がアメリカで人気を博し日本の経常収支が大幅に黒字となったのも，もとを質せば，アメリカの放漫財政にあったと考えることもできます．

　さてアメリカの経常収支が大幅な赤字を続けることは，アメリカの諸外国からの借金が急速に膨らむことを意味しています．したがって1970年代初頭にあったような，ドルに対する信用が大きく揺らぐ「ドル危機」が発生する懸念が，プラザ合意当時の先進各国にはあったわけです．したがってアメリカの負債を軽減するためには，為替レートをドル安にする必要がありました．なぜでしょう．簡単な例で考えてみましょう．

　かりにアメリカ人が日本人に1億ドルお金を借りていたとしましょう．する

217

第**9**章　日本経済の繁栄と危機の歴史

とプラザ合意以前では為替レートはほぼ 1 ドル 240 円でしたから，これを返すには，

$$1 億 \times 240 = 240 億円$$

だけの円を調達してこなければなりませんでした．しかし 1988 年には為替レートが 1 ドル 120 円になったことから，

$$1 億 \times 120 = 120 億円$$

だけ集めればよいことがわかります．つまり差し引き 120 億円だけ借金を棒引きしてもらうことにほかならないのです．逆から言えば，日本人はこれと同額だけ損をすることになります．このようにプラザ合意による急速な円高は，アメリカの対外債務（特に日本に対する）を大幅に軽減することになりました．

　しかし当時は日本経済の最盛期でしたので，プラザ合意によるこうした損失が大きな騒ぎになることは，良きにつけ悪しきにつけ，なかったのです．しかしここから私たち日本人は忘れてはならない教訓を得るべきでしょう．つまり大幅な経常収支の不均衡は，それが黒字であれ赤字であれ，やがて何らかの形で，為替レートの調整によって帳消しになる危険が高いということです．したがって変動レート制のもとでも，経常収支の動向によく留意し均衡から大きく離れないように，経済構造・経済政策のあり方を考えなければならないということです．

　さてこれほど急速に円高が進むと，それに伴う不況が懸念されるようになりました．つまり円高は輸出品の国際価格を高めます．たとえば 1 台 100 万円の自動車を例に考えてみましょう．為替レートが 1 ドル 240 円であれば，その自動車のアメリカでの価格は，

$$100 万円 \div 240 = 約 4160 ドル$$

ですが，円高になって 1 ドル 120 円となると，

$$100 万円 \div 120 = 約 8330 ドル$$

となります．したがって日本車の海外での売り上げは停滞し，景気が悪くなる

218

9.2 繁栄と狂熱の1980年代

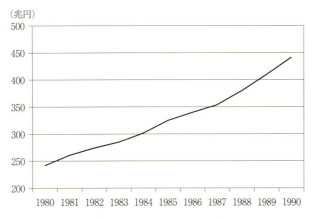

図 9-2　名目 GDP（1980 〜 1990 年）

のです．

1986年は「円高不況」の年と呼ばれましたが，しかしそれも束の間のことでした．これは図9-2（内閣府「国民経済計算」より）に見られるようにGDPが毎年堅実な伸びを示していたことからも明らかです．これは図9-3（日銀統計より作成：コールレート（⇒用語解説）のデータは1985年7月以降しか採取できない）から容易に見て取れるような日銀の徹底した低金利政策が大いに作用しています．

日銀がこうした低金利政策を引いたのは，次の理由によるものです．お金に国境はありませんから，金融機関は少しでも利回りの良い通貨で運用しようとします．すると円で資金を運用することが不利になると（コールレートが低下すると），日本での資金運用を止め，代わりに外国たとえばアメリカの国債を買ってより多くの金利を得ようとするでしょう．このように運用先を変えるためには，日本の国債を売った円建ての代金をドルに換えてアメリカ国債を買わねばなりません．したがって外国為替市場では，円が売られドルが買われることになります．したがって為替レートは円安・ドル高の方向に力を受けることになります．日銀はこうして過度の円高の進行を抑えようとしたのです．

しかしこの政策には大きな副作用がありました．図9-4（日銀統計による）をご覧ください．図9-4にはM$_2$（ある定義のもとでの貨幣）（⇒用語解説）の対

219

第 **9** 章　日本経済の繁栄と危機の歴史

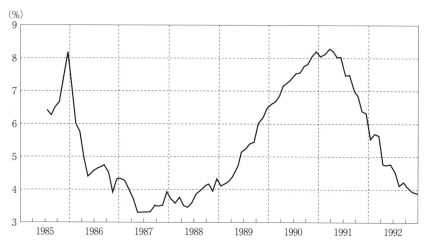

図 9-3　コールレートの動き（1985 〜 1992 年）

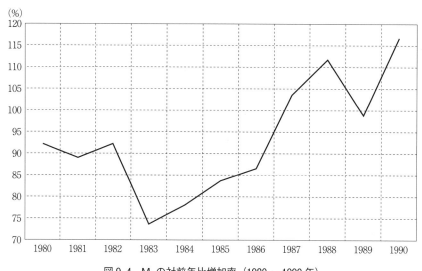

図 9-4　M_2 の対前年比増加率（1980 〜 1990 年）

9.2 繁栄と狂熱の 1980 年代

前年比増加率が描かれています．1987 年から 1990 年にかけてほぼ 10 パーセント以上の勢いで，貨幣の供給量が増えているさまが見て取れます．より低い水準に金利（コールレート）を固定しようとすると，企業や個人は銀行からコールレートを反映した低い金利で借りて，さらに収益の高い土地や株式で資金運用をしようとします．すると結果として日銀は引きずられざるをえず，民間に貸し出しを増やさざるをえなくなります．こうした副作用を図 9-4 は物語っているのです．こうして土地や株式への需要が増大することで，その価格は暴騰を始めたのです．

バブルの引き金を引いたのは，日銀の低金利政策だけではありません．当時は「財テク」という言葉がありました．企業の中に貯め込まれた余剰資金を元手に，現業ではなく金融取引でお金を儲けようという現象を指す言葉です．「国民経済計算」の営業余剰・混合所得から設備投資額を引いた額を計算してみます．これは，企業の内部にどれだけ余剰資金が蓄積されていたかの大まかな目安です．すると 1980 年から土地や株式の市況の先行きに不安が生じ始めた 1989 年までは，おおよそ 30 兆円の余剰資金を毎年企業は貯め込んでいました．しかしそれ以降は，5 兆円から 10 兆円も減少しています．1980 年代の企業は俗に言う「金余り」の状態にあったのです．

この機を捉えるように，「**特金**」や「**ファントラ**」（⇒用語解説）と呼ばれる金融商品が新たに開発され，当時大変な人気を博しました．こういった商品は最終的には，土地や株式への投資報酬をもとに成り立っていますから，上で明らかにした巨額な企業の余剰資金もまた，「財テク」を通じて，土地や株式の市場へと流れ込みバブルを膨張させる役割を担ったのです．

平成 5 年度経済企画庁（現内閣府）『年次経済報告書』から転載した地価・株価の様子が，**図 9-5** に描かれています．グラフからざっと計算して，土地は 1990 年に 1985 年の約 3 倍の値段になっています．したがって 1 年間当たりに直すと，

$$300 \div 5 = 60$$

で 60 パーセントの収益率をあげています．ある資産の収益率とは，その資産に 1 円投資したときに何円戻ってくるかを表したものです．したがって 60 パ

第9章 日本経済の繁栄と危機の歴史

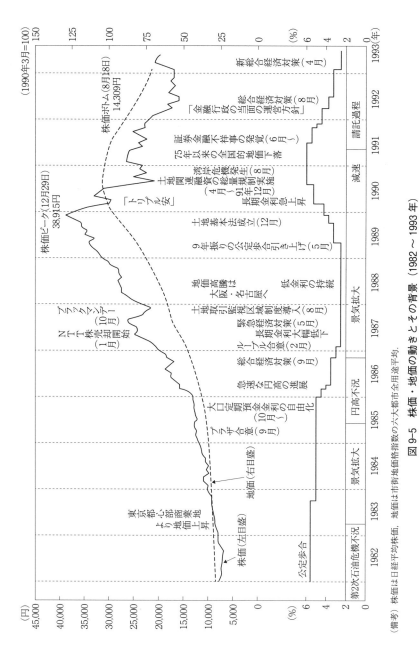

図 9-5 株価・地価の動きとその背景（1982〜1993 年）

（備考）株価は日経平均株価、地価は市街地価格指数の六大都市全用途平均。

ーセントの収益率とは，3000万円で買ったマンションを1年後に売り払ったときに，

$$3000（万円）\times(1 + 0.6) = 4800 万円$$

だけのお金が戻ってきていたことを意味します．もとの3000万円を差し引けば，たった1年で1800万円もの儲けをあげていた勘定になります．先ほどのコールレートが，この時期ほぼ3パーセントだったことを考えると，信じられない天文学的ともいえる数字です．この時期に土地を安値で買い高値で売り抜けた人は，途方もない富を築いているはずです．

では株式はどうでしょうか．株価（日経平均）は1985年の時点ではほぼ1万円です．それがピークの1989年末では，約3万9千円，つまりほぼ4万円になっています．株価の崩壊が始まったのは，地価のそれに比べて約1年早いようですが，株価の収益率は，土地の収益率とほぼ同等の60パーセントになります．こうして土地や株式で大変な富を成した人や企業がたくさん存在したのです．贅を尽くした建物が林立し，夜の街が異様な賑わいを見せていました．この当時のことが忘れられなくて，未だに苦吟している日本人は少なくありません．誠に不幸な人たちであると私は思います．

しかしこうした異常事態は，必ずやがて終焉を迎えます．資産にはファンダメンタル・バリュー（fundamental value）というものがあるからです．土地で考えましょう．土地に価値があるのは，そもそも，その上に家やビルを作って住んだり貸したりするからです．このように家を建てて住むことの心地良さを金銭換算したものを住宅のファンダメンタル・バリューと呼びます．またビルを建ててフロアーを貸すことで得られる家賃の予想を現在から将来まで足し合わせたものが，そのビルのファンダメンタル・バリューです．

しかしバブルによって地価があまりに高くなってしまうと，個人の所得には限りがありますから，だれも家を建てられなくなります．また同じように，ビルを建てても賃料があまりに高くなって，テナントがほとんど入らなくなります．したがって地価があまりに高くなると，個人も企業も遅まきながら採算がとれなくなることに気づくことになるのです．こうして「バブル景気」は崩壊したのです．日本企業・日本人が地価・株価の異様な値上がりが幻想であるこ

とに具体的に目覚めたのは，1989年からの急速な金融引き締め（図9-3参照）と大蔵省による「土地の総量規制」（1990年3月に，大蔵省が金融機関に向けてなした行政指導で，土地への融資の伸び率をその金融機関全体での貸し出しの伸び率以下にするというもの）によるところが多いと考えるのが妥当でしょう．

9.3 経済危機の序曲としての1990年代

9.3.1 バブルはなぜ起きたか

投機資金が潤沢となったことと日銀の低金利誘導政策が，バブルを引き起こした大きな要因であることは，すでに述べました．しかし投機をする以上，少なくとも事前には儲かる予想が立っているはずです．なぜでしょうか．この問題は9.1節でも述べたように，1990年代の公債の累積問題とも深く関わっており，きわめて重要です．

バブルが病的なまでに膨らんだのは，次の2つの経済要因によると考えられます．すなわち，

①有限責任制（limited liability）のもとでの**モラルハザード**（⇒用語解説）

②銀行をはじめとする金融機関に対する健全経営規制（prudential regulation）の不徹底

です．

まず①について考えてみましょう．有限責任制とは投機に失敗して売り値から買い値を引いた純収益がマイナスになったとき，マイナスになった部分の損失を免れ，純収益を0とできるという経済制度のことです（担保の存在は簡単化のために無視しています）．有限責任制の本来の趣旨は，債務者が借金を支払えなくなったとき，その損害を局限し再び立ち直ることができるためのものでした．しかしバブル時代の投機家は，この制度を悪用し，投機の儲けは隠匿し，負けたらどこかに逃げてしまおうという人が少なくなかったのです．

例を挙げて考えましょう．確率$\frac{1}{2}$で10だけの収益があがり，確率$\frac{1}{2}$で10だけの損失が生ずる投資対象を考えましょう．するとこの資産の予想収益の期待値は，

224

9.3 経済危機の序曲としての 1990 年代

$$\frac{1}{2} \times 10 + \frac{1}{2} \times [-10] = 0$$

で 0 となります．期待収益が 0 であるという意味で，この資産のファンダメンタル・バリューは 0 ということになります．

しかし有限責任制のもとでは 10 だけの損失があっても免除され，この場合の収益は 0 となりますから，有限責任制のもとでの当該資産の期待収益は，

$$\frac{1}{2} \times 10 + \frac{1}{2} \times [0] = 5$$

だけの収益をあげることになります．つまり本来何の価値もない資産が，有限責任制のもとでは正の価値を持ちうるのです．私たちはこれを「バブル現象」と名付けることにしましょう．つまり悪いことが来ても（ダウンサイドリスクと呼びます），それによって生じた借金が棒引きされてしまうために，良いことしか考えなくなり，経済全体でリスクに対する態度が必要以上の緩和してしまうことによって，「バブル現象」は発生するのです．

このような「バブル資産」への投資が熱を帯びるのは，銀行などの金融機関の投資対象への監査・検査が甘く，こうした危険極まりない資産への投資を抑制できなかったことに大きな原因があると考えられます．これを②で挙げた，健全経営規制の不徹底と呼びます．実際この 1990 年代後半までの時代では，「護送船団方式（⇒用語解説）」と呼ばれる大蔵省の金融機関への強い保護行政の名残があり，金融機関側にも言うとおりにしていれば最終的には「お上」が何とかしてくれるという安易な融資態度があったことを否めない事実です．

9.3.2 バブルの帰結

ここでよく考えなくてはならないことがあります．上のバブル資産では，**大数の法則**（⇒用語解説）から購入した人の半数が実際に −10 だけの損をしており，有限責任制のもとで，この「ツケ」がどこかにまわされているという事実です．民間部門ではこれを引き受ける主体はありませんから，公的部門すなわち政府が引き受けざるをえません．不良債権の買い取り・金融機関への公的資金注入は金融機関の背負った「ツケ」の肩代わりであり，この時期の毎年年間約 30 兆円に及ぶ公共投資は，建築・土木・不動産業など金融機関と同じく

225

第9章 日本経済の繁栄と危機の歴史

「バブル」で大きな損失を出した産業へのインプリシットな補償なのです.

しかし上で述べたように，アジア金融危機が発生する1997年までの日本経済は，内心に不良債権の大きさがいかばかりかという，大きな不安を抱えながらも，繁栄していました．これはなぜでしょう．それには2つの要因が考えられます．まず1つには，バブル資産（建物を含む）を高値で売り抜けた企業・個人の所得が飛躍的に増加したことが挙げられます．第6章で学んだように，所得の上昇は消費を刺激します．この結果6.1節で学んだ乗数効果を通じて，さらに所得を押し上げます．この合計は国民1人当たりで測って，**限界消費性向**（⇒用語解説）を c とするならば，

$$\frac{1}{2}\times10\times[c+c^2+c^3+\cdots]=5\times\frac{c}{1-c} \tag{1}$$

となります．ここで $\frac{1}{2}\times10$ は1回限りで結果がわからないバブルという名の合法的な賭けの期待値ではなく，実際に実現した1人当たりの利得です．この両者が等しくなることは，大数の（弱）法則によって正当化されます．この定理についての詳細は，章末の補論を参照してください．

しかしバブルの経済拡大効果は，これには留まりません．不良債権買い取りや損失補填の意味を込めた浪費的な公共事業の拡張が，増税によって賄われるものでないとすると（実際日本でもアメリカでも，そうではありませんでした），国債の追加発行によるか，あるいは国債を若干の迂回路を通じて（一時的に市中銀行に購入させ買い戻す）日銀に引き受けさせるかしか術がありません．ここで例として用いているバブル資産から実際にあがる収益は，大数の法則から，0ですから，損失補填のための貨幣・国債を合計した追加的な流動性の供給額は，国民1人当たり $\frac{1}{2}\times10$ となります．経済全体ではこれに対応するだけの貯蓄が形成されなければ，財・サービスの需給は均衡しませんから，結局乗数効果を考えることによって，

$$\frac{1}{2}\times10\times\frac{1}{1-c}=5\times\frac{1}{1-c} \tag{2}$$

だけ1人当たりGDPが上昇することがわかります．

ここで強く留意すべきは，(2)式で表されるバブル損失補填のための，言い換えればバブル崩壊の事後処理のための流動性注入効果が，(1)式に対応する

226

9.3 経済危機の序曲としての1990年代

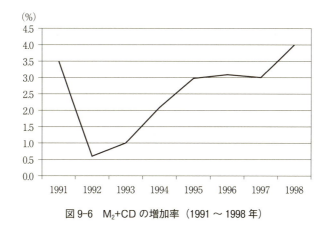

図9-6　M$_2$+CDの増加率（1991〜1998年）

バブルそのものの経済押し上げ効果より必ず大きいということです．1990年代が，多くの日本国民にとってそれほど「悪い時代」ではなかったというのは，まさにこうしたバブル崩壊の後処理のための財政規律の弛緩とそれに伴う金融緩和によるところが大きいのです．

　ではこの様子を，実際のデータに基づいてトレースしてみましょう．データはすべて日本銀行のホームページから採取したものです．それに先立ち統計の見方について1つ注意事項を述べておくことにします．それは「水準」(level)で見るか「率」(rate)で考えるかという問題です．もともと M 円だけのものが，1年間で g パーセント増えたものとします．すると1年後には，$M[1+g]$ だけになり，「率」では g ですが「水準」は Mg だけ増えたことになります．したがってもとの数字 M が大きいときには，増えた額は膨大となります．したがってつねに「率」だけでなく，「水準」をも意識して考えることが大切になります．

　たとえば図9-6は，M$_2$+CDの1991年から1998年の増加率を描いたものです．1992年の金融引き締め期を除けば，ほぼ3パーセント前後で増加しています．大した金融緩和には見えないかもしれません．これに対し図9-7はその現数値（水準）をグラフにしたものです．なんと1990年から1998年の8年間で，約110兆円ものM$_2$+CDが増加していることがわかります．図9-4から明

第 9 章　日本経済の繁栄と危機の歴史

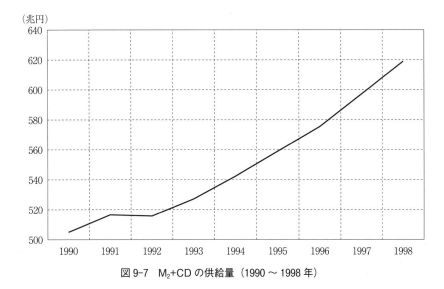

図 9-7　M_2+CD の供給量（1990 ～ 1998 年）

図 9-8　コールレートの動き（1990 ～ 1999 年）

9.3 経済危機の序曲としての 1990 年代

らかなように，すでにバブルのピークの 1990 年には M_2 の供給量が急速に膨張しており，さらにそれを大幅に超えて貨幣供給量が増加したことは，驚嘆すべき事実です．つまりこの時期には大幅な金融緩和がなされていたのです．事実，**図 9-8** を見れば明らかなように，コールレート（翌日渡し・無担保）は 1991 年を境に大幅に低下し，5 年後の 1996 年には現在の 0 パーセントに近い水準にまで低下しています．

　このように「水準」と「率」で大きく印象が異なるのは，現数値（水準）の値が大きいからです．M_2+CD の残高はバブルで膨らんだ 1990 年時点で，すでにほぼ 500 兆円あります．大まかに考えて，これが 8 年間年率 3 パーセントで増え続ければ，単利で計算して

$$500 \times [1 + 8 \times 0.03] = 500 \times 1.24 = 620$$

となり，ほぼ 1998 年の水準に達します．このように現数値（水準）が大きな値をとるときには，増加（減少）率でだけで考えるのではなく，現数値（水準）そのものも考慮に入れて分析する必要があるのです．

　水準ではなく，増加率だけ見ようとすると，現実を過小評価しかねない落とし穴がもう 1 つあります．それは複利計算の恐ろしさです．複利とは利子が利子を生むことを考慮に入れる計算方法のことです．たとえば，年利 10 パーセントで 100 万円を 10 年間借りたとすると，**複利計算**（⇒用語解説）によれば満期時には，

$$100 \times [1 + 0.1]^{10} (万円)$$

だけ返済しなければなりません．これがどのぐらいの額になるか，第 10 章で学ぶ二項定理（287 ページ参照）を用いて近似計算してみましょう．すると二次の項まで展開してみると

$$100 \times [1 + 0.1]^{10} \approx 100 \times \left[1 +_{10} C_1 \times 0.1 +_{10} C_2 (0.1)^2 \right]$$
$$= 100 \times \left[1 + 1 + 45 \times 10^{-2} \right] = 100 \times 2.45 = 245 (万円)$$

だけ支払わなくてはならないことがわかります．10 パーセントで 10 年借りれば利息が 100 パーセント付く（このような計算を単利計算と呼びます）だけと思

第9章　日本経済の繁栄と危機の歴史

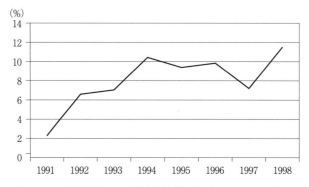

図 9-9　政府債務合計の対前年比増加率（1991〜1998年）

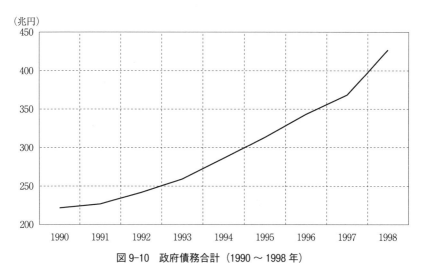

図 9-10　政府債務合計（1990〜1998年）

いがちですが，10パーセントほどの高利となると，利息が利息を生んで，もう45万円も余分に返さねばならなくなるのです．このように成長率・上昇率だけで経済を見ると，事実認識にバイアスがかかる危険性が高いのです．

　図 9-9 は政府債務合計（この統計は概ね財務省理財局の「国債および借入金並びに政府保証現在高」に一致しているようです．内閣府の「国民経済計算」では「一般政府負債」は2014年度で約1200兆円に上ります）の対前年比増加率です．1991年の増加率を除いた平均は，8.8パーセントです．先ほどの複利計算の恐

230

9.3 経済危機の序曲としての1990年代

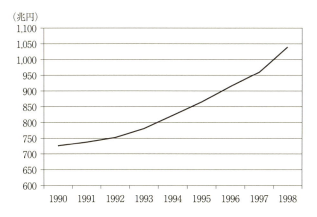

図 9-11　M$_2$+CD+ 政府債務の合計（1990〜1998年）

ろしさを知らなければ，この数字が何を意味しているかは，経済学を学び始めたばかりの人には判然としないでしょう．そこで図 9-10 に移ってみましょう．この8年間に政府債務が爆発的に増加していることがわかります．1990年には約220兆円だったものが，8年後の1988年には約430兆円とほぼ倍増しているのです．

　より広い通貨の指標としては，「広義流動性」という概念がありますが，データが最近のものしかないので，その代理として，M$_2$+CD に政府債務合計を加えたものを考えてみましょう．これが図 9-11 に描かれています．1990年には約720兆円だったものが，1998年には約1040兆円にまで激増しています．この間の平均増加率は，約4.7パーセントです．

　これだけ膨大な流動性がわずか8年の間に経済に注ぎ込まれたわけですから，日本経済に大きな影響を与えざるをえません．冒頭で述べたように毎年30兆円に及ぶ公共投資は，重要度の低い農道や漁港に注ぎ込まれ，バブルで大きな損失を負った関連産業への事実上の損失補填として充当されました．しかし本項で述べたように，流動性膨張の影響はそれには留まりません．図 9-8 で示されたように，バブル崩壊後金利は急速に低下しました．バブル時代の高金利で負債を負った金融機関・企業・個人にとっては長期的に低利で借り換え（あるいは不良債権処理）の絶好機でした．しかし借り換えによって返済を受けた取

第9章　日本経済の繁栄と危機の歴史

引相手には余剰資金が発生せざるをえません．言い換えれば，借り換え資金に
あたる M_2 がそのまま取引相手の貯蓄に振り替わらなければなりません．一般
に余剰資金が貸し手にそのまま残ることは考えにくく，国民経済的に考えれば，
余剰資金は乗数効果を通じて，所得を増大させます．それによって総貯蓄が増
加しなければ，モノ不足になって財市場の需給バランスが保たれないからです
（第5章の5.4節で学んだように，貯蓄が消費の増加関数であることを思い出しま
しょう）．このように，1990年代の M_2 の大幅な増加は，景気の下支えをしてい
たと考えることができます．問題は，特に金融機関の負った損害が，情報開示
の不完全性と相俟って，どれほど巨額であるかがきわめて不分明で，この時代
はつねに金融の**システミックリスク**（⇒用語解説）の不安を抱えていたことに
あります．

　同様に公共財としてのサービス効果がどれほど有効か疑問を持たざるをえな
い巨額の公共投資にも，いま述べたような副次的効果があります．つまりこう
した公共投資には，迂回的な損失補填という面があるだけでなく，**図9-10**に
見るように公債の増発という側面があります．増発された国債はだれかの貯蓄
の一部とならねばなりませんから，総貯蓄が所得の増加関数であることから
（第5章5.4節参照），所得も上昇することになります．すなわち，いわゆる乗数
効果です．もしこうした動きが経済に起きないとすると，貯蓄不足，逆から言
えばモノ不足が起きて，財市場の需給がバランスしません．1990年から98年
にかけての公的債務残高の上昇が，上で見たように，200兆円を超えるもので
あることを鑑みると，公的債務の副次的な景気維持効果は，かなり大きかった
と考えられます．

　このように，金融・財政の両面からの損失補填と副次的な流動性の膨張によ
って，1990年代の大半は，経済危機の予兆とそれへの不安を秘めながらも，
表面的には，大半の日本人には「悪い時代」ではなかったのです．その証拠に
図9-12を見てください．**図9-12**は1990年から1998年にかけての名目GDP
の上昇率が描かれています．1998年に−2.0パーセントのマイナス成長，実額
に直すと11兆円ほどのGDPの落ち込みが目立ちますが，これはすぐ後でお
話しする経済危機顕在化の端緒となった，アジア金融危機とその日本国内への
波及によるものです．しかしそれを除けば，成長率は平均で2.7パーセント

9.4 危機の顕在化

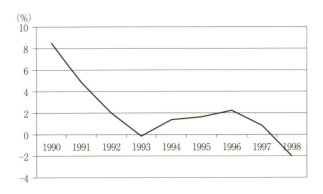

図 9-12　名目 GDP の上昇率（1990〜1998 年）

（バブル最盛期の 1990 年の成長率 8.6 パーセントが強く影響していることは否めません．これを除くと約 1.9 パーセントになります），実額では 60 兆円ほども経済の規模は拡大しています．ですから，バブルが崩壊して直ちに日本経済が失速したと考えるには，明らかに無理があるのです．

9.4 危機の顕在化

9.4.1　アジア金融危機と国内経済への波及

　しかし現在の日本人ほどではないにせよ，1997, 98 年当時の日本人の心底にも，除きがたい不安がありました．特にバブル崩壊による金融機関の保有不良債権の額がどれほどのものに上るかが，おそらく金融当局さえも正確には把握できておらず，その証拠に，不良債権の開示・預金保険機構を通じた金融機関への**公的援助**（⇒用語解説）やその返済計画も後出し的で，一般国民には容易に理解できるものではなかったのです．こうした状況の中で，日本のその後を大きく変える経済的なショックが，アジアからやってきました．1997 年 2 月に端を発するアジア金融危機です．タイがその初発国となりましたが，それには留まらず，インドネシア・マレーシア・フィリピンそして韓国にまで伝播しました．

　アジア金融危機のすべてを各国共通の要素で説明することは少し無茶ですが，

第9章　日本経済の繁栄と危機の歴史

大まかには次のことが大きな原因となっていると考えられます．これらの国々は外国からの直接投資によって国の工業化・近代化を図ってきました．1990年代前半には『東アジアの奇跡』（世界銀行による命名です）と呼ばれるほどの成果をあげてきたのです．そうした政策を実行するには，金融上で国際的信用を勝ち得る必要がありました．先進国が安心してお金を貸してくれるためにです．そのために，為替レートを最も信頼のある通貨であるドルとある一定の交換比率で固定するという政策をとっていました．しかし通貨の信用を得ようと

コラム 24　金本位制

　金本位制では，まず参加各国が，金1オンスに対するその国の通貨の交換比率を固定します（金平価・parity）．そして無条件に金と通貨の交換を保証します（兌換紙幣：現在の通貨のほとんどは金と交換できない不換紙幣です）．この2つのサブシステムから，金本位制というシステムはできあがっています．つまり，第5章で学んだことの復習ですが，通貨が流通するには，人々がそれ自身の固有の価値を信じなければなりません．国家の徴税能力に裏打ちされた不換紙幣よりも，産出量がきわめて限られてかつそれ自体が宝物として価値を持つ金に裏打ちされた兌換紙幣がより高い固有の価値を持つという，素朴な信仰に基づくシステムが，金本位制なのです．ちなみに，現在の先進国では，ECより厳密にはユーロ圏を1つの国とみなすと，この対極にある不換紙幣どうしの変動レート制をとっています．変動レート制では互いの通貨の交換比率（為替レート）が，通貨の需給を均衡させるように為替レートが決まります．

　昭和恐慌（1930年）は，前年に金本位制に復帰したばかりの日本が，アメリカで起きた大恐慌（1929年）によって，その主力商品であった絹製品の売り上げが極度の不振に陥り，輸出が激減したことに端を発します．これに加えて経常収支が赤字になったため，実質的に大量の金が流失しました．すると，それに比例して紙幣を減らさざるをえません．このため銀行は，企業から融資を引き揚げることになります．運転資金に窮した多くの企業は倒産せざるをえなかったのです．これが昭和恐慌に対する標準的な理解です．

9.4 危機の顕在化

するあまり，この交換比率が過度に割高で（つまり1ドルと交換するのに必要な自国通貨があまりに過小で），輸出に不利に輸入に有利に設定されていました．したがって経常収支はつねに赤字で，国外からの借金が増え続ける構造に悩まされていました．

それならば，最初から，交換比率を下げれば（為替レートを切り下げれば）よいではないかという声が聞こえてきます．しかし，固定レート制にせよ金本位制にせよ，為替レート（金本位制では金平価）をドル（あるいは金）に対してできるだけ高く固定すると，表面上にせよ，その国の通貨の価値があるように見えるので，政治的な誘惑が付きまとい（国家としての威信），なかなかそうはいかないものなのです．つまり通貨の切り下げは，国家の威信の失墜あるいは政治の失敗とみなされがちで，なかなか実行できないものです．

さて，投資をする先進国の方も，堅実な内容のものばかりでなく，開発に伴う地価の上昇を狙っての満期の短い投機的な資金も多額に上っていました．アジア金融危機の初発国であるタイでは，この傾向がことのほか顕著でした．すでに学んだように，投機ブームは必ず崩壊します．タイの土地市場もご他聞に漏れず，1997年の初頭には地価は急激に下落を始めます．外人投資家は直ちに資金を引き上げようとしましたから，彼らのドル買い需要にタイ政府は応えることができず，タイの通貨であるバーツは，固定レート制から変動レート制への移行を余儀なくされました．この結果バーツは，ドルに対して大幅に減価し（大幅なバーツ安・ドル高となり），ドルで資金を調達しバーツで土地投機をしていたタイ国内の金融機関の多くは破綻するか窮地に陥らざるをえませんでした．無論，経済は不況に落ち込みました．

為替レートを実力以上のレートでドルに固定して，無理に国際的信用を得ようとしていたのは，インドネシアなどの他国も同類でした．したがってタイで上述の金融パニックが起きると，これら各国が海外から借り入れていた大きな負債が，本当に返済可能であるかという強い疑惑の念が次々と生じました．この結果上記の東アジア各国から，一斉に外資が引き揚げられたのです．これはローカル通貨売り・世界通貨であるドル買いの怒涛のような圧力を生み，外貨（ドルといってもよいでしょう）準備が枯渇に瀕した各国は次々に，外国為替取引を均衡させるように為替レートが決定される変動レート制へと移行せざるを

235

第9章 日本経済の繁栄と危機の歴史

えなくなりました．この結果著しくドルは騰貴し，ドル建てで国内に資金を引き入れ，地域通貨で貸し出し・投資していた現地の金融機関は，タイと同じように経営に窮し，破綻が相次ぎました．

こうした一種のパニックというべきアジア金融危機の煽りを受けたのが，日本の金融機関です．この項の冒頭でも紹介したように，当時の日本はバブルの残滓である不良債権（特に注目されたのは金融機関保有分）がどれほどのものかについて，情報開示が不十分だったこともあり，大きな不安が渦巻いていました．それに火をつけたのが，アジア金融危機だったのです．なかでも以前から不安視されていた，大手の山一證券，北海道拓殖銀行，日本長期信用銀行，日本債券信用銀行は預金の引き出しや資金繰りに窮し，経営破綻しました．このような戦後経験したことのなかった大手金融機関の相次ぐ破綻は，さらなる警戒心と悲観的見通しを惹起し，非金融企業の設備投資行動や家計の消費行動がきわめて慎重になり，先に紹介したようにGDPは，ピークの1997年の約520兆円から2年間で，約19兆円年率換算で約 −2.0 パーセントの落ち込みを見せています．これがアジア金融危機の日本国内への波及であることは疑いもありません．この1997年の520兆円という水準を日本経済が一時的にせよ取り戻すのは，2007年になります．こうした意味で真の「バブル崩壊」は1990年あるいは91年と考えるよりも，1997年あるいは98年と考えるのが，現在から振り返れば妥当なのかもしれません．

9.5　今世紀に入っての日本経済：新自由主義とケインズ派の妥協

9.5.1　新自由主義とケインジアンの確執

ケインズの経済学とアメリカンケインジアンのそれは大いに異なります．ケインズはイギリスの自由党の熱心な支持者で，自由党に関係する雑誌に多くの寄稿を遺しています．ケインズの自由は，新自由主義の自由とは異なり，第8章でも紹介した日本の夏目漱石や石橋湛山が唱えたものとほぼ同一です．人間が社会を作ってしか生存できないという意味で社会的動物であることをわきまえたうえで，その秩序を乱さない限りにおいて自分の意志を通すことのできる権利を指します．しかし社会が構成員みんなのためにできていることを考えれ

236

9.5 今世紀に入っての日本経済：新自由主義とケインズ派の妥協

ば，私的利益を超えた共通利益というものが存在します．第5章・第6章で論じた貨幣はまさにその典型と言えます．こうした共通利益を守り高めるためには，個々人にそれを委ねるわけにはいきません．この結果，政府や中央銀行のような集権的意思決定を下す期間が必要になります．こうした民と官が同居する経済は，混合経済と呼ばれます．

　このケインズの思想が，特に第二次世界大戦後アメリカで大きな影響を持つことになります．しかし彼らは，仏作って魂入れずではありませんが，ケインズの自由という思想よりも，経済計画ということに魅了されます．ケインズが好まなかった計量経済学が，これまた物価水準の動きを説明できないIS/LM分析という換骨奪胎されたケインズ理論をコンピューターで推計する形で，大いに栄えることになります．推計された経済構造をもとに，たとえば経済成長率をどれほどにするにはいかなる政策が必要かを考えたわけです．ここには「善は状況に応じて変化するので一般的には定義できない」とした同じケンブリッジ大学のムーアの影響を受けたケインズの自由主義の人間的豊かさは消え去り，経済を1つの機械と見ようという工学的な発想が前面に押し出されてしまっています．

　しかしこれも1960年代の非人間的とも言うべきベトナム戦争を端緒として，一変します．それまでのアメリカは順調でクラインを嚆矢とするケインズ型の経済モデルの予測はよく当たっていました．しかしこれはデータがみな右肩上がりであったための見かけ上の相関にしかすぎなかったのです．経済が低迷しデータが横ばいで波打つようにとなると，大型の計量経済モデルへの不信が募りだしました．そこに現れたのが，異端者であった新自由主義者の教祖ともいうべきミルトン・フリードマンです．

　垂直のフィリップス曲線は1969年のアメリカ経済学会の会長公演 'The Role of Monetary Policy' を *American Economic Review* に起こしたもので，拡張的な経済政策（特に金融政策）はインフレを昂進するだけで，何の益にもならないという趣旨であり，政府の市場介入を悪と決めつけた非常に影響力の強い論文です．（垂直のフィリップス曲線とは，縦軸にインフレ率を横軸に失業率をとったとき，**図9-13** の *PP* 線のように，垂直な直線が得られることを指します．フリードマンはマネタリストですから，貨幣供給量が増加するとそれに比例して物

第9章　日本経済の繁栄と危機の歴史

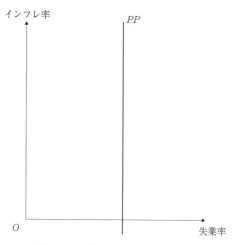

図 9-13　垂直のフィリップス曲線

価が上がると考えます．そして労働者は，こうして起きるインフレを予期して，賃金交渉に臨むとします．するとインフレ分だけ賃金を上乗せして要求するために，企業が直面する相対的な人件費である実質賃金（財の単位で測った賃金）は不変に保たれるので，失業が増えることはないという結論に達します．以上をまとめると，貨幣供給量を増やしてインフレを加速しても失業率には影響がないわけですから，図 9-13 の PP 線のように垂直な直線が得られるわけです）．これに追い打ちするように経済そのものの構造を推定することをあきらめ予測力を高めることを目的とした時系列解析が計量経済学では一大流行となりました．1972 年にクリストファー・シムズが 'Money, Income and Causality' という論文で，名目貨幣残高と名目 GDP の 2 変数の時系列モデルで，名目貨幣供給量から名目 GNP への「因果関係」があるとは言えないと示したことは，**マネタリズム**（⇒用語解説）を裏付ける論文として，大きな影響を持ちました．しかし「因果関係」というのは，日本での「超××方」と同様なネーミングの勝利で，実際は変数間の先行・遅行関係を「因果」と名付けたにすぎないのです．同じ 1972 年にはロバート・ルーカスが 'Expectations and the Neutrality of Money' で，貨幣数量説を 2 期間世代重複モデルによって理論的に証明したと信じられました．このことの仔細は本書のレベルを大きく超えますので省略しますが，読者のみ

9.5 今世紀に入っての日本経済：新自由主義とケインズ派の妥協

なさんは第5章・第6章の貨幣経済モデルも同じ構造を持っていることを是非思い起こしてください．

いずれにせよ，こうしたいろいろな深刻な問題を抱えた社会において，政府や規制などない方が良い・強者が弱者を虐げて何が悪い，それは自由だろうという横暴な議論が罷り通っても，それはある種自然の流れともいえるのではないでしょうか．フリードマン夫妻の『選択の自由』（1983年）は，この種の非人間的な新自由主義を巧みに吐露した著作としてみなすことができるでしょう．

しかし現実は，アメリカンケインジアンの描く静学的な世界でもなければ，政府がなさねばならぬ仕事があること，そして金融政策が良きにつけ悪しきにつけ意味を持つことは，火を見るよりも明らかでしょう．私の見るところ両学派とも現実を理解するには寸足らずで，本文でお話ししたような妥協が成り立っているのではないでしょうか．私はジョーン・ロビンソンは苦手ですが，彼女を真似れば「経済学第三の危機」とでもいうことになるでしょう．

9.5.2　小泉内閣の「構造改革」：協調の失敗？

アジア金融危機とそれに伴う景気後退は，日本人の心に大きな影響を与えました．バブルの後始末が後追い的で不明瞭だったことは，これまでの日本企業・政府のあり方に大きな疑問を生じさせました．9.2.1で1980年代の企業経営は，企業内部の「情報生産」が活発であったことが日本の優れたパフォーマンスにつながったことを論じました．しかしアジア金融危機を境に，この考え方は逆転してしまいました．すなわちこのような経営方針のもとでは，内部の情報が十分に開示されず，逆に問題を先延ばしし深刻化させる可能性が高いとみなされました．したがって社員個人の役割・責任を明確に分割する経営方針が重視されるようになったのです．

しかしこのような考え方は，企業の存在理由を根本から揺さぶる危険な考え方であるといえます．ノーベル賞受賞者のロナルド・コースは，企業（組織）の存在理由として市場で解決できない問題を解決できることに求めています．市場では価格だけが情報として提供されます．企業が単なる人と機械の寄せ集めであり個人の業績が各々に分解可能であるとするなら，こうした新しい考え方，すなわち，チームとしての業績・責任ではなく，個人としてのそれを重視

第9章 日本経済の繁栄と危機の歴史

する考え方も一理あるかもしれません．しかしながら，明らかに現実はその逆です．つまり企業におけるそれぞれの「仕事」は重なり合っており，一方が手を抜くと他方が大変な迷惑をこうむるというのが，つねです．言い換えれば，企業内の「仕事」は一般に分割不能です．

　市場メカニズムは個々の成果が最終的に分割可能であるときに，本来の機能を発揮します．自分の働きが周りの社員に迷惑をかけたりあるいは利益になったりする影響がない場合に限り，自分の貢献を賃金（価格）のみによって評価することが望ましいのです．したがって，社員一人一人を切り離して競争させようという経営戦略は事態を改善するとは言えないのです．問題は企業内の効率的な情報の生産・共有ということが，企業の社会的責任という別の問題と一緒くたに論じられていることです．確かに企業内の情報生産・共有が盛んになることは，社員の私的なつながりが密になりがちです．これが度を過ぎると，企業の社会的責任と企業の効率的経営（企業内部の論理）の間に軋轢が生じ，バブルの後始末のように不透明でかつ大変な資源と時間が必要とされるのは事実でしょう．

　しかし角を矯めて牛を殺すの喩えがあるように，企業という情報のネットワークのかたまりを，社員どうしの目先の競争によってばらばらにしてしまうことは，かえって生産効率を下げることになりかねません．自分のライバルに「勝つ」ためには，自分が得た情報を相手と共有することなど思いもよらないからです．これはまさにゲーム理論の「協調の失敗」に対応します（第3章の3.4節を参照してください）．会社の仕事仲間が協力しないで個人プレーにはしるならば自分もそれに従い会社全体の業績も低下しますし，逆にみなが協調し合いチームプレーに徹するならば自分も大勢に従い，情報の流れが良くなり，会社の業績も好転するというものです．

　今世紀に入って小泉内閣のもとでなされた「構造改革」は，「規制緩和」とも呼ばれる広い範囲にわたる競争促進政策でした．平たく言えば，「なれあい」を排しフェアーに競争するというのが，「構造改革」の眼目でしょう．このような世相になったのは，市場ではない，集権的な意思決定を下す組織（企業・公官庁など）が「なれあい」・「もたれ合い」が，バブル経済を生きながらえさせた温床であるという見方が支持されたからです．

240

9.5 今世紀に入っての日本経済：新自由主義とケインズ派の妥協

さて具体的には，労働市場の競争促進の名のもと「職業安定法」，「派遣労働者法」が段階的に緩和され，2003年には全雇用者のうち90パーセントを占めた正社員が，10年後の2013年には60パーセントまで低下しています（厚生労働省総務局「労働力調査」）．そして両者の間には約200万円もの年収の違いがあるのです（40歳男子高卒：同省「賃金構造基本統計調査」）．後に議論するように，この賃金の不平等は日本の労働者どうしの競争というよりも，日本の主たる直接投資先である東アジア諸国の労働者との間の目には見えない競争によるところが大きいと考えられます．

2000年には「大規模小売店舗法」が廃止されました．この法律は，中小の小売業者を売り場面積が圧倒的に広い大規模な小売業者から保護するために，設置されていたものです．廃止された理由は，「効率の悪い」中小の店舗を大規模店舗と公正に競争させるというものでした．しかし私たちは，その顛末を地方の都市に見ることができます．みなさんが目にする地方都市の荒廃したシャッター街は，昔は活気のある商店街だったのです．自家用車が手軽なものとなり道路が整備された現在では，郊外にある大規模店舗に客が集中し，現在の悲しむべき姿があるのです．街全体のアイデンティティや市民のつながりというものを考慮に入れたとき，大規模小売店舗法は本当に「効率」を高めたといってよいのでしょうか．私にはこの問題は自明とは思えません．みなさんも考えてみてください．

ちなみに「構造改革」の基礎となった考え方を，「新自由主義」(neoliberalism)と呼びます．つまり人間社会には規範・モラルというものは不要で，その金力や権力がどうあれ，個人が思うがままに振る舞うこと，言い換えれば，弱肉強食の世界こそが秩序であるという考え方がそれに当たります．すでにわれわれは，第2章「物々交換経済における市場の働き」で学んだように（2.5.2を参照してください），このように欲望を無制限に開放しても，あるいは何の規範もモラルも前提とせずに競争を促しても，経済がうまく機能するのは，非常に限られた場合であることを知っています．さらに第5章・第6章「貨幣経済の世界」で，貨幣経済では基本的に市場メカニズムは機能不全であり（市場は失敗し），集権的な（collective）意思決定が必要であることも明らかにされています．したがって経済理論的には，「新自由主義」という考え方には首を傾けざるを

第9章 日本経済の繁栄と危機の歴史

えません。その典型的な例は項を改めて紹介しましょう。

9.5.3 ばく大な対外直接投資の発生と経済の空洞化

労働市場の規制緩和は，企業側の解雇権を実質的に強化することになりました。つまり派遣社員やパート労働は任期が定められた有期雇用です。したがってこれらのいわゆる非正規社員は正社員とは異なり，任期が満了し継続して雇用する必要がなければ，何の法的問題もなく，雇用を調整することができるのです。

雇用調整の簡単な例を挙げてみましょう。海外に工場を建てる代わりに，国内の工場を閉めることを考えます。すると定年が来た正社員を補充せず非正規社員で代替し，それが十分に進んで正社員の比率が下がったら，工場を閉めて残った正社員に他の工場へ移ってもらえばよいのです。このように労働市場の規制緩和は，東アジアの低賃金を求めた企業の対外直接投資を盛んにしました。この傾向は今世紀に入ってとみに顕著です。対外直接投資が毎年どれだけの額に及ぶかを直接知ることはできませんが，大まかに計算してみましょう。

内閣府の「国民経済計算」によれば，2005年もほぼ10年後の2014年も国内の設備投資は約70兆円で変化がありません。しかし経済産業省の「海外事業活動基本調査」によれば，国内投資に対する海外投資の比率は2005年には約20パーセントだったものが2014年には約30パーセントに上がります。したがって，差し引き毎年約7兆円の投資機会が新たに国外へ流出したことになります。実に膨大な額の直接投資がなされ，かつそれが増え続けている様子がうかがえます。

さて上のようなプロセスで，対外直接投資がなされたとしてみましょう。すると新工場の立地先の国では，無論雇用が増えます。しかし日本では，非正規社員の雇用機会が奪われていることがわかります。また投資機会が流出することから総需要が減少し，乗数効果によって，さらに景気が停滞し雇用も減少します。このように対外直接投資は，国内の工場だけでなくそれに関わる雇用をも減少させます。これを「経済の空洞化」(economic hollowing) と呼んでいます。この面だけ取り出せば，対外直接投資は日本経済に対して好ましからざる影響を与えるのです。

9.5 今世紀に入っての日本経済：新自由主義とケインズ派の妥協

しかしこれには次のような反論が考えられます．海外で低賃金を梃に十分利益をあげえているならば，それは日本経済の利益になるのではないかという反論です．確かにそうした議論は論理的には成り立ちえます．しかし統計を見ると国内法人の売上高利益率 4.1 パーセント（財務省「法人企業統計」，製造業：2007-2014 年平均）であるのに対し，海外法人のそれは 4.7 パーセントです（「海外事業活動基本調査」）．この違いをどう評価するかは微妙なところですが，少なくとも多くの人が考えているほど，海外の現地法人は儲かっていないことは確かでしょう．

さらに大きな問題があります．通貨の違いすなわち為替レートの変動の問題です．東アジア圏では中国の人民元で取引決済がなされることが多いのですが，人民元はほぼドルにペッグされていますので（人民元とドルとの為替レートがほぼ一定ですので），ここでは相手方の通貨をドルで考えましょう．すると現地であがった利益を本社に送ろうと思うと次の問題が発生することがわかります．つまり単一の企業が送金する場合には，外国為替市場で取引されている外貨の量から比べきわめて小さい額なので，為替レートは変化しません．しかしながら，多くの企業が決算期などに一斉に送金しようとすれば，大量のドルが売られ円が買われますから，為替レートは円高に推移します．起きた円高によって送金の円建てでの価値は目減りし，企業は為替差損をこうむることになります．これは 1 つの経済主体がある行動をとることとすべての経済主体が同じ行動をとることでは，その帰結が異なるという，いわゆる「合成の誤謬」（fallacy of composition）が発生していることを意味します．

となると企業の最初の思惑とは異なり，本社への送金は為替レート変動の「壁」に阻まれ容易ではないことがわかります．日銀統計によれば，2007 年から 2014 年の間に為替レートは平均年間 3 パーセント円高になっています．したがって製造業の海外現地法人の円建てでの売上高利益率は，先ほどの「海外事業活動基本調査」から，

$$4.7 - 3 = 1.7 (パーセント)$$

したがってこのような状態では，税務会計上の必要性がある場合を除き，日本にある本社への利益の送金をためらわざるをえないというのが，実情でしょう．

第9章　日本経済の繁栄と危機の歴史

実際「海外事業活動基本調査」や関連の文献によると，国内法人に比べて海外現地法人の内部留保比率が著しく高いことがわかります．ここで内部留保とは利益から配当・税の支払いを差し引いたもので，当期会社の中に新たに積み立てられた金額を指します．つまり間接的な証拠ではありますが，本社に為替レートの「壁」に阻まれて送金できない利益が，現地に溜まっていると考えることができます．

　先ほど売上高利益率は国内法人と海外現地法人でもあまり変わらないということを明らかにしました．そのうえで為替レートの「壁」に阻まれて，海外現地法人の日本国内への利益還流は容易でないことを論じました．これらを総合して考えると，対外直接投資の新たな市場を獲得するための拠点を作るという良い点よりも，経済の空洞化というマイナス面が大きいと言えるのではないでしょうか．

　一般に「協調の失敗」は，それを促すことを本来の役割とする政府や財界の機能が十分に発揮されていないところに端を発します．経済の空洞化は，貨幣経済に特有の現象です．第5章・第6章で学んだように，貨幣に固有の価値があると人々が信じているとき（これが一般的な場合ですが），物価は硬直化し財の需要の減少は，供給の減少そして失業につながります．対外直接投資は，国内の設備投資を減少させるだけでなく，職をなくした家計の消費を減らすので，景気を低迷させます．一方海外で稼得された利潤は思うように還流できれば国民の懐を潤すはずですが，為替が自国通貨高になるために思うにまかせません．したがって経済を縮小する効果の方が拡大する効果よりも大きい可能性が高いのです．

　しかし，ここまで海外直接投資が進んだ現在，一体どうしたらよいのかという問いが発せられることは自然です．多くの企業の現地法人は実績をあげており，それを無にするのは乱暴ではないか，第一それは絵空事であるという批判です．この問いに対して私は，問題はこれからだと考えています．海外現地法人の規模が大きくなるほど（海外に蓄積した資本が大きくなるほど），そこからあがる収益は大きくなります．すると日本国内への送金は，為替レートの「壁」に阻まれて，一層困難となることが容易に予想されます．つまり私の言いたいことは，計画的で戦略的な内外投資比率と対外直接投資のペースを協議する公

244

9.5 今世紀に入っての日本経済：新自由主義とケインズ派の妥協

コラム 25　設備投資の社会化とは

　先ごろアメリカ大統領に就任したトランプ氏の主張にも，自国の利益の尊重，多国籍企業がアメリカ国内で雇用を増やすことへの政治的圧力が含まれています．この本の記述にも共通するものがあることは事実です．しかし私はそのために，政治的・軍事的威嚇や制裁を用いることは民主主義に反すると考えます．公明正大な対話によって世論を高めねば，とうていこうした設備投資の社会化は成し遂げることができないと考えます．ちなみに設備投資の社会化は，文脈は少し異なりますが，ケインズのたびたび強調したところであり，手近なところでは『一般理論』の第 12 章の末尾にその記述があります．

的機関を設けるべきであるということに集約されます．雇用不足と低賃金に悩む地方（これは過疎のもっとも大きな原因です）への再立地を大変重要なことだと考えています（新自由主義の信奉者は「好んで地方に住んでいるのだから，何の問題もない」と言いそうですが）．

9.5.4　超低金利時代の財政・金融政策

　これまでは財・サービスの供給側，それも主として労働市場における規制緩和の影響をお話ししてきました．そこでの基本的理念は，個人や個別企業の優勝劣敗の競争を盛んにしようという，いわゆる新自由主義の考え方にありました．では財・サービスの需要すなわち総需要管理政策としての財政・金融政策はどうだったのでしょうか．紹介しましょう．

　まず今世紀に入っての政策の理念を整理します．この時期のマクロ経済政策の特徴は，教科書的な意味での徹底したケインズ政策です．ここで教科書的というのは，総需要を喚起し経済を刺激する財政・金融政策の副作用を，深く省みないという意味です．第 5 章・第 6 章で学んだように，ケインズ経済学は，政府が集権的な意思決定により市場経済を補正・コントロールしなければ，国民の生活の安定が図れないという考え方に立脚しています．第 2 章の 2.5.2 と

245

第9章　日本経済の繁栄と危機の歴史

2.5.3 で論じたように物々交換経済では理想的な状況のもとで効率的な資源配分を達成しますが，貨幣経済は一般にその保証はないからです．しかし今世紀に入っての大きな流れとなっている新自由主義の考え方は，それとは正反対で，激しい競争を喚起し，市場の働きを妨げる多くのものを退けるべきであるという考え方をとります．そして優れた安価な製品の供給は，それ自体が需要を創り出すので，政府の総需要管理政策は百害あって一利なしとします．つまりミクロでの「構造改革」の考え方とマクロでの積極的なケインズ政策の間には，本来，論理的に大きな飛躍があるのです．

　ではこの飛躍をつなぐ要素は何なのでしょうか．ここでヒントになるのが，「構造改革」の時代に盛んに叫ばれた「官から民へ」というスローガンです．公的機関がする仕事を代わりにする民間企業が増えれば，そうした企業の多くは少なくとも短期的には大いに潤うはずです．なぜならば，民間企業は利益（あるいは株価）を最大にすることが主な目的ですが，政府あるいはもっと広く公的部門には，そういった利潤動機が許されていないからです．

　確かに，このような動きを一概にとがめることはできません．民間でできること・してよいことは，そうした方が良いからです．しかし都市計画や関連するインフラストラクチャーなど，個々の企業だけはバラバラになってしまってまかせられない計画的で集権的な意思決定が必要な分野はたくさんあります．こうした分野に無駄が多いとするならば，それはお金儲けの動機によって解決できるものではありません．つまり利潤動機だけで経済を活性化させ，市民の生活水準が上がるわけではないのです．「構造改革」で行われた土地の容積率の緩和（土地に，より高い建物が建てられるようになることです）は，都市計画の重要な部分を，まさに「官から民へ」移行したものですが，不規則かつ無機的に高層ビルが立ち並んだ現在を考えると，金銭的利益，すなわち総需要の創出を除いた効果には，疑問なしとはしません．

　このように，ミクロでの規制緩和の考え方は，マクロでの総需要喚起政策の側面を持っているものもあります．つまり現在の経済政策は，新自由主義者と教科書的ケインズ主義者の妥協の上に成り立っているとみなせます．規制緩和論者に多い新自由主義者は，総需要管理政策が必要であることを認めているという点で，ケインズ主義に妥協しているのです．先ほどの労働市場での規制緩

9.5 今世紀に入っての日本経済：新自由主義とケインズ派の妥協

和に話を戻せば，政策当局は雇用形態の多様化によって，日本経済の競争力を高めることを目指していたと言えます．そして供給サイドを固めておいて，拡張的な財政・金融政策で景気を刺激して経済を立て直そうと考えたわけです．しかし2008年の「リーマンショック」（大不況：Great Recession）という日本には制御できない外的な混乱もあり，結果は働くものの賃金を押し下げ消費を減らし，アジア金融危機の衝撃から立ち直りかけていた日本経済は，再び不況の底に落ち込むことになりました．ちなみに内閣府の「国民経済計算」によれば，2008年から2009年にかけて，雇用者報酬は約11兆円，民間最終消費は10兆円，GDPが30兆円も低下しています．2014年現在のGDPは480兆円で，リーマンショック直前の2007年の約510兆円に回復するには，まだだいぶ努力が要ります．

　以上述べたような新自由主義と妥協したケインズ経済学の考え方が，政府の財政・金融政策にまで及んだのが，今世紀に入ってのマクロ経済運営の大きな特徴となっていると考えられます．図9-8に見られるような徹底した低金利政策は，あまり効果があがっていませんが，国内の設備投資を刺激するためになされた目的があったと考えられます．しかしいま1つ見落としてはならないこ

コラム26　リーマンショック

　リーマンショック（英語ではGreat Recessionといいます）とは，アメリカの大手投資銀行リーマンブラザーズが，倒産したことを期に起こった金融パニックのことを指します．サブプライム・ローンという低所得者向けの住宅ローンが，次々と転売され，また小口にして投資信託受益証券（いろいろな証券を混ぜ合わせて作った金融商品で，それらの証券からあがる配当や評価益を受け取る権利があります）に混ぜ込まれていたために，低所得者が住宅ローンを払えなくなり，そして抵当に入っていた住宅そのものが低い価値しか持たないことがわかると，サブプライム・ローンは破綻しました．これにはモノラインと呼ばれる格付け会社が，サブプライム・ローンに関連した証券に高い評価（格付けといいます）を与えていたことが原因です．

第9章　日本経済の繁栄と危機の歴史

とがあります．低利で国債が発行できるということは，逆から言えば，額面金額ではなく市場で取引される国債価格が高く維持できるということを意味します．金融機関が発行された国債の大半を保有しているのが，日本経済の現状ですから，高価格の国債は金融機関の保有する資産価値を高め，経営を助ける働きがあるのです．

　このように国債を低金利・高価格に据え置くためには，日銀がオープン・マーケット・オペレーション（買いオペ）によって，市中銀行からかなりラジカルに国債を買い続けなければなりません．このもっとも極まった政策が，2012年に成立した第二次安倍内閣のもとでとられている「異次元金融政策」なのです．図 9-14 から明らかなように，M_2 という貨幣の定義のもとで，2012年からのわずか3年間で，100兆円もの貨幣が増えていることが見て取れます．低金利で国債の発行が許されると，政府の財政の均衡を保とうとする（歳出と歳

コラム 27　マイナス金利政策

　2016年から実施されたマイナス金利政策について簡単に紹介しておきましょう．市中銀行は，日銀に当座預金を持っています（略して日銀当預と呼びます）．これは最低でも預金のある一定割合だけ保有することが義務付けられています（法定準備）．これを上回る日銀当預を過剰準備と呼びます．日銀当預に金利を付けることは例外的な措置としてしか認められていません．

　ところで日銀が市中銀行から国債を買うと，その見返りとして，日銀当預に代金が振り込まれます．しかし大企業の銀行離れが進んだ現在，この代金を貸し出しにまわすことが難しくなっています．そこで銀行が国債を売ってもよいと思えるように，しばらくの間過剰準備に，プラスの金利が付いていました．これが変わって，2016年に入って過剰準備の一部にマイナス金利が適用されるようになったのです．マイナス金利とは，預金を持っていると増えるどころか，逆に金利を引かれることになります．

　その目的は，銀行に滞留した資金を少しでも市中の貸し出しにまわそうところにあるのでしょうが，効果は現在のところはっきりしません．

9.5 今世紀に入っての日本経済：新自由主義とケインズ派の妥協

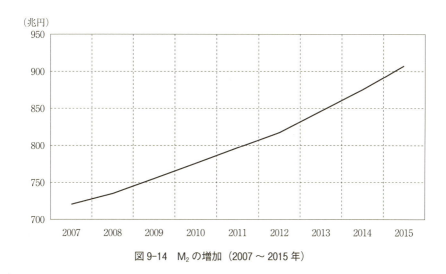

図 9-14　M_2 の増加（2007 〜 2015 年）

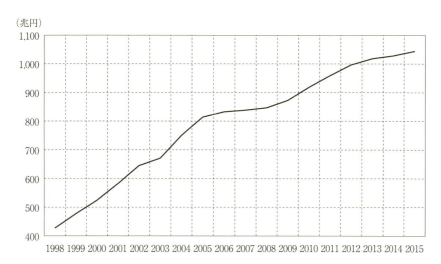

図 9-15　公的債務残高（1998 〜 2015 年）

第9章 日本経済の繁栄と危機の歴史

入がバランスすること）意識（これを財政規律と呼びます）が低下します．金利が低いために，安易に借金に頼ろう（国債を増発しよう）とするからです．実際，図9-15に見られるように，日銀統計によれば公的債務残高は今世紀に入って加速的に増加し，1998年には450兆円程度だったものが，20年弱で約1050兆円と倍以上になっています．この原因は9.1節で述べたように，人口の高齢化に伴う，社会保障費の増大が大きな影響を与えていると考えられます．

国債に代表される公的債務は，国に信用がある限り借り換えができますから，そのすべてを返す必要が出ることは，ほとんどありません．しかしながら，現在の日本のGDPの2倍を明らかに超えている，公的債務はあまりに多すぎます．市民が，国が返せないのではないかという疑念を持ちかねない水準にある，ないしは少なくとも近づきつつある，と私は考えます．したがって市民に安心して国債を持ってもらえる程度には，公的債務を減らす必要があるのではないでしょうか．

ところで公的債務を返済するには，その資金を得るために増税せざるをえません．増税は公債が発行された同世代でなされるなら，発行の利益と償還のための税負担が相殺して，後の世代に負担が残ることはありません（リカードの中立命題）．しかし現在の日本の状況では，将来世代が償還のための税負担を負わざるをえません．9.3.2で学んだように，公債が老年世代に償還されるとそれが消費支出に回るために，景気が良くなる効果があります．

では増税によって若年世代の可処分所得が低下し彼らの消費が減る効果と，どちらが大きいのでしょうか．第5章・第6章を予備知識に，公債増発前の経済と計算して比較しましょう．まず公債の償還額（若年世代への増税額に等しい）を ΔT としましょう．さらにこれに伴う公債発行前と比較したGDPの変化を Δy とします．すると財市場の均衡条件から，

$$\Delta y = c\left[\Delta y - \Delta T\right] + \Delta T \tag{3}$$

という式が得られます．c は消費性向です．(3)式の左辺はGDPの増加分を表しています．それが右辺第1項の可処分所得の変化に伴う若者の消費の変化と第2項の老人の消費の増加（老人は国債の償還を受ける分だけ公債増発前の老人に比べて豊かであることに注意してください）に等しいことが，式全体で表現さ

9.5 今世紀に入っての日本経済：新自由主義とケインズ派の妥協

れています．これを Δy について解くと，

$$\Delta y = \Delta T \quad \Leftrightarrow \quad \Delta y - \Delta T = 0 \tag{4}$$

という重要な式が導かれます．つまり公債償還時に生まれた若者の経済的豊かさを示す可処分所得は，公債発行前の若者と変わらないのです．(4)式は増税分だけ GDP が増加することを指し示しています．

では公債の発行は，次世代に何の負担も残さないのでしょうか．残念ながらそんな魔術のようなことはありません．公債発行前後で若者の可処分所得は変化しませんが，それを維持するために GDP は上昇します．GDP が増えるということを供給側から考えると，たくさん働かねばならないことを意味します．つまり公債の発行前の世代と同じ豊かさ（同じ可処分所得）を得るのに，よりたくさん働かねばならないのですから，公債発行後の世代は経済的に不利になるのです．これは公債を返すための税金を賄うために，たくさん働かされるからにほかならないのです．この意味で公債の発行は，必ず将来世代の負担となります．

したがって世代間の公平性という観点からすると，ケインズ経済学的に考えても，公債残高の増加は望ましくありません．自分の利益のためなら何をしても良いという新自由主義的な考え方を個人ではなくより広く世代という単位で捉えるなら，自分の世代の利益になるなら後に遺される人たちを省みる必要がないという主張につながります．経済が停滞しているときに刺激策は当然のことのように見えますが，それが長期にわたると，その費用は必ず後に続くだれかが支払わねばならないのです．以上の事実と理論を踏まえると，現在の日本でのケインズ政策は，新自由主義者との妥協のうえに成り立っていると考えるのが自然です．

9.5.5　なぜインフレは起きないのか：貨幣数量説との訣別

最近はあまりメディアが取り上げなくなりましたが，ほんの少し前までは，「デフレ脱却」で経済論壇は一色になりました．中には 1930 年に起きた「昭和恐慌」になぞらえて，日本は底知れない不況の底に沈んでいくと煽動する向きもあったほどです．昭和恐慌では 1929 年の消費者物価水準を 100 としたとき

251

第9章　日本経済の繁栄と危機の歴史

に31年までの2年間で20パーセント（年率10パーセント）も物価が下落しました（一橋大学経済研究所『長期経済統計』）．では現在はどうなのでしょう．10年平均の消費者物価水準（総務省統計局）の上昇率は，1980年代で1.8パーセント，1990年代で1.0パーセント，2000年代で-0.3パーセント，2010年代（2016年まで）0.4パーセントとなっています．ここからすでに明らかなように，昭和恐慌と現在のデフレとまではいかないまでもマイルドなディスインフレーションは，まったく深刻さも違いますし，原因も異なります．

　もっとも大きな違いは，外国為替制度にあります．昭和恐慌時代は金本位制に復帰したばかりの頃ですが，現代は金と兌換できない不換紙幣に基づく変動レート制です．金本位制は一国の保有する金と流通通貨が直接結びついていました．したがって輸出が不振に陥ると，外国へ金が流出し，流通させることのできる通貨が減少します．昭和恐慌は1929年に起きたアメリカの「大恐慌」（Great Depression）が引き金になりました．当時の日本は農業国で主としてアメリカに生糸や絹織物を輸出して，必要とされる輸入を賄っていました．そのアメリカ経済が極度の不振に陥ったので，輸出が著しく落ち込み貿易収支の赤字とともに金の流出が起き，流通通貨の極度の収縮が起きたのです．銀行は貸した資金を無理やり回収せざるをえませんでした．返済のため繊維業者・農家は著しく安い値段で製品を投げ売らざるをえなくなりました．この結果激しいデフレーションと残酷とまで言える深い不況の谷に日本経済は落ち込んだのです．言い換えれば，第5章・第6章で学んだように，貨幣はそれ自身への「信頼」によって定まります．金本位制は金への信頼によって成立しているわけですが，生糸・絹製品の価値に比べて，金への「信頼」があまりに深まったために（深まらざるをえなかったために），金に比べて財・サービスが安くなるというデフレーションが起きたと考えられます．

　21世紀の日本はどうでしょうか．昭和恐慌とはまったく対照的に現代の日本は超金融緩和状況にあります．また変動レート制のもとでは，輸出が減ると外貨の需要が供給を上回ってしまうために円安となり，輸出を回復させ輸入を抑えることにより，経常収支を均衡させる力が働きます．したがって豊富な外貨準備と相俟って，輸入代金支払いのために外貨が枯渇する心配もまずないといってよいでしょう．以上の意味で，昭和恐慌と現代の経済は対極に位置する

252

9.5 今世紀に入っての日本経済：新自由主義とケインズ派の妥協

のです.

ではなぜ 9.5.3 で学んだほど貨幣が経済に注入されているのに, インフレが起きないのでしょうか. 1つの大きな要因は, 第6章の 6.6 節と 9.5.3 で学んだことを復習すればわかります. つまり仕事の不可分性を軽視した新自由主義に乗った経営方針は, 「協調の失敗」を生起し, 労働生産性を低下させると考えられます (9.5.3). 事実, 名目労働生産性は日本生産性本部によれば (『日本の労働生産性の動向 2016 年版』), 今世紀に入って停滞ないしは低下しています. すると第6章の 6.6 節で学んだように, 潜在的な供給能力が縮小するわけですから, それに見合って財・サービスの消費も減る代わりに貨幣への需要が増える必要があります. そのためには, 貨幣保有がより有利になる必要があり, ディスインフレ・デフレが発生しうるのです. つまり労働生産性の停滞・低下は, 消費を抑制する効果を持ちます.

もう1つ大きな要因があります. これほどに金融が緩和されても, 依然, 貨幣にあつい「信頼」があることです. 貨幣に「信頼」がないとき, この本では「貨幣数量説」が成立していると考えます. 「貨幣数量説」は流通している貨幣 (名目貨幣供給量) M_t に比例して, 物価水準が決定されるという考え方で, 式で表せば,

$$p_t = \frac{M_t}{\kappa}, \ \kappa は正の定数 \tag{5}$$

ということになります. この考え方によれば, 貨幣自身に固有の価値 (「信頼」) はなく, 貨幣がいくら増えても物価水準が上昇するので, それで買えるものは κ にしか過ぎないことになります. 言い換えれば, 貨幣には固有の価値がなく, それを増やしても物価が上昇するだけだという考え方をするわけです. この考え方に立つ限り, 今世紀の日本経済の動きを捉えることはできません. いま流行のニューケインジアンと呼ばれる人たちも, 根本的にはこの考え方に縛られています. なおニューケインジアンの大まかな考え方については, 補論1を参照してください.

第5章・第6章では「貨幣数量説」の考え方を排して, 貨幣を持っていればある市場価格のものでいくらでも財・サービスが買えると考えてきました. このように考えると, 次のことが言えます. すなわち, 国債まで含めた貨幣 (広

253

第9章　日本経済の繁栄と危機の歴史

義流動性と呼びます）が増加したとき，それを引き受けるだけの貯蓄が形成されるには，貨幣を持っていることが有利にならねばなりません．したがって貨幣を持ち越すと，より安く財・サービスが買えるようになる必要がありますから，ディスインフレ・デフレが起きることになるのです．

以上をまとめれば，

（i）労働生産性の低下・停滞

（ii）貨幣に対するあつい「信頼」のもとでの「広義流動性」で定義した貨幣の大量供給

が，現在の物価動向を支配している経済要因であると考えるのが，より自然に思えます．しかしこのとき重要なのは，貨幣への「信頼」が無限定のものではないということです．特に貨幣供給量が経済の潜在的な生産力をあまりに大きく上回ってしまうと，市民に貨幣を持っていても財・サービスに代えられないのではないかという疑念を生じさせかねません．

こうした疑念が生まれ流布されると，貨幣数量説がよみがえることになります．このとき財が足りないとのパニック下で，大変なインフレーションが起きる危険性が高いと懸念されます．実際に日本でも，高度成長期末の1973年から1974年にかけて「**狂乱物価**（⇒用語解説）」という高率のインフレーションを経験しています．当時は健全財政の時代でしたから何とか乗り切れましたが，現在の日本には1000兆円を超す公的債務が蓄積されています．一般市民の預金の多くは銀行を通じて公債によって運用されています．こうした状況では，生活を守るために高率のインフレが襲ってくるのを，力を尽くして避けねばなりません．そのためには，これまで述べてきたように，

（i）社会保障費をはじめとした歳出をできるだけ抑制すること

（ii）人口減少に備え公債を減らすこと（減債といいます）を始めること．

（iii）そのためにはかなりの増税を受け入れなければならないこと．

が重要であると，私は考えます．いずれも受け入れがたいことかもしれませんが，高率のインフレーションから身を守る方が，私たち市民に資するところが大きいと思います．

補論 1　ニューケインジアンの考え方

　ここでは大まかに小さなところへ目をつぶって，ニューケインジアンの考え方を紹介します．この学派の第 1 の特徴は，価格の改定に時間が必要とされるということを仮定することです．したがって仮定により，名目貨幣供給量が変化しても物価は直ちには完全に反応せず，名目貨幣供給量を物価で割った実質貨幣残高が上昇します．第 2 の特徴は，第 5 章・第 6 章での理論とは異なり，効用関数の中に実質貨幣残高が導入されていることです．つまり金持ちになると，それ自身が個人の幸せに貢献すると考えます．

　さてこの議論をもとに，具体的に考えてみましょう．この経済には 2 つの異なった財を作る企業が 1 つずつ（企業 1 と企業 2）存在するものとします．そこで少々乱暴ですが，それぞれの企業の直面する需要曲線を，

$$x_{it} = -\frac{p_{it}}{P_t} + \frac{M}{P_i}, \quad P_t \equiv \frac{p_{it} + p_{jt}}{2} \tag{A.1}$$

としましょう．(A.1)式は，企業 i への第 t 期の需要 x_{it} が自分の提示する製品価格 p_{it} と一般物価水準 P_t の間の相対価格の減少関数であり，実質貨幣残高 $\frac{M}{P_t}$ が上昇し金銭欲がみたされると物欲も刺激されるために増加することを意味しています．

　計算を簡単にするために，これらの企業の目的は売上最大化であると仮定します（これは議論の本質を変えるものではありません）．すると売り上げは，

$$p_{it}x_{it} = p_{it}\left[-\frac{p_{it}}{P_t} + \frac{M}{P_i}\right] \tag{A.2}$$

となります．したがって最適な価格決定ルールは，各企業が一般物価水準への影響を無視して価格付けするとするなら（読者はこの二次関数の最大化問題を解いてみてください），

$$p_{it}^* = \frac{M}{2} \tag{A.3}$$

であることがわかります．そして当初経済は，いわば静止状態で，(A.3) 式が企業 1, 2 について成り立ち，(A.1)式から双方の生産量がともに 1 の状態にお

第9章　日本経済の繁栄と危機の歴史

かれていたと想定します.

さてここで第 t 期に一度だけ貨幣供給量が, M から $\bar{M}$ に増えたとしましょう. そしてこの時点で製品価格を変えることができるのは, 企業1だけだとします. 企業2が改訂できるのは, その次の期であるとします. すると企業1は(A.3)式のルールに従って,

$$p_{1t}^* = \frac{\bar{M}}{2} \tag{A.4}$$

に製品価格を引き上げます. しかし企業2は仮定によって価格を変えられませんから, 総需要は, (A.3), (A.4)式を(A.1)式に代入することによって,

$$x_{1t}^* = \frac{\dfrac{M}{2}}{\dfrac{1}{2}\left[\dfrac{\bar{M}}{2}+\dfrac{M}{2}\right]}>1, \ x_{2t}^* = \frac{\bar{M}-\dfrac{M}{2}}{\dfrac{1}{2}\left[\dfrac{\bar{M}}{2}+\dfrac{M}{2}\right]}>1 \ \Rightarrow \ x_{1t}^*+x_{2t}^*>2 \tag{A.5}$$

であることが確認できます. つまり企業2が価格を改定できないために, 実質貨幣残高が上昇し, 金銭的欲求がみたされた結果それが今度は物的欲望を刺激し需要を高めるのです. このように製品価格の改定に「遅れ」があり金銭そのものに対する欲望が存在すると, 貨幣供給量の増加は, 一時的に経済に拡張効果を持ちます.

しかしこれもその場限りの効果です. 次の期になると企業2が企業1がしたように, (A.3)式のルールに基づき, 価格を変更するからです. 言い換えれば, 企業2の第 t 期の生産量は, 売上高を最大化するには過大だったのです. 第 $t+1$ 期には企業2も(A.4)式の価格を付けますから, 物価水準 $\frac{1}{2}\left[p_{1t+1}+p_{2t+1}\right]$ が上昇し, 金融政策は効果を失います. 実際に計算してみると,

$$x_{1t}^* = \frac{\dfrac{\bar{M}}{2}}{\dfrac{1}{2}\left[\dfrac{\bar{M}}{2}+\dfrac{\bar{M}}{2}\right]}=1, \ x_{2t}^* = \frac{\dfrac{\bar{M}}{2}}{\dfrac{1}{2}\left[\dfrac{\bar{M}}{2}+\dfrac{\bar{M}}{2}\right]}=1 \ \Rightarrow \ x_{1t}^*+x_{2t}^*=2 \tag{A.6}$$

となり, 物価水準だけが上昇し経済は再びもとの静止状態に戻ることがわかります. 注意を喚起しておきたいのは, ニューケインジアンの人たちが盛んに主張するように, インフレを起こせば景気が良くなるわけではないことです. 彼

256

ら自身の理論でもインフレは「結果」であって，景気を良くする「原因」とはなりえないのです．

最後に確認しておきたいのは，企業 2 の価格の改定に遅れがあるから，一時的に金融政策は効果を持つのであり，そうでなければ，両企業とも同時に(A.3)式のルールに従って価格を変えるので，貨幣は実体面に影響を持たないということです．これは名目貨幣供給量の増加により比例的に物価水準が上昇するという意味で，9.5.5 で学んだ「貨幣数量説」が成り立っているにほかなりません．つまりニューケインジアンも，長期的には貨幣数量説が成立していることを認めており，価格の改定に遅れが存在している短期にのみ，金融政策は有効であると考えているわけです．

補論 2 大数の（弱）法則の証明[*]

ある互いに独立の試行の j 回目の結果（実数）を X_j と書くことにします．さらにこの試行の n 回目までの平均を S_n とします．すると，

$$S_n \equiv \frac{X_1 + X_2 + \cdots + X_j + \cdots X_n}{n} \equiv \frac{\sum_{j=1}^{n} X_j}{n} \tag{A.7}$$

となります．ここで，一度きりの試行に適用される累積密度関数を $F(X_j)$ とすると，期待値 μ は $E[X] \equiv \int X_j dF(X_j)$ で表されます．また各試行の分散 $\sigma^2 \equiv \int [X_j - \mu]^2 dF(X_j)$ は有限であるものとします．なお累積密度関数 (cumulative distribution function) $F(X_j = \bar{X})$ とは，一度きりの試行において X_j の値が $\bar{X}$ 以下になる確率を表した関数です．先ほどのコイン投げの累積密度関数は図 9-16 のようになります．

このとき，大数の（弱）法則は，試行の回数 n が増加するにつれて S_n が μ と隔たる確率がいくらでも小さくなることを主張する定理です．さて証明にかかりましょう．

まず

---

[*]　この補論は少し難しいです．深い興味のない人は読み飛ばしてもかまいません．

第9章 日本経済の繁栄と危機の歴史

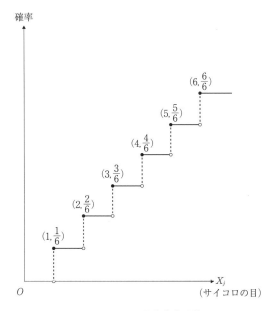

図 9-16　累積密度関数

$$E\left[\left|\frac{S_n}{n}-\mu\right|^2\right]=\frac{\sigma^2}{n}\geq\int_{\left|\frac{S_n}{n}-\mu\right|>\varepsilon}\int\cdots\int\left|\frac{S_n}{n}-\mu\right|dF(X_1)dF(X_2)\,Fd\cdots(x_n)$$

$$\geq\varepsilon^2\int_{\left|\frac{S_n}{n}-\mu\right|>\varepsilon}dF(X_1)dF(X_2)\cdots dF(X_n)\quad\Leftrightarrow\quad\frac{\sigma}{n\varepsilon^2}\geq\Pr\left(\left|\frac{S_n}{n}-\mu\right|>\varepsilon\right)$$

となります．ここでしたがってある任意に固定された ε について，$n\to\infty$ で上式の左辺はいくらでも小さな値をとりますから，

$$\lim_{n\to\infty}\Pr\left(\left|\frac{S_n}{n}-\mu\right|>\varepsilon\right)=0$$

となり，題意が証明されました．

$\int_{\left|\frac{S_n}{n}-\mu\right|>\varepsilon}dF(X_1)dF(X_2)\cdots dF(X_n)$ は厳めしい形をしていますが，大まかに言えば，$\left|\frac{S_n}{n}-\mu\right|>\varepsilon$ をみたす S_n の範囲での密度関数の積分ですから，S_n が $\left|\frac{S_n}{n}-\mu\right|>\varepsilon$ となる確率を表していることになります．なお $\Pr(X\leq\overline{X})$ は X が $\overline{X}$ 以下となる

確率を表しています.

! 要点の確認

・1980 年代の日本

1970 年代中頃からの 10 年間の日本経済は,「安定成長期」と呼ばれ, 現在を含めて, 第二次世界大戦後, もっとも繁栄した時期でした. ただしここで言う繁栄とは, 必ずしも物質的な豊かさばかりを意味するものではありません. 実際このころは, スマートフォンやインターネットはもちろん, パソコンでさえ一般向けのものではありませんでした. また GDP も現在のおよそ $\frac{2}{3}$ 程度のものでした.

しかしこの時期の多くの日本人は, 自分たちの将来を明るいものと確信していたことが, 現在と大きく異なるところです. この時代背景としては, アメリカでかなり無理をした景気拡張政策がとられていたことの裏側として日本の対米輸出が非常に好調だったこと, また中国・インドをはじめとした大国がまだ発展途上にあり, 日本にとって有力な競争相手ではなかったことが挙げられます.

・繁栄を支えた経済構造

ほとんどの人が定年まで安心して勤められる「終身雇用制」, 大過なく勤めていれば同じ年齢であればほとんど同じ賃金がもらえる「年功序列賃金」, 産業ごとではなく 1 つ 1 つの企業ごとに作られた「企業別組合」を総称して,「日本的雇用慣行」と呼んでいました.

「日本的雇用慣行」の特性をまとめて言うなら, 会社に勤めている社員どうしの距離が近く, いまから比べると, 互いの意思疎通がずっと密であり続けられるような仕組みだったということができます. 意思疎通が密で容易であるということは, チームワークが必要な産業では, とても大事なことです. みなさんからすると, 煩わしいと感じるかもしれませんが, そうしたチームワークの中での競争こそが, 日本経済の繁栄を支えていたのです.

・バブルはなぜ起きたのか(きっかけ)

日本経済を語るとき, バブルとは 1980 年代後半から 1990 年代初めまでの, 異様な土地・株式の値上がり現象を指します. バブルの予兆はすでに 1980 年代前半からありました. 主としてアメリカへの輸出によって潤った企業が,「特金」や「ファントラ」と呼ばれる投資信託によって, 設備投資よりも金融商品でより多くの利益をあげていたのです. この現象を「財テク」と呼んでいました.

・バブルはなぜ起きたのか(原因 1)

こうした流れを決定付けたものが, 1985 年の「プラザ合意」です. これによって円はドルに対して, ほぼ 2 倍の価値を持つようになりました. 言い換えれば, アメリカでの日本製品の価格は, ほっておけば 2 倍になって, 売り上げが激減する危険にさらされたわけです. 日銀は金利(コールレート)を, 当時としてはきわめて低い

第9章 日本経済の繁栄と危機の歴史

水準に据え置くような政策をとりました．こうすると，円でお金を運用するよりドルで運用した方が有利になりますから，円が売られドルが買われます．円のドルに対する価値が上昇する（為替レートが円高になる）ことを，少しでも食い止めようとしたわけです．

しかしこの副作用として，日本経済全体で，きわめてお金を借りやすい状況が生まれてしまいました．つまりお金を借りて，それで土地や株式を買い，値上がり益で儲けようという土壌が形成されたのです．

・バブルはなぜ起きたのか（原因2）

日本の金融業は1990年代半ばまで，「護送船団方式」という手厚い保護行政のもとにありました．大蔵省（現財務省）の指導のもと，もっとも経営効率の悪い金融機関でも存続できるような仕組みになっていたのです．こうした行政は，自分だけが出すぎないようにみな同じことをしている限りにおいて，何かトラブルが起きても，最終的には官庁が救ってくれるという横並び意識を，金融機関に強く植え付けました．

したがって上で論じたように，日銀が低利でいくらでもお金を貸してくれ土地や株式に投機しやすい状況では，こぞって金融機関が投機している限り，地価や株価が値下がりし失敗しても，政府が救ってくれるという甘い見通しがはびこり，バブルは膨れ上がったのです．これは第4章で学んだモラルハザードの典型です．

・バブルの崩壊過程

地価・株価が一般の人が手の出る範囲を大幅に超えたために，最終的な買い手が見つからなくなり，1990年を境にバブルは崩壊しました．バブルという幻想が打ち砕かれる契機を作ったのが，1989年後半からの急激な金融引き締めと1990年3月の大蔵省による総量規制です．

バブルは基本的にはゼロサムゲームですから，いまでは想像できないほど儲けた人たちがいる代わりに，地価・株価の暴落によって，膨大な借金を返せなくなる企業・個人が続出しました．またこうした経済主体にお金を貸したり自らも投機していた金融機関は，いっぺんに経営が苦しくなりました．いわゆる不良債権の大量発生です．

景気を支えるために，また人々の不安を一時的であるにせよ解消させるために，国による不良債権の買い取りや大変積極的な財政政策（公共投資）が1990年代を通じてなされました．これが現在の天文学的な公債の累積問題の始まりです．しかし1997年にアジア金融危機が起きるまでは，ほとんどの日本企業・日本人は，かなり楽観的な生活を送っていました．

・バブル崩壊の帰結：東アジア金融危機

それまでずっとくすぶっていたバブル崩壊による不良債権問題は，1997年のアジア金融危機によって一気に表面化しました．東アジアの発展目覚ましい経済（韓国・タイ・インドネシアなど）の抱える根深い問題への疑念が，日本にも向けられたの

260

です．山一證券・北海道拓殖銀行・日本債券信用銀行など大手の金融機関までが軒並み倒産し，全国を緊張が奔り，都会の繁華街にさえ人がまばらになるほどでした．再び発動された大規模な景気回復策により，日本経済は辛うじて，奈落の淵に沈まずにはすみましたが，この事件は日本人のその後の行動様式を大きく変える転換点となりました．読者のみなさんの多くは，こうした時代に生まれ物心ついたのです．

・バブル崩壊の帰結：小泉内閣の構造改革

アジア金融危機以前の個人間・組織間のつながりを重視する「日本的経営」・「日本的雇用慣行」は，互いの癒着を生み問題を隠蔽したり先送りしたりする土壌を生むということで，逆に否定的な評価を受けることになりました．こうした時期に前後してなされたのが，2001 年に成立した小泉内閣による構造改革です．組織として（チームワークで），新しい技術や優れた製品を生み出してきた日本経済の構造を，個々の企業・個人の間の情け容赦ない競争によって改革しようというのが狙いでした．そしてそのスローガンは，「規制緩和」と「官から民へ」というものでした．

私たちは，2000 年の大規模小売店舗法の廃止および 1997 年からの職業安定法と派遣労働者法の段階的緩和に，その典型を見ることができます．これらの規制緩和は，それが意図されたものではないにせよ，地方都市の衰退や労働所得の不平等の拡大に無視できない影響を与えたと考えられます．

・バブル崩壊の帰結：視野の短期化

みなさんの日常を少し落ち着いて振り返ってみれば，明らかだと思いますが，いまの日本はすぐに結果や効果が求められる世情になっています．ゆっくり力を貯めて積み上げてとか，時間をかけてよく考えてとか，みんなの気持ちを思いやってということは，逆に能力のない証拠だと誤解されがちです．これはどこから来たのでしょうか．

私の見るところ，これはバブルに由来するところが大きいと感じます．本文中で見たように，バブルはわずかの時間で膨大な利益が発生しうることを，日本人の脳裏に深く焼き付けました．これが先のことを深く考えずに，とりあえずの結果を急ぐ風土を作り出した大きな要因でしょう．1990 年代にバブルの後始末が遅れ，アジア金融危機により深刻な経済停滞を招いたのも，将来を考えずにうわべだけでも経済がうまくいっていればよいという視野の短い考え方によるものです．また小泉内閣の構造改革も，20 世紀後半の組織を単位とした日本的な意思決定を，すべて否定する考えで急速に実行されましたが，従来のやり方がどうしてまずくなったかを，十分に分析し考え抜いたうえでのことではありませんでした．わかりやすく言えば，これまでとまったく反対のことを徹底的にやれば，うまくいくという単純で将来に十分な配慮のない考え方によるものでした．構造改革の考えは，自民党と民主党の政権交代の影響を受けることなく，現在まで引き継がれています．

・現在の日本：いまのままであり続けられるか

いまの日本経済は繁栄期の 1980 年代から比べても，十分に豊かになっています．雇

第 9 章　日本経済の繁栄と危機の歴史

用の流動化（非正規社員の割合が高くなっていること）に伴い，所得分配の不平等がかなり進んでいますが，押しなべて見れば，特に大学へ子供たちを自らの収入で進学させることができる家庭の人たちは，40年前に比べ物質的にずっと富んでいます．したがっていまの生活に満足している人も少なからずいることは，何ら不思議ではありません．

しかしみなさんが，自分の親御さんと同じ年になったときに，同じ生活ができるでしょうか．この章ではこの40年ばかりの日本経済の歴史を綴りましたが，だいぶ世の中のありようが変わったことに気づいてもらえたと思います．日本は現在，公的債務の累積問題や急速な少子高齢化問題を抱えています．こうした経済問題が，みなさんの将来にどう関わってくるかをよく学び考え，社会や自分のあり方をよく考えてみましょう．

📖 文献ガイド

橋本寿朗（1995）『戦後の日本経済』岩波新書 398
　　▷著者は日本経済史の大家で惜しまれて早く亡くなりましたが，私は直接に多くのことを学びました．本書は著者を知るものからすると，やや「優等生的」と思えなくもありませんが，戦後直後から1990年代までの日本経済史が簡潔にまとめられ，この章より前の日本経済のことを知りたい人にはうってつけです．特に序の「私の経験から見た戦後経済」は当時を活写しており，強く薦めます．

堀内昭義（1998）『金融システムの未来：不良債権問題とビッグバン』岩波新書 545
　　▷金融論の大家の手による，1990年代日本の金融市場の混乱とそのあるべき収拾策を描いた書物です．著者は金融機関の経営の規律付けとして，市場メカニズムの貫徹を提起しています．現在から考えると信じがたいかもしれませんが，1990年代までの日本の金融機関は多くの規制を受け，同時にその見返りとして多くの補助金（実際には目に見えないものも含む）を得ていたのです．初学者が日本の金融史を知るうえでは，欠かせない一冊．

フレデリック・アレン（1993）『オンリー・イエスタディ・1920年代アメリカ』藤久ミネ訳，ちくま文庫
　　▷第一次世界大戦の終わった直後の1920年代のアメリカを，流麗な文章で，淡々と語った名著です．日本語訳も名訳です．1920年代のアメリカと100年近く後の日本を生きる私たちと，何の関係があるのかと不思議に思うかもしれません．しかし戦争というだれもが望まない残虐と1990年代初めまでのバブルという日本の悪夢を重ね合わせて見たとき，人間が正気を失ったとき何が起きるかを，垣間見られるのではないでしょうか．アレンはそれを市井に生きるごく普通の人の立場に立って，見事に描いています．

第10章
数学の基本を学ぼう

　この章は中学生で学ぶ一次関数から始めて，数Ⅱ，数Ⅲに出てくる微分の基礎を理解することを目的としています．もちろん網羅的ではなく，この本で用いられる数学に対応するよう工夫されています．経済学では数学に関する知識が必要ですが，数学者になるために学ぶわけではないことに注意しましょう．

　つまり数学はひとつのきわめて論理的な言語ですが，経済学は言葉として数学が使えればよいのであって，数学という言語の構造そのものを探るまでの必要はないということを，あらかじめ知っておいてください．言葉は正確に使う必要はあるのですが，それと言語の構造つまり文法を詳しく分析することは別であるということです．

　したがってこの章では実用を重視し，数学を専攻する人から見れば「乱暴」との批判を受ける箇所も多々あるでしょう．しかしそれはそれで良いのです．数学を使う学問は他にもたくさんありますが，濃淡こそあれ，どの分野でも使用する数学が何を語っているのかを知ることが先決であり，厳密な証明は後から時間があれば勉強するというのが，何よりの早道です．

第10章 数学の基本を学ぼう

10.1 一次関数・二次関数の考え方

この節では，中学校から高等学校にかけて学ぶ数学の基本を復習することが目的です．これによって，本文中で用いられている数学を完璧にマスターすることができます．

10.1.1 一次関数の考え方

10.1.1.1 自転車と距離

まず，図 10-1 を見てください．これは，私たちがいる地点 O から 5km 離れたところにいる人が，時速（1時間当たり）15km の速さで，まっすぐに自転車で走ったときの，O にいる私たちからの時間ごとの距離を表したものです．横軸には，走り出してからの時間がとってあります．これに対し縦軸には，私たちからの距離が記されています．

走り出す前，つまり時刻 0 においては，私たちとの距離が 5km ですから，

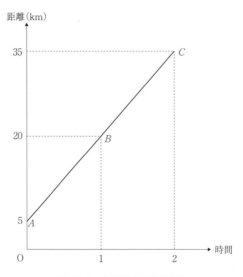

図 10-1　自転車と走行距離

10.1 一次関数・二次関数の考え方

この様子は**図10-1**の点 A によって表されることになります。1時間走るごとに 15km ずつ遠ざかるわけですから，この自転車をこいでいる人と私たちの距離は，1時間後は点 B で表され，2時間後は点 C で表現されます。以下この人が疲れない限り，ずっとこの直線に沿って，私たちから遠ざかることになるのです。

これを式にすれば，

$$
私たちからの距離(km) = 15\left(\frac{km}{時間}\right) \times 自転車をこいだ時間 + 最初の距離(km)
$$

という具合に表すことができます。

10.1.1.2　一般的な一次関数の考え方

この考え方をもう少し一般化しましょう。そこで自転車をこいだ時間を x，x 時間後の私たちとの距離を y とします。さらに自転車の時速を a，最初の私たちとの距離を b とします。すると上の式は $a = 15, b = 5$ の場合に対応することがわかります。したがって一般的には，

$$
y = ax + b \tag{1}
$$

という式が出てくることになります。

こうした一般化は，自転車の時速が何キロであっても（a の値がいくつでも），また最初の距離がどれほどであっても（b の値がいくつでも），通用する考え方であり非常に便利であることがわかります。(1)式のような関数を，一次関数と呼びます。もちろん関数ですから，本文中でも述べたように，原因と結果すなわち因果関係を表す数式です。ここで原因となっているのは自転車をこいだ時間 x であり，その結果として私たちからの距離 y が定まることを，(1)式は意味しているのです。

なお一次関数と呼ばれるのは，結果である y が原因となる x の一次式として表されるためです。すなわち(1)式の右辺は x の一次の項（$x \equiv x^1$）と定数 b だけによって表されており，すぐ後で学ぶ二次関数のように x^2 などの二次以上の項を含まないためです。なお念のため申し添えておきますが，x^2 は同じ数 x を2度掛け合わせよというコマンドであり，一般に累乗と呼ばれ何回掛け合わ

265

第 10 章　数学の基本を学ぼう

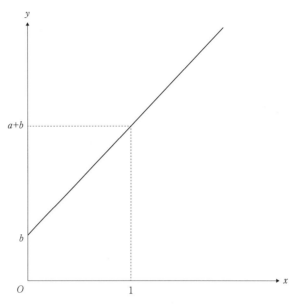

図 10-2　一次関数

せるかで何次と呼ぶことにしています．x は x を一度だけかけなさいということですから x^1 と同じこと，すなわち一次になります．これが (1) 式が y が x の一次関数と呼ばれる所以です．

　ところで一次関数には，他の関数にはない大変便利な特徴があります．それは原因である（独立変数とも呼びます）x が 1 だけ増えたときの，結果である（従属変数とも呼びます）y の増え方（y の x に対する「変化率」と言います）が，一定で変わらないということです．

　先ほどの自転車と距離の関係の例では，図 10-1 から明らかなように，この値は 15 になります．これを一般化したのが (1) 式ですから，「変化率」は a で表されていることがわかります．なお図 10-2 を見るとわかりますが，「変化率」a が大きいほど直線の勾配は急になります．先ほどの例で言えば，自転車の速度が速いほど，わずかの時間の間に私たちから急速に離れていくことに対応しているのです．

10.1　一次関数・二次関数の考え方

10.1.1.3　連立一次方程式の考え方

　ここでは，第2章の本文中の市場均衡を解くのに現れた連立一次方程式の考え方と解き方を解説します．まず需要量を d，供給量を s とします．このとき需給のバランスがとれている均衡においては，$d = s$ が成り立ちますから，この量を y とします．すなわち，

$$y = d = s$$

です．このとき第2章の本文中の財に対する需要関数(5)は，$\dfrac{価格}{時給}$ を x とすると，

$$y = -\frac{1}{2}x + a \tag{2}$$

として表現されます．この直線は x に応じて需要量 y がどう変化するかを表しています．したがって均衡は，この直線上のどこかの点になければなりません．

　これに対して第2章の供給関数(14)は，

$$y = \frac{1}{2}x \tag{3}$$

で表され，同様に均衡はこの直線上にも位置しなくてはなりません．このことの意味するのは第2章の**図2-7**にあるように，均衡は(2)式と同時に(3)式の上の点でなければならない，つまりこの2直線の交点であることがわかります．したがって，(2)式と(3)式の (x, y) は同じ値をとることになるのです．

　このように2つ以上の解くべき方程式があるケースを，連立方程式と呼んでいます．特にこの例は，方程式が (x, y) についてともに一次式であることから，連立一次方程式と言われます．では具体的に，どうやって解いたらよいのでしょうか．考えてみましょう．

　すると(2)式と(3)式の y がともに同じ値をとることから，次の関係が成り立つことがわかります．すなわち，

$$\frac{1}{2}x = y = -\frac{1}{2}x + a$$

です．間にはさまっている y を取り除いても，等式が成り立つことに変わりはありませんから，すると，

第 10 章　数学の基本を学ぼう

$$\frac{1}{2}x = -\frac{1}{2}x + a \tag{4}$$

となり，x だけの一次方程式になることが確認できます．そこで右辺の $-\frac{1}{2}x$ を左辺に移項すると（両辺に $\frac{1}{2}x$ を加えると），(4)式は，

$$\frac{1}{2}x + \frac{1}{2}x = x = a \tag{5}$$

となることがわかりました．これでこの連立方程式は x については解けたことになります．つまり x については答えが求まったのです．

　残るのは y についての答え（解）ですが，これは(2)式あるいは(3)式に（どちらでも同じことですが），x についての答え(5)式を代入すれば，それで OK です．因みに(3)式へ代入してみましょう．すると，

$$y = \frac{1}{2}x = \frac{1}{2}a \tag{6}$$

となることが確認できます．読者のみなさんは念のため，本文中の記述と(5)式と(6)式の答えがあっていることを，必ず確認してください．

10.1.2　二次関数の考え方

10.1.2.1　もっとも単純な場合

　二次関数は結果となる従属変数 y が原因となる独立変数 x の二次式で表される関数です．もっとも簡単なケースを考えましょう．すなわち，

$$y = x^2$$

の場合です．0 でない数を 2 回かけ合わせれば，必ず正の値になりますから，この関数の値は 0（$x = 0$ の場合）または正になります．

　ところで x の絶対値が大きくなるほど（この際 x が正か負かは問題になりません），大きな値どうしを掛け合わせることになるわけですから，y の値も大きくなることがわかります．したがって**図 10-3** のように，$y = x^2$ のグラフは $x = 0$ でもっとも小さい値をとることになります．なお $y = -x^2$ のグラフは，$y = x^2$ のそれを x 軸について折り曲げたものですから，**図 10-4** のように $x = 0$ で最大値をとります．

268

10.1 一次関数・二次関数の考え方

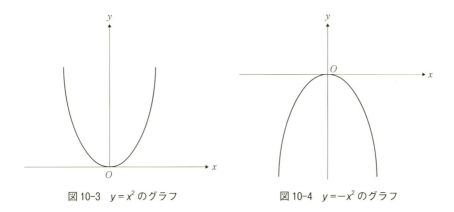

図 10-3　$y = x^2$ のグラフ　　　　図 10-4　$y = -x^2$ のグラフ

ここで 1 つ，二次関数の大変重要な性質を紹介しておきましょう．図 10-3（あるいは図 10-4）から明らかなように，最小値（最大値）から離れるにつれて，y の x に対する変化の割合が大きくなり，次第に勾配が急となり，$y = x^2$ の場合は図 10-3 のように下に対して凸な（出っ張っている）グラフになりますし，逆に，$y = -x^2$ のグラフは上に対して凸なグラフとなることです．

実際に数字を入れて，このことを確認しておきましょう．そこで表 10-1 を見てください．表の一番上の行は，x のとる値が列挙されています．2 番目の行は y がそれに対応してどんな値をとるかが記されています．最後の行は x が 1 だけ増えるごとに y がどれほど増えるかを表す変化率が記されています．

表から明らかなように，変化率は確かに最大（最小）値から離れるほど大きくなっており，図 10-3，図 10-4 のようなグラフになることが確認できます．なおこの性質はいかなる二次関数においても成り立つことを覚えておいてください．

x	-5	-4	-3	-2	-1	0	1	2	3	4	5
y	25	16	9	4	1	0	1	4	9	16	25
変化率	—	9	7	5	3	1	1	3	5	7	9

表 10-1　$y = x^2$ の値とその変化率

第**10**章　数学の基本を学ぼう

10.1.2.2　$y = -x^2 + ax + b$ の場合

このケースが，本文中にはたびたび現れます．どういったグラフになるのでしょうか．この際 b の存在はさほど問題になりません．グラフ自体を b だけ上方に移動させればよいからです．

しかし一次の項 ax の存在は少しばかり厄介です．私たちが前項で学んだ二次関数には，この一次の項が存在しないからです．ここで重要なことは，数学では（学問一般にそうですが）基本に帰れということです．すなわち式を変形することで，一次の項を消して前項の基本形に帰着できるように工夫することです．

そこで重要となる公式が

$$x^2 - 2cx + c^2 = \left(x - c\right)^2 \tag{7}$$

というものです．

$$y = -x^2 + ax = -\left(x^2 - 2 \times \frac{1}{2}ax\right) \tag{8}$$

となります．ここで(7)式と(8)式を見比べて，$c = \frac{1}{2}a$ としてみましょう．すると(8)式は

$$y = -\left(x - \frac{1}{2}a\right)^2 + \frac{a^2}{4} \tag{9}$$

となることがわかります．これで一次の項を消し去ることができて，基本の二次関数の形に帰着できたことになります．なお，おしまいの $\frac{a^2}{4}$ は(8)式に(7)式の c^2 にあたることが存在しないために，つじつまを合わせるうえで必要です．このように因数分解の公式(7)あるいは $x^2 - 2cx + c^2 = \left(x - c\right)^2$ を用いて，二次関数の一次の項を消去する技法を，「完全平方形」を作ると呼んでいます．

さて(9)式を考慮すると，いま私たちが問題にしている二次関数の方程式は，

$$y = -x^2 + ax + b = -\left(x - \frac{1}{2}a\right)^2 + \left(b + \frac{a^2}{4}\right)$$

となることがわかります．一番右の辺の第1項は，すでにお馴染みでしょうが，負または0の値しかとりません．したがって，この二次関数は $x = \frac{1}{2}a$ で最大値 $b + \frac{a^2}{4}$ をとることになります．グラフを描けば，**図10-5**のようになります．

270

10.2 より深く学ぶために

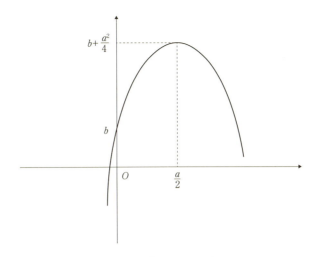

図 10-5　$y=-x^2+ax+b$ のグラフ

　以上をまとめれば，二次関数において二次の項の前の符号が正である場合，下に向かって凸なグラフとなり，ただ1つの最小値を持ちます．逆に二次の項の前の符号が負であれば，上に向かって凸となり，ただ1つの最大値を持ちます．こうした最大・最小値を探すためには，邪魔になる一次の項を消去して，「完全平方形」を作らねばなりません．このためには，多少，因数分解になれておく必要があります．

10.2 より深く学ぶために

10.2.1　微分法という考え方

　やさしいことを難しく考えたり解説したりすることは，だれにでもできることですし，何の役にも立ちません．学問の醍醐味とは本来複雑なことを，できるだけ単純でだれにでもわかりやすい要素に解きほぐして，そのエッセンスを抜き出すことにあるのです．少し乱暴ですが，俗に「目から鱗が落ちる」あるいは「コロンブスの卵」といったことが学問をすることの喜びと言ってもよいかもしれません．ここではこの本より進んだ経済学を学ぶために必要な微分法

第 **10** 章　数学の基本を学ぼう

という考え方を素材に，この学問の香りを味わっていただければと思います．

　繰り返しになりますが，数学に限らずあらゆる学問は，対象となる物事をできるだけ単純な要素に還元して捉えようとするのが基本的な姿勢です．私たちはここまで，経済的な因果関係を記述する 1 つの手段として，関数という数学的な考え方に依拠してきました．しかし，10.1 節で学んだように，直線を表す一次関数から，もっとも簡単な曲線である二次関数の議論に移るだけで，話が飛躍的に難しくなることも知らされました．

　となるとそれよりはるかに難しい一般的な曲線（の方程式）を，そのまま扱うことはとうていできないだろうという想像が働きます．そしてその想像は正しいのです．ではこうした二次関数ではない一般的曲線の性質を捉えるにはどうしたらよいのでしょうか．それが微分法という考え方によってまとめられているのです．

　微分法とは複雑な関数をもっとも単純な関数である一次関数で，近似して（似せて）表現する方法のことです．つまり複雑なものをよりシンプルなものへ帰着・還元するという学問の基本が貫かれていることがわかります．まずその大まかな考え方を紹介しましょう．

　そこで図 10-6 を見てください．図の曲線 $y = f(x)$ を，似ても似つかない，直線でどう近似したらよいのか途方に暮れるのが普通でしょう．ここに大きな発想の転換があるのです．図 10-7 は曲線上の点 A の近辺（近傍：「きんぼう」と呼びます）での曲線の動きを大きく拡大してみたものです．つまり独立変数 x の動く範囲があまり大きくなければ，それに付随した従属変数 y の変化も小さくなって，次第に直線に似た性質を持つようになることがわかるでしょう．

　これは私たちの身の周りにも，たくさん存在する事実です．たとえば地球が球であることを，日常生活で実感している人はほとんどいないはずです．宇宙から撮った写真でも見なければ，普通の人にはどう考えても，地球は平面に感じられます．つまり一人の人間という地球から比べると，地球はあまりに大きな存在で，五感で感じられる限りでは，その「曲がり方」を実感することがきわめて難しいのです．

　これを先ほどの $y = f(x)$ という曲線についての分析に置き換えれば，独立変数 x の動く範囲を十分に局限すれば，それを直線で近似しても，その誤差（上

272

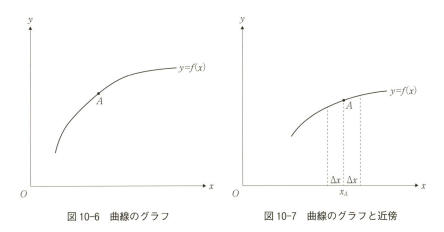

図 10-6　曲線のグラフ　　　　　図 10-7　曲線のグラフと近傍

の地球の例で言えば地表の曲がり方）は無視できるほど小さくなるはずであるという想像が成り立ち，かつそれが微分法の根本的な考え方なのです．少し気取った言い方をすれば，曲線とは長さがきわめて短い無限の直線の集まりであると捉えるわけです．

　さて，議論をもう少し具体的なものとしましょう．曲線をある点 A の「近傍」（近辺）で直線によって「近似」するのが微分法だというのが，ここまでの主旨でした．では「近傍」とか「近似」という言葉は，より厳密には何を指しているのでしょうか．まず「近傍」という言葉から定義しましょう．そこで再び図 10-7 を見てください．点 A の「Δx 近傍」とは，図に示されているように，その x 座標 x_A を中心とした

$$x_A - \Delta x < x < x_A + \Delta x$$

という不等式をみたす x の集合を指します．つまり x 軸上で点 x_A から距離 Δx の範囲内にある点の集合ということになります．この近傍を指定することによって，直線による「近似」を実施する独立変数 x の「範囲」を宣言することになるわけです．

　以上で「近似」を実施する範囲は指定されました．いよいよ「近似」を実施しましょう．一般的な曲線 $y = f(x)$ を一次関数（直線）によって「似せる」わけですから，その似せる関数を

273

第**10**章　数学の基本を学ぼう

$$y = a\left[x - x_A\right] + f\left(x_A\right) \tag{10}$$

としましょう．ここで a はこれから定める定数です．なお自分で確認して欲しいのですが，この一次関数は確かに点 A を通ります．(10)式によって $y = f(x)$ を近似したときの「誤差」は

$$\left| f(x) - \left[a\left[x - x_A\right] + f(x_A)\right] \right| \tag{11}$$

となります．ここで絶対値をとっているのは，$y = f(x)$ の動きを(10)式が過小評価し，その差が負の値をとった場合も，正の値をとった場合と同様，誤差が発生したとみなすべきだからです．

　さてここからが重要です．すなわち近似による誤差が発生するとき，それをどこまで許容して考えるか，言い換えれば「この程度の誤差は致し方ない」とあきらめるかをあらかじめ定めないと，誤差の意味が評価できないということです．微分法では，誤差が近傍の広がりに比例して大きくなることは仕方がないと考えて議論を進めます．これは近傍が広がれば，曲線の曲がり具合が無視できなくなって，直線である一次関数による近似が困難となることに由来するものです．したがって，誤差の評価基準を $\varepsilon \cdot \Delta x$ としましょう．比例定数 ε（エプシロンと呼びます．ギリシャ文字で英語の e に対応します）は **Δx とは無関係（ここが重要です）** のある正の数です．

　すると誤差をどこまでで抑えるべきかは，次の不等式で表されることになります．すなわち，

$$\left| f(x) - \left[a\left[x - x_A\right] + f(x_A)\right] \right| < \varepsilon \cdot \left| x - x_A \right| \tag{12}$$

です．そして言うまでもなく，ε が小さいほど近似の誤差は小さくなり，その精度は上がることになります．また注意しなくてはならないのは，(12)式の中に含まれている唯一の変数は x であり，この x の動く範囲が先に定めた点 A の「Δx 近傍」の中の点すべてであるということです．言い換えれば，不等式(12)は，ε をまず最初に定めておいたうえで，点 A の「Δx 近傍」に含まれる点すべてについて成立しなければ，曲線を一次関数で近似する意味がないということを述べていることに，十分留意せねばなりません．

274

10.2 より深く学ぶために

　ところで近似の精度（どれほど誤差が小さくなるか）を定めるのは，言い換えれば近似の要求水準として私たちが勝手に定めることができるのは，εですから，(12)式を変形して右辺をεだけにしてみましょう．そうすれば，私たちがある特定水準の近似精度を要求したときに，それに答えるためには，一次関数の傾きaがどうあらねばならないかがわかるからです．早速実行しましょう．つまり両辺を$|x-x_A|$で割ればよいわけです．すると，

$$\left| \frac{f(x) - f(x_A)}{x - x_A} - a \right| < \varepsilon \tag{13}$$

となることが確かめられます．もちろんここで，$|x-x_A| \neq 0$ を仮定します．

　このとき任意に定められた（どんなに小さい正数）εについても，それに対応して「Δx 近傍」が十分狭めたときに（近似の範囲を十分に狭めたときに），(13)式が成立するような定数aがただ1つ存在するとき，関数$f(x)$を点Aにおいて**微分可能**であると呼び，かつ定数aをその**微分商**と呼びます．そしてそれを記号で，

$$a \equiv f'(x_A)$$

と書くのが一般的です．

　さてこれで微分法の考え方のあらましは終わりです．ではこれで一体何がわかったのでしょうか．つまり当初の目的である，一般的な曲線を一次関数によって近似するという目的はどのように達成されたのでしょうか．再確認しましょう．

　そこで，基本となる不等式(12)に戻ってみましょう．この不等式の絶対値を外すと，

$$f'(x_A)[x-x_A] + f(x_A) - \varepsilon \cdot |x-x_A| < f(x) < f'(x_A)[x-x_A] + f(x_A) + \varepsilon \cdot |x-x_A| \tag{14}$$

となります．ところで関数$f(x)$を点Aにおいて微分可能であることから，先ほどとは逆から考えて，$|x-x_A|$を十分狭くとれば，εはいくらでも小さくすることがわかります．そのような前提のもとでは，$\varepsilon \cdot |x-x_A|$を無視しても大勢に影響がないことになります．したがって，点Aの近傍で関数$f(x)$を

$$f(x) \approx f'(x_A)[x-x_A] + f(x_A)$$

という一次関数で近似しても，近傍が十分に限られた範囲であれば，その誤差は好きなだけ小さくできるという意味で，無視することができるのです．

さらに(12)式では割り算をしたために $|x-x_A| \neq 0$ を仮定しておきましたが，微分商が定義されたいま，形式的に点 A において

$$f(x) = f'(x_A)[x-x_A] + f(x_A)$$

が成立していると定義しても何ら矛盾が起きないことも確認できます．つまり微分法を用いた関数 $f(x)$ の一次関数近似

$$y = f'(x_A)[x-x_A] + f(x_A) \tag{15}$$

は点 A を通る直線で，その近傍ではもとの曲線 $f(x)$ に限りなく近い値をとるが決して交わることのない直線（$f(x)$ が曲線であることに注意してください），すなわち，図 10-8 のような点 A での関数 $f(x)$ の接線の方程式にほかならないのです．

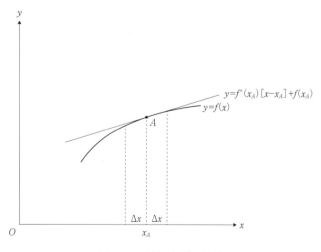

図 10-8　曲線，近傍と接線

10.2 より深く学ぶために

最後に，不等式(12)をいちいち書いて計算することは，大変手間がかかりますので，

$$\Delta y \equiv f(x) - f(x_A), \ \Delta x \equiv x - x_A$$

としておいて，(12)式を，

$$\lim_{\Delta x \to 0} \frac{\Delta y}{\Delta x} = a \tag{16}$$

あるいは，

$$\frac{dy}{dx} = a \tag{17}$$

と書くことが一般的であることを紹介しておきます．この記号は高校数学でも現れますが，Δx を「限りなく 0 に近づける」という意味が，よくわからなくて微分法を勉強することをあきらめてしまった人も多いと思います．それは「限りなく」という意味をはっきりさせていないことに原因があり，必ずしも，みなさんの責任ばかりとは言えないのです．

高校数学で言うところの「限りなく」という言葉は，これまで学んだ事柄を用いて表現すると，次のようになります．すなわち，どんなに近似の精度 ε を上げても（どんなに ε を小さくとっても），ある定数 a に対して，(12)式を成り立たせるような Δx 近傍が必ず存在する，と表現できます．

つまり ε が小さくなるほど，それに対応する Δx の幅が必ず狭くなることを容易に証明することができますから，Δx を限りなく 0 に近づけるということは，実は近似の精度を表す ε を一歩一歩小さくしていくことを意味しているのです．つまり「限りなく」などという連続（アナログ）の立場から考えるから，その「果て」がどこだかよくわからなくて，微分法はわかりづらい印象を与えるのであって，固定された ε を一歩一歩小さくして近似の精度を順々に上げていくという，離散（デジタル）の立場から考えれば，だいぶ理解が容易となるはずです．

最後に理解を確かめるために，先に述べた一人の人間と地球の例を想起してください．つまり人間が見ている地球とは地球という球体のきわめて狭い近傍であって，地球が平面と感じられるのは球面の接面近似（二次元の一次関数近

277

第10章　数学の基本を学ぼう

似）が，日常生活を送るのに支障がないほど，十分精度が高いことの現れなのです．

10.2.2　積の微分法

ここでは，2つの関数$f(x)$と$g(x)$の積からなる関数$h(x)$の微分商がどのような形となるかを検討します．つまり問題となる$h(x)$が，

$$h(x) \equiv f(x) \cdot g(x) \tag{18}$$

となるときの微分商を求める公式を探そうというわけです．

そこで微分商の定義(16)に戻って考えてみましょう．すると$h(x)$の微分商は，(16)式のΔyを

$$\Delta y = h(x + \Delta x) - h(x) = f(x + \Delta x) \cdot g(x + \Delta x) - f(x) \cdot g(x) \tag{19}$$

と置き換えればよいことがわかります．ここで(19)式に少し工夫をしてみましょう．すなわちその右辺に，

$$-f(x)g(x + \Delta x) + f(x)g(x + \Delta x) \tag{20}$$

を加えるのです．同じ数を引いて加えるのですから，(19)式の右辺の値は変わることはありません．そんなことをして何になるのだと，思う人もいるかもしれません．しかしそれは違うのです．(19)式に(20)式を代入してみましょう．すると，

$$\begin{aligned} \Delta y = h(x + \Delta x) - h(x) &= f(x + \Delta x)g(x + \Delta x) - f(x)g(x) \\ &= \left[f(x + \Delta x) - f(x)\right]g(x + \Delta x) + \left[g(x + \Delta x) - g(x)\right]f(x) \end{aligned} \tag{21}$$

となります．つまりこのような式の変形は，右辺の2つの[　]内に見られるように，関数$h(x)$の動きをそれを形成する関数$f(x)$と$g(x)$の動きに分解することを意味しているのです．実際この変形が強力な威力を発揮するのは，(21)式を独立変数の変化幅Δxで割ることで一層はっきりします．すなわち(21)式の両辺をΔxで割ると，

278

$$\frac{\Delta y}{\Delta x} = \frac{h(x+\Delta x) - h(x)}{\Delta x} = g(x+\Delta x) \cdot \frac{f(x+\Delta x) - f(x)}{\Delta x} + f(x) \cdot \frac{g(x+\Delta x) - g(x)}{\Delta x} \quad (22)$$

と書くことができます．

しかし，少しすっきりしないと感じる人もいるでしょう．なぜならば，(22)式の右辺第2項はともかく，第1項には関数 $f(x)$ の平均的な変化を表す項に，関数 $g(x)$ の変化を含む $g(x+\Delta x)$ が残っているからです．これをどう処理したらよいのでしょうか．少し回り道になりますが，考えてみましょう．そのためには関数の連続性という考え方が重要になります．関数の連続性とは次のように定義されます．

すなわち，

「ある関数 $g(x)$ が点 x_A で連続であるとは，任意の正数 ε について，点 x_A に対して次の条件をみたす Δx 近傍が存在することである．その条件とは，$|g(x) - g(x_A)| < \varepsilon$ ただし x は Δx 近傍のすべての点である．」

この連続性の定義が，私たちの直観にかなっていることは，そうでない場合，つまり図 10-9 のような形状をしている関数が，この定義をみたさないことから知ることができます．図では点 x_A で関数の値がジャンプしています．した

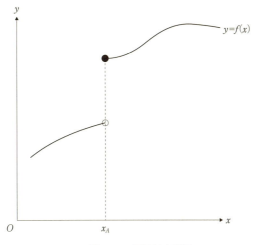

図 10-9　不連続な関数

第 10 章　数学の基本を学ぼう

がっていくら近傍を狭くしても上の不等式条件をみたすことはできないのです．

　さて私たちの対象としている関数は，すべて微分可能な関数です．微分可能な関数と連続な関数の間には，次の関係が成立します．すなわち，

「ある点 x_A で微分可能な関数は，同時にその点で連続である．」

です．これを示すには，連続でない関数が微分不能であることを明らかにすればよいのですが，これは以下のような手続きにより達成されます．まず問題となる関数 $g(x)$ が連続でないことから，あらゆる Δx 近傍で

$$|g(x) - g(x_A)| > \kappa \tag{23}$$

となる点 x の集合とある正の定数 κ（カッパと呼びます：ギリシャ文字で英語の k に対応します）が存在することになります．もし κ が存在しなければ，Δx 近傍を十分小さくとることで，$|g(x) - g(x_A)|$ をいくらでも小さくすることができ，それではもとの関数 $g(x)$ が連続でないことと矛盾するからです．

　さてそこで微分商の定義(13)に戻りましょう．すると(23)式が成り立っていると，関数 $g(x)$ の平均変化率の絶対値，$\left|\dfrac{g(x) - g(x_A)}{x - x_A}\right|$ について，

$$\left|\frac{g(x) - g(x_A)}{x - x_A}\right| > \frac{\kappa}{|x - x_A|} \tag{24}$$

が成立します．このとき x を好きなだけ x_A に近づけることで，(24)式の右辺はいくらでも大きな値をとることができます．したがって，このことは平均変化率の絶対値についても当てはまることになります．

　ですから，(24)式は(13)式の微分商の定義と矛盾することがわかります．よって，連続でない関数は微分不能であり，それは微分可能な関数はつねに連続であることを意味するのです．

　これで $g(x)$ が連続関数であることが明らかとなりました．したがって Δx 近傍を十分小さくとれば，$g(x + \Delta x) = g(x)$ と書いてもその誤差はいくらでも小さくできるのです．この事実と微分商の定義から，(22)式は，

280

コラム 28　対偶命題による証明

　(23)式以下の証明方法を対偶命題による証明と呼びます．つまり $A \Rightarrow B$ という命題を証明することは，$\overline{B} \Rightarrow \overline{A}$ を証明することと同じなのです．ここで，$\overline{A}$ と $\overline{B}$ はそれぞれ A と B の否定を表します．

　そこで，図 10-10 を見てください．全体集合 Ω の中で，$A \Rightarrow B$ という命題が成立することは，条件 A をみたすすべての要素の集合が，図のように，条件 B を満たすすべての要素からなる集合に含まれることを意味します．

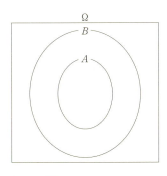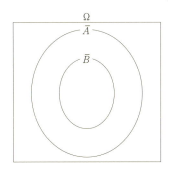

図 10-10　$A \Rightarrow B$　　　　　図 10-11　$\overline{B} \Rightarrow \overline{A}$

　すると図から明らかなように集合 B に含まれない要素，すなわち，$\overline{B}$ の要素はすべて条件 A をみたさず集合 $\overline{A}$ に含まれることになります．したがって，$A \Rightarrow B$ ならば $\overline{B} \Rightarrow \overline{A}$ であることがわかります．

　さらに，$\overline{B} \Rightarrow \overline{A}$ であるときには，図 10-11 を見てください．明らかに $A \Rightarrow B$ であることがわかります．以上から明らかなように，$A \Rightarrow B$ と $\overline{B} \Rightarrow \overline{A}$ は同じ内容の（同値）の命題なのです．

$$h'(x) = f'(x)g(x) + f(x)g'(x) \tag{25}$$

と表されることがわかります．**これが積の微分公式**です．

10.2.3　合成関数の微分法

合成関数とは，2つの関数 $f(x)$ と $g(x)$ から作り出される，次のような関数を指します．すなわち，

$$y = f(g(x)) \tag{26}$$

です．(26)式のような記号が何を意味するかを，まず解説しておきましょう．(26)式は t という x と y の関係をとりもつ変数（媒介変数と言います）を用いると，次のような2つの関数に分解できます．すなわち，

$$\begin{aligned} y &= f(t), \\ t &= g(x) \end{aligned} \tag{27}$$

です．つまり，独立変数 x を，一度，媒介変数 t に写して，そしてそれをさらに従属変数 y に写すことを意味しているわけです．**図 10-12** はその様子を描いたものです．このように関数 $f(g(x))$ は2つの関数 $f(x)$ と $g(x)$ を「くっつけて」作ったものですから，合成関数と呼ばれるのです．

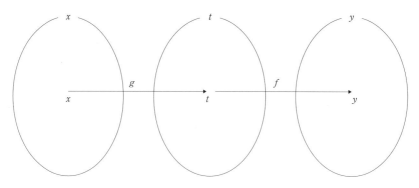

図 10-12　合成関数の考え方

さて準備は終わりました．これから合成関数の微分法則を求めることにしましょう．すると上での議論から明らかなように，従属変数 y の変化 Δy は，独立変数の変化 Δx の g という関数を通じた変化と，それに応じた媒介変数の変化 Δt が関数 f の値を変化させる 2 つの効果に分解できることがわかります．つまり，

$$\frac{\Delta y}{\Delta x} = \frac{\Delta f}{\Delta t} \cdot \frac{\Delta t}{\Delta x} \tag{28}$$

したがって Δx 近傍を十分に小さくとることで（極限をとると言います），

$$y' = \lim_{\Delta x \to 0} \frac{\Delta y}{\Delta x} = \lim_{\Delta x \to 0} \frac{\Delta f}{\Delta t} \cdot \frac{\Delta t}{\Delta x} = \lim_{\Delta x \to 0} \frac{\Delta f}{\Delta t} \cdot \lim_{\Delta x \to 0} \frac{\Delta t}{\Delta x} = f'(g(x)) \cdot g'(x) \tag{29}$$

となることがわかります．**これが合成関数の微分法則です．つまり合成関数を構成する関数 f と g の微分商の積がもとの合成関数の微分商となるのです．**

ここで (29) 式を求める際に用いた，次の公式が成立することを確認しておきましょう．すなわち，ある収束する（極限を持つ）数列 b_n, c_n について，

$$\lim_{n \to +\infty} b_n = b, \ \lim_{n \to +\infty} c_n = c \ \text{ならば} \ \lim_{n \to +\infty} b_n c_n = bc \tag{30}$$

が成立することです．

このことを確認するために，もう一度 (13) 式の形で上の式を書き直してみましょう．すると，こうなります．$\lim_{n \to +\infty} b_n = b$ とは，任意の正数 ε についてある n' が存在して，$n > n'$ をみたす n について，不等式

$$|b_n - b| < \varepsilon \tag{31}$$

が成立することを意味するのです．$\lim_{n \to +\infty} c_n = c$ についても，同じことがあてはまります．つまり図 10-13 のように，ある数列の「後ろの方」（n が大きく順番が遅い方ほど）は，その値を b で近似しても，n が十分に大きければ，好きなだけ誤差を小さくできることを，(31) 式は語っているのです．

図 10-13　収束する点列

第 **10** 章　数学の基本を学ぼう

以上を前提知識として，(30)式を証明しましょう．すると，(31)式と同様な不等式が数列 c_n にもあてはまることから，

$$
\begin{aligned}
\varepsilon^2 &> |b_n - b||c_n - c| = |b_n c_n - b_n c - bc_n + bc| \\
&= |(b_n c_n - bc) - (b_n - b)c - (c_n - c)b| \\
&\geq |b_n c_n - bc| - |(b_n - b)c| - |(c_n - c)b| \\
&\geq |b_n c_n - bc| - \varepsilon(|b| + |c|)
\end{aligned}
$$

であり，結局，

$$
|b_n c_n - bc| < \varepsilon(\varepsilon + |b| + |c|) \tag{32}
$$

が成立し，$\varepsilon(\varepsilon + |b| + |c|)$ もまた任意の正数であることを勘案すると，これを新たに ε と再定義することで，(30)式が成立することが確認できたことになります．

10.2.4　商の微分法則

商の微分法則とは，

$$
y = \frac{g(x)}{f(x)} \tag{33}
$$

のような分数の形で表現される関数の微分商を求めることを意味します．これは，10.2.2 で求めた積の微分法則と 10.2.3 で求めた合成関数のそれを応用することにより求めることができます．

そこで(34)式をそれらの法則が適用できるように，書き換えてみましょう．すると，$\dfrac{1}{f(x)}$ を $h(f(x))$ という合成関数とみなすことから始めましょう．すなわち，

$$
\begin{aligned}
z &= h(t) = \frac{1}{t} = t^{-1}, \\
t &= f(x)
\end{aligned} \tag{34}
$$

からなる合成関数とみなすわけです．すると(34)式は，

$$
y = h(f(x)) \cdot g(x) \tag{35}
$$

と書き換えることができます．

284

10.2 より深く学ぶために

したがって，積の微分法則(26)をこれに適用することで．

$$\left[\frac{g(x)}{f(x)}\right]' = \frac{g'(x)}{f(x)} + g(x) \cdot \left[h\bigl(f(x)\bigr)\right]' \tag{36}$$

ということになります．

ところで(36)式の右辺第2項の微分商は，10.2.6で学ぶ「冪（べき）関数」の微分公式から，

$$\left[t^{-1}\right]' = -t^{-2} = -\frac{1}{t^2}$$

となり，先に学んだ合成関数の微分法則(29)を適用することにより，

$$\left[h\bigl(f(x)\bigr)\right]' = h'\bigl(f(x)\bigr) \cdot f'(x) = -\frac{f'(x)}{\left[f(x)\right]^2} \tag{37}$$

ということになります．これを(36)式に代入することにより，次のような商の微分法則が求められます．すなわち，

$$\left[\frac{g(x)}{f(x)}\right]' = \frac{g'(x)}{f(x)} + g(x) \cdot \left[h\bigl(f(x)\bigr)\right]' = \frac{g'(x)}{f(x)} - \frac{f'(x)g'(x)}{\left[f(x)\right]^2} = \frac{f(x)g'(x) - f'(x)g(x)}{\left[f(x)\right]^2} \tag{38}$$

です．これも実際の計算にはたびたび現れる公式なので，是非記憶しておきましょう．

10.2.5 逆関数の微分法

図 10-14 を見てください．図は与えられた関数 $y = f(x)$ で $x = x_0$ と値を固定したときに辿り着いた先の値である y_0 から，逆に x へ折り返したとき，もとの値 x_0 に戻るような関数を描いています．これを一般に関数 $f(x)$ の逆関数と呼び，

$$x = f^{-1}(y) \tag{39}$$

と記します．

285

第 10 章 数学の基本を学ぼう

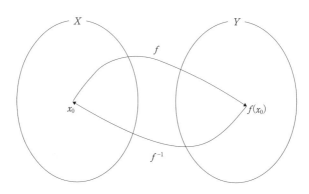

図 10-14 逆関数

この本では，x を独立変数，y を従属変数として扱っていますので，一般性を失わず(39)式の表記の x と y を入れ替えて，

$$y = f^{-1}(x) \tag{40}$$

としましょう．そしてその微分商を表す公式を求めることにします．これは合成関数の微分法則の応用にほかなりません．まず図 10-14 を逆に見ながら，

$$x = f\bigl(f^{-1}(x)\bigr) \tag{41}$$

という重要な関係が成り立つことを確認しましょう．つまり関数 f^{-1} をもとの関数とみなせば，関数 f がその逆関数にあたりますから，x を f^{-1} によって y へ写したのちに，また f に写し直せば，もとの点に戻るということを，(41)式は表しているのです．

そこで(41)式の両辺を x について微分してみましょう．すると右辺に合成関数の微分法則を適用することによって，また 10.2.6 の冪（べき）関数の微分法から x の微分商が 1 であることを考えると，

$$1 = f'\bigl(f^{-1}(x)\bigr) \cdot \bigl[f^{-1}(x)\bigr]' \Leftrightarrow \bigl[f^{-1}(x)\bigr]' = \frac{1}{f'(y)} \tag{42}$$

であることがわかります．これが逆関数に関する微分法則です．

10.2 より深く学ぶために

10.2.6 応用問題：冪（べき）関数の微分法

$$y = x^n$$

のように原因となるすなわち独立変数である x の n 乗が，結果である y の関数
となるとき，y は x の冪（べき）関数となると言います．先に学んだ一次関数・
二次関数も $n = 1, 2$ の場合のべき関数です．ここではまず n が自然数である場
合の微分を学びます．その後に n が整数の場合および有理数の場合にも，同じ
公式が成立することを明らかにします．実は n が無理数の場合にもその公式は
適応できるのですが，これを理解するには，無理数を有理数の立場からどう理
解すべきかという，さらに進んだ知識が必要となってしまいます．ですから，
みなさんは差し当たり n がどんなときでも，

$$\frac{dy}{dx} = nx^{n-1} \tag{43}$$

という公式が成立することを，n が有理数の範囲で理解するだけで十分だと考
えます．

10.2.6.1 n が自然数の場合

先に述べた微分商の定義(13)から，$y = x^n$ のそれは，

$$\frac{dy}{dx} = \lim_{\Delta x \to 0} \frac{(x + \Delta x)^n - x^n}{\Delta x} \tag{44}$$

となります．するとこの計算を実行するためには，$(x + \Delta x)^n$ をどうやって求め
るかが問題となることがわかります．ここで重要となるのが，「**二項定理**」と
いう考え方です．

そこで上の微分の計算に先立って，二項定理がどんなものであるかを解説し
ておくことにしましょう．そのためにはまず，順列組み合わせの考え方が重要
となります．いま簡単な例として 5 色のボールから 2 個選ぶ選び方がいくつあ
るかを考えてみましょう．5 色のボールを 2 つ取り出して並べる仕方は，最初
のボールの選び方が 5 通り，その選んだボールそれぞれに対して，次に選ぶボ
ールは 4 通りの場合があります．したがって，どのボールを選んだかだけでな
く，ボールを並べる順序まで区別した場合には，選び方は，5 × 4 通りあるこ

287

第 10 章　数学の基本を学ぼう

とになります．この考え方を「順列」と呼びます．

　しかしどのボールを選んだかだけが問題で，その後先がどうでもよいと考えるならば，答えは異なります．こうした並べる順序は無視して選び方だけを考えることを「組み合わせ」と言います．ではこの場合の組み合わせは何通りになるのでしょうか．そこで選んだボールが赤と白であったとしましょう．すると組み合わせの考え方から（赤，白）と（白，赤）という選び方は同じものとみなすことができます．つまり，選んだ 2 つのボールの順序は 2×1 通りあるわけで，これを重複して数えてしまっているわけです．したがって，5 個のボールから 2 つのボールを選ぶ組み合わせは，

$$\frac{5 \times 4}{2 \times 1} = 10$$

ということになります．

　この考え方を一般化すれば，n 個のものから k 個選ぶ組み合わせは，

$$\frac{n \times [n-1] \times \cdots \times [n-k+1]}{k \times [k-1] \times \cdots \times 2 \times 1} \tag{45}$$

という式で表されることになります．(45)式を略して ${}_n\mathrm{C}_k$ と書くのが一般的なので，以下ではこの記号を用いることにします．以上で，組み合わせの考え方の解説はおしまいです．これを基礎に，二項定理を考えましょう．

　そこで次の自明ともいえる表現に留意しましょう．すなわち，

$$[x + \Delta x]^n = [x + \Delta x] \times [x + \Delta x] \times [x + \Delta x] \times \cdots \times [x + \Delta x] \tag{46}$$

です．右辺の [ ] は全部で n 個あります．これを展開した場合，Δx の項に着目すると，それは 0 次の項から n 次の項まで存在することがわかります．そこで k 次の項すなわち $[\Delta x]^k$ の係数がどうなるかを考えてみましょう．

　すると n 個ある [ ] というバスケットの中から，Δx を k 個選びだす組み合わせがどれだけあるかを求めればよいことに気づくでしょう．つまりこの答えは，${}_n\mathrm{C}_k$ となるのです．

　したがって，

10.2 より深く学ぶために

$$\left[x + \Delta x\right]^n = {}_nC_0 \cdot x^n + {}_nC_1 \cdot x^{n-1} \cdot \left[\Delta x\right] + {}_nC_2 \cdot x^{n-2} \cdot \left[\Delta x\right]^2 + \cdots \\ + {}_nC_k \cdot x^{n-k} \cdot \left[\Delta x\right]^k + \cdots + {}_nC_n \cdot \left[\Delta x\right]^n \tag{47}$$

となります．これが二項定理の内容です．ただし ${}_nC_0 \equiv 1$ と定義していること
に注意してください．

さて (47) 式の二項定理を用いて，(44) 式を計算してみましょう．すると Δx
の 2 次以上の項は 0 へ収束することがわかります．なぜならば，

$$\frac{\left[\Delta x\right]^k}{\Delta x} = \left[\Delta x\right]^{k-1}$$

だからです．したがって計算にあたっては 0 次と 1 次の項だけに注目すればよ
いことがわかります．そして公式 (45) から，

$$_nC_1 = n$$

ですから，(44) 式は

$$\frac{dy}{dx} = \lim_{\Delta x \to 0} \frac{(x + \Delta x)^n - x^n}{\Delta x} = \lim_{\Delta x \to 0} \frac{\left(x^n + nx^{n-1}\Delta x\right) - x^n}{\Delta x} = nx^{n-1}$$

となります．これで n が自然数である場合の，べき関数の微分公式が証明され
ました．

10.2.6.2 n が整数の場合

n が自然数の場合については，冒頭に掲げた公式が成立することがわかりま
した．では，n が負の正数である場合にはどうなるのでしょうか．つまり，

$$y = x^{-n} \equiv \frac{1}{x^n}$$

の場合の微分法の公式を考えることにしましょう．

そこでまず $n = 1$ の場合を考えましょう．すると x が Δx だけ増えたときの
従属変数 y の変化 Δy は，

$$\Delta y = \frac{1}{x + \Delta x} - \frac{1}{x} = \frac{-\Delta x}{x\left[x + \Delta x\right]}$$

となります．したがって x の変化 1 単位当たりの y の変化（つまり平均変化率）

289

第10章　数学の基本を学ぼう

は，

$$\frac{\Delta y}{\Delta x} = -\frac{1}{x\left[x + \Delta x\right]}$$

となります．先に述べたように微分商とは，Δx を任意に小さくしたときの平均変化率の極限値ですから，結局

$$\frac{dy}{dx} = -\frac{1}{x^2} = -x^{-2} \tag{48}$$

が成立することがわかります．したがって，$n = -1$ の場合にも，先の公式 (44) が成立することがわかりました．

　さてそこで，$n = -k\left(\geq 1\right)$ の場合にも，この公式が成立すると仮定してみましょう．つまり，

$$\frac{dx^{-k}}{dx} = -\frac{k}{x^{k+1}} = -kx^{-\left[k+1\right]} \tag{49}$$

が成立すると仮定するわけです．このとき $n = k + 1$ でも

$$\frac{dx^{-\left[k+1\right]}}{dx} = -\frac{k+1}{x^{k+2}} = -\left[k+1\right]x^{-\left[k+2\right]} \tag{50}$$

が成り立っていれば，n が負の整数である場合にも，公式 (43) が成り立つことが証明されたことになります．

　このような証明方法を「**数学的帰納法**」と呼びますが，なぜそれが正しいのかチェックしておくことにしましょう．まず (48) 式が成立していることから，$k = 1$ の場合 (49) 式が成り立つことがわかります．すると (50) 式が成立していれば，$k = 2$ のときにも，証明すべき公式が成立していることがわかり，1つ前進できることになります．ところで $k = 2$ のときに公式が成立していれば，**1つ順番を繰り上げて** (49) 式が $k = 2$ のときに成立していることがわかります．そうすると，(50) 式が正しいことがわかっていますから，$k = 3$ のときにも公式が成立して，また1つ前へ進めます．こうしたことをずっと繰り返すことにより，すべての負の整数について公式が成立することが確認できるのです．

　さて証明の考え方は，これで理解できたでしょう．早速実行に移してみましょう．これには先に学んだ積の微分法が重要となります．そこで，

290

10.2 より深く学ぶために

$$y = x^{-[k+1]} = x^{-k} \cdot x^{-1}$$

という具合に書き直してみましょう．すると積の微分法と仮定(49)を，これに適用することにより，

$$\frac{dx^{-[k+1]}}{dx} = x^{-1}\frac{dx^{-k}}{dx} + x^{-k}\frac{dx^{-1}}{dx} = -kx^{-[k+2]} - x^{-[k+2]} = -[k+1]x^{-[k+2]}$$

となり，確かに(49)式が成立していれば，(50)式も同様に成り立つことがわかりました．したがって，上で述べた「繰り返しの論理」から，すべての負の整数について自然数 n について成り立ったべき関数の微分法の公式

$$\frac{dy}{dx} = -nx^{-[n+1]}$$

が成立することが確認されました．

10.2.6.3 n が有理数の場合

「**有理数**」とは，分子と分母が互いに素である整数からなる分数のことを指します．「**互いに素である**」（あるいは互いに**既約である**）とは，1以外に共通の約数を持たないことを意味します．言い換えれば，もうこれ以上約分できない形となった分数のことです．たとえば，$\frac{3}{5}, \frac{5}{7}, \frac{2}{9}$ などは，1以外に共通の約数を持ちませんから，これに該当します．しかし，$\frac{2}{4}, \frac{3}{9}, \frac{4}{8}$ などはそれぞれ 2, 3, 4 の共通の約数を含みますから，これは有理数から外し，約分を終えた形の，$\frac{1}{2}$，$\frac{1}{3}, \frac{1}{2}$ を有理数として考える約束になっています．

では有理数でない実数が存在するのでしょうか．つまり互いに既約な分数によって表現することのない数が存在するのでしょうか．それは確かに存在し，そのような数を「**無理数**」と呼びます．もっとも身近な数としては，2の平方根，すなわち $\sqrt{2}$ が有理数でないことを，以下のように容易に示すことができます．

そこで $\sqrt{2}$ が有理数で

$$\sqrt{2} = \frac{q}{p} \tag{51}$$

291

第 **10** 章　数学の基本を学ぼう

という分数で表されるとしましょう．もちろんここで p, q は 1 以外の公約数を
持たない自然数です．すると上の式を二乗して分母を払うことによって，

$$q^2 = 2p^2$$

という式を得ることができます．したがって q が偶数であることがわかります．
なぜならばこの式から明らかなように，q^2 は偶数ですが，二乗したものが偶
数となるためには，もとの数も偶数でなければならないからです．よって q^2
は 4 の倍数となります．

　ということは，p^2 も偶数であることになります．上で述べたようにある数
の二乗が偶数になるためには，もとの数 p も偶数とならねばなりません．した
がって p, q は少なくとも 2 という公約数を持ってしまいます．これは有理数の
定義と矛盾します．つまり $\sqrt{2}$ を (51) 式な形式で表現することはできないの
です．ゆえに $\sqrt{2}$ は無理数であるということになります．

　一般に，どの数が無理数になるのかを証明することは，数学的にきわめて困
難で，円周率を表す π が無理数であることが証明されたのも，ごく近年にな
ってからです．

　さて有理数の考え方は，これでわかっていただけたと思います．そこでこの
限界を踏まえながら，公式

$$\frac{dx^n}{dx} = nx^{n-1}$$

が，n が任意の有理数の場合にも成立することを明らかにしましょう．さてそ
こでまず，

$$n = \frac{q}{p}$$

と書くことにしましょう．もちろん p, q は 1 以外に公約数を持たない任意の整
数です．さて，ここで 1 つ問題があります．ある数を有理数回だけ掛けるとは
どういうことなのかという問題です．n が整数である場合にはこの問題は自明
でしたが，有理数といういわば中途半端な回数だけ掛け合わせるということに，
何の意味があるのかということは自明ではありません．

　この問題は，有理数の分母・分子の意味をそれぞれ区別することで，解決さ

10.2 より深く学ぶために

れます．そこで指数法則を思い出しましょう．2を二乗したものをさらに三乗した場合，

$$\left(2^2\right)^3 = 4^3 = 64 = 2^6 = 2^{2\times3}$$

という具合に表現できます．この計算の始めと一番終わりの結果だけを書くと，

$$\left(2^2\right)^3 = 2^{2\times3}$$

となります．指数法則はこれを一般化したもので，ある数 a について，

$$\left(a^l\right)^m = a^{l\times m} \tag{52}$$

が成り立つことを主張するものです．(52)式において

$$l = \frac{1}{m}$$

を代入してみましょう．すると

$$\left(a^{\frac{1}{m}}\right)^m = a^{\frac{1}{m}\times m} = a^1 = a$$

が得られます．**つまり a を $\frac{1}{m}$ 乗するということは，その数を m 回掛け合わせると，もとの数 a に戻るものを探しなさいといっていることに等しいのです．**
$m = 2$ の場合には，2回掛け合わせてもとの数に戻るわけですから，中学校でお馴染みの平方根が対応します．一般にこれらの数は a の **m 乗根**と呼ばれます．

こうすると有理数回だけある数を掛け合わせることの意味がわかってきます．つまり先の指数法則から，

$$x^{\frac{q}{p}} = x^{\frac{1}{p}\times q} = \left(x^{\frac{1}{p}}\right)^q \tag{53}$$

と書き直すことができます．したがって，$x^{\frac{q}{p}}$ は x の p 乗根を q 回掛け合わせなさいということを命じていることがわかります．これが有理数回だけある数を掛け合わせることの意味なのです．

さていよいよ証明にかかりましょう．これには先に学んだ合成関数の微分・

293

第10章　数学の基本を学ぼう

逆関数の微分の知識がフルに生かされることになります．そこで(53)式を，次のように書き換えましょう．すなわち，

$$y = \left(x^{\frac{1}{p}} \right)^q = f\big((g(x))\big), \ f(t) = t^q, t = g(x) = x^{\frac{1}{p}} \tag{54}$$

とすれば，上の関数は

$$y = f\big(g(x)\big)$$

と書くことができます．x が y に写される様子は，再び図 10-12 を参照してください．すると合成関数の微分公式を用いることにより，

$$\frac{dy}{dx} = f'\big(g(x)\big) \cdot g'(x) \tag{55}$$

となります．このうち $f'\big(g(x)\big)$ は指数が整数の場合のべき関数の微分ですから，容易に，

$$f'\big(g(x)\big) = qt^{q-1} \tag{56}$$

であることがわかります．しかし問題は $g'(x) = \dfrac{dx^{\frac{1}{p}}}{dx}$ です．私たちはこの知識をいまのところ持ち合わせていません．そこで登場するのが，逆関数の微分公式です．(54)式の一番右側の式を逆に x について解くと，

$$x = t^p$$

となります．この関数が $g(x)$ の逆関数であることに注意しましょう．さて p は整数ですから，私たちはこれを t について微分した結果を知っています．すなわち，

$$\frac{dx}{dt} = pt^{p-1} \tag{57}$$

です．(57)式を考慮に入れながら，逆関数の微分公式を用いれば，

$$\frac{dt}{dx} = \frac{1}{pt^{p-1}} \tag{58}$$

となります．この結果と(56)式を(55)式へ代入すると，

294

$$\frac{dy}{dx} = \frac{qt^{p-1}}{pt^{p-1}} = \frac{q}{p} \cdot t^{q-p} = \frac{q}{p} \cdot x^{\frac{q-p}{p}} = \frac{q}{p} \cdot x^{\frac{q}{p}-1}$$

となり，確かに有理数の場合にも，べき関数の微分公式が成立することが明らかにされました．

10.2.6.4　n が無理数の場合

無理数は有理数からなる収束する数列の極限として定義できます．たとえば，

$$1.2345904821675\dots\dots$$

という無理数があったとしましょう．これを小数点1ケタで考えれば，1.2となります．2ケタで考えれば1.23です．以下，1.234, 1.2345, 1.23450, 1.234590, …です．このようにしていけば，**図10-13**のように，無理数をある桁まで考えることで収束する有理数の列を作ることができることがわかります．

問題となっている無理数を b とし，それに収束する有理数の列を $B \equiv \{b_1, \cdots, b_n, \cdots\}$ とすれば，先に学んだ有理数の場合についての公式が適用できて

$$\left[x^{b_n}\right]' = b_n \left[x^{b_n - 1}\right] \tag{59}$$

となります．このとき

$$\left| b_n x^{b-1} - b x^{b-1} \right| = \left| \left[b_n x^{b_n-1} - b x^{b_n-1} \right] + b \left[x^{b_n-1} - x^{b-1} \right] \right| \leq \left| b_n - b \right| \left| x^{b_n-1} \right| + \left| b x^{-1} \right| \left| x^{b_n} - x^b \right|$$

ですから，$b_n \to \infty$ で，上式の右辺は0へ収束しますから，$b\left[x^{b-1}\right]$ を $\left[x^b\right]'$ と定義するわけです．これで無理数の場合にもべき関数の微分公式が成立することがわかりました．

10.2.7　$y = e^x$ という関数の性質

これまでのべき関数は，微分するとその形を変えてきました．では微分してももとのままでいる関数は存在するのでしょうか．それは確かに存在します．

$$y = e^x$$

第**10**章　数学の基本を学ぼう

という関数がそれにあたります．ここで e は自然対数の底と呼ばれる定数で，

$$e \equiv \lim_{n \to +\infty} \left[1 + \frac{1}{n} \right]^n, \quad n \text{ は自然数} \tag{60}$$

として定義されるものです．すると微分商の定義から，

$$y' = \lim_{\Delta x \to 0} \frac{e^{x + \Delta x} - e^x}{\Delta x} = e^x \lim_{\Delta x \to 0} \frac{\left[e^{\Delta x} - 1 \right]}{\Delta x} \tag{61}$$

ということになります．そこで，

$$e^{\Delta x} \equiv \lim_{n \to +\infty} \left[1 + \frac{1}{n} \right]^{n \Delta x} \tag{62}$$

ですから，$m \equiv n \Delta x$ とおいて(62)式を書き直すと，

$$e^{\Delta x} \equiv \lim_{m \to +\infty} \left[1 + \frac{\Delta x}{m} \right]^m \tag{63}$$

となります．m は自然数とは限りませんから，つねに二項定理を用いることはできませんが，ここではエイやと目をつぶって，(63)式を展開してみましょう．これを展開すると，

$$e^{\Delta x} \equiv \lim_{m \to +\infty} \left[1 + \frac{\Delta x}{m} \right]^m = 1 + {}_m\mathrm{C}_1 \frac{\Delta x}{m} + {}_m\mathrm{C}_2 \left[\frac{\Delta x}{m} \right]^2 + \cdots \tag{64}$$

となります．これを(61)式に代入すると，

$$y' \equiv e^x \lim_{\Delta x \to 0} \frac{1 + 1 \cdot \Delta x + {}_m\mathrm{C}_2 \left[\dfrac{\Delta x}{m} \right]^2 + \cdots - 1}{\Delta x} = e^x \cdot 1 = e^x \tag{65}$$

となります．(65)式は関数 $y = e^x$ が，微分しても同じ関数 $y = e^x$ である不思議な性質を持っていることを表しています．

10.2.8　e という数は本当に収束するか

　e を(60)式で定義しましたが，この数は本当に収束するすなわち有限の値をとるのでしょうか．もしそうでなければ，10.2.7 で考えたことはすべて空しくなります．しかし安心してください．e は確かに収束し有限の値をとります．それをここで示しておきましょう．e を二項定理で展開すると，

296

$$e = 1 + {}_n\mathrm{C}_1\frac{1}{n} + {}_n\mathrm{C}_2\frac{1}{n^2} + {}_n\mathrm{C}_3\frac{1}{n^3} + \cdots + {}_n\mathrm{C}_k\frac{1}{n^k} + \cdots$$

$$= 1 + 1 + \frac{1}{2!}\cdot\frac{n[n-1]}{n^2} + \frac{1}{3!}\cdot\frac{n[n-1][n-2]}{n^3} + \cdots + \frac{1}{k!}\cdot\frac{n[n-1]\cdots[n-k+1]}{n^k} + \cdots$$

$$= 1 + 1 + \frac{\left[1-\dfrac{1}{n}\right]}{2!} + \frac{\left[1-\dfrac{1}{n}\right]\left[1-\dfrac{2}{n}\right]}{3!} + \cdots + \frac{\left[1-\dfrac{1}{n}\right]\left[1-\dfrac{2}{n}\right]\cdots\left[1-\dfrac{k-1}{n}\right]}{k!} + \cdots \tag{66}$$

$$< 1 + 1 + \frac{1}{2} + \left[\frac{1}{2}\right]^2 + \cdots + \left[\frac{1}{2}\right]^{k-1} + \cdots = 3$$

であることがわかります．したがって e は収束し，2と3の間の数であることもわかります．実際 e は $e = 2.7182818459\cdots$ という値をとります．

　ここで留意すべきは，上の不等式の証明に，

$$0 < \left[1-\frac{1}{n}\right]\left[1-\frac{2}{n}\right]\cdots\left[1-\frac{k-1}{n}\right] < 1$$

という性質と

$$k! = 1\times2\times3\times\cdots\times[k-1] > 1\times2\times2\times\cdots\times2 = 2^{k-1}$$

という性質が用いられていることです．

10.2.9　$y = e^{ax}$ の微分商

　上で得た知識の応用として，関数 $y = e^{ax}$（a は定数）の微分商を求めてみましょう．これは 10.2.3 で学んだ合成関数の微分の応用問題です．つまりこの関数は $t = ax,\ y = e^t$ という合成関数なのです．合成関数の微分はその関数を構成する個々の関数の微分の積となることがわかっていますから，

$$y' = [ax]'\cdot\left[e^t\right]' = a\cdot e^t = ae^{ax} \tag{67}$$

が，求める微分商であることがわかります．

10.2.10　簡単な微分方程式：経済成長とはどんなことか？

　GDP の成長率のことを一般に経済成長率と呼んでいます．t 時点での GDP を $Y(t)$ としたとき，経済成長率 g は，

第 10 章　数学の基本を学ぼう

$$g = \frac{Y'(t)}{Y(t)} \tag{68}$$

と表されることになります。(68)式の右辺は、時間当たりの GDP の増加量をそのときの GDP で割ったものですから、経済成長率にほかなりません。

ではこのように、一定の経済成長率を達成する経済の GDP $Y(t)$ の動きは、どのようなものになるのでしょうか。これを数学的に言えば、(68)式を満足する関数 $Y(t)$ を求めることにほかなりません。このように実数ではなく関数が、方程式の答えになるものを関数方程式と呼んでいます。微分方程式は関数方程式の 1 つで、方程式の特徴が微分によって表されていることから、この名があります。

さて、(68)式の解を求めるために、10.2.9 で学んだ知識を応用しましょう。つまり仮に、

$$Y(t) = Y(0)e^{gt} \tag{69}$$

としてみるわけです。ここで $Y(0)$ は最初の時点での GDP を表しており、一定の値をとります。このとき公式(67)を応用することで

$$Y'(t) = gY(0)e^{gt} \tag{70}$$

が導き出されてきます。ここで(70)式を(69)式で割ると、

$$\frac{Y'(t)}{Y(t)} = \frac{gY(0)e^{gt}}{Y(0)e^{gt}} = g \tag{71}$$

これは元の微分方程式(68)式をみたすことがわかります。したがって、この方程式の解は(69)式となります。

図 10-15 は g が正のときの、(69)式のグラフを描いたものです。グラフでは経済成長率が年率 2 パーセントであるものとして、100 年後までのそれを描いてあります。100 年後の GDP は現在のおよそ 5 倍以上にも達します。グラフから明らかなように正の成長率を持つ経済の GDP は、成長率がこのように低くても必ずやがては爆発的な勢いで増加します。言い換えれば、年 2 パーセント程度の経済成長でも 100 年後にはいまの 5 倍ほどの経済的な豊かさが実現されるのです。地球環境問題が深刻になっている現在、果たしてこうした経済の

298

10.2 より深く学ぶために

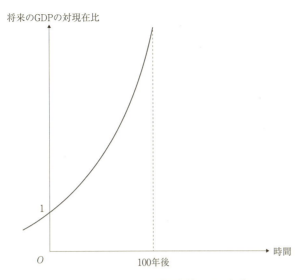

図 10-15　2パーセント成長経済の100年後

爆発的拡大が望ましいかどうかは，大いに考えなければならない問題です．

最後に第7章で現れた（コラム14参照）一階の線形微分方程式，

$$\dot{x} = \alpha x + \beta \tag{72}$$

を解いておきましょう．上の成長率に関する微分方程式と異なるのは，定数が付いていることです．したがってこれを何らかの方法により消し去れば，(69)式に帰着することができます．そこで x を定数関数 $x = \kappa$ としてみましょう．すると(72)式は，

$$\alpha \kappa + \beta = 0 \Leftrightarrow \kappa = -\frac{\beta}{\alpha} \tag{73}$$

ということになります．したがって新たな変数 $\tilde{x}$ を

$$\tilde{x} \equiv x + \frac{\beta}{\alpha} \tag{74}$$

として定義してやれば，(72)式の微分方程式は，

299

第10章 数学の基本を学ぼう

$$\dot{\tilde{x}} \equiv \alpha \tilde{x} \tag{75}$$

という具合に，(68)式の形に帰着することができます．したがってこの解は，

$$\tilde{x} = c_0 e^{at} \iff x = c_0 e^{at} - \frac{\beta}{\alpha} \tag{76}$$

ということになります．ここで c_0 は $t = 0$ での x の値（初期値）によって定まる定数です．

　ここで $\alpha > 0$, $\beta < 0$ として考えましょう．すると x の初期値が， $-\dfrac{\beta}{\alpha}$ より小さければ，c_0 は負の値をとります．したがって時間の経過とともに x は，負の無限大へと発散します．一方初期値が $-\dfrac{\beta}{\alpha}$ より大であれば，対照的に x は正の無限大へと発散します．したがって α が正である限り，$\dot{x} = 0$ となる $x = -\dfrac{\beta}{\alpha}$ へと経済が近づくことはありません．この意味で経済は不安定であるということができます．これは第7章に現れたハロッドの不安定性原理（本書149～150ページ）そのものであることを再確認してください．

10.3　偏微分の考え方

　第7章では偏微分の考え方が出て来ました．ここではそれを学びます．これまでは独立変数が1つしかない場合だけを考えてきました．偏微分の考え方が必要になるのは，独立変数が複数ある場合です．ここではもっとも簡単な2つある場合を考えます．

　この関数を，

$$z = f(x,y) \tag{77}$$

とします．ここで y をある値に固定して（言い換えれば y を定数とみなして），x だけが Δx だけ変化したと考えましょう．すると 10.2.1 で学んだ一変数の場合の微分法の考え方が適用できることになります．つまり f が x について微分可能であるということは，任意の正数 ε について，ある Δx が存在して

$$\left| f(x + \Delta x, y) - f(x,y) - a\Delta x \right| < \varepsilon \cdot \left| \Delta x \right| \tag{78}$$

300

10.3 偏微分の考え方

を成立させる a がただ 1 つ存在することです。(78)式の両辺を $|\Delta x|$ で割ると,

$$\left| \frac{f(x+\Delta x, y) - f(x, y)}{\Delta x} - a \right| < \varepsilon \tag{79}$$

ということになります。つまり a は x 軸方向の接線の傾きを表しており，これを f の x に関する偏微分と呼び，$\dfrac{\partial f}{\partial x}$ と書く約束になっています。

同様に f の y に関する偏微分も

$$\left| \frac{f(x, y+\Delta y) - f(x, y)}{\Delta y} - b \right| < \varepsilon \tag{80}$$

をみたす極限値 b として定義され，$\dfrac{\partial f}{\partial y}$ として表されます。これが y 軸方向の接線の傾きであることはいうまでもありません。

さて x と y が同時に変化したときにはどうなるでしょうか。これを考えるためにそのときの f の値を $f(x+\Delta x, y+\Delta y)$ としましょう。このときの従属変数 z の値の変化を Δz とすると，

$$\begin{aligned}
\Delta z &= f(x+\Delta x, y+\Delta y) - f(x, y) \\
&= \left[\frac{f(x+\Delta x, y+\Delta y) - f(x, y+\Delta y)}{\Delta x} \right] \cdot \Delta x + \left[\frac{f(x, y+\Delta y) - f(x, y)}{\Delta y} \right] \cdot \Delta y
\end{aligned} \tag{81}$$

となります。ところで，偏微分の定義 (79)，(80)式から明らかなように，接平面（3 次元なので接線ではなく接平面になります）による関数 f の一次近似 dz は，

$$dz = \frac{\partial f}{\partial x} \cdot \Delta x + \frac{\partial f}{\partial x} \cdot \Delta y \tag{82}$$

です。(81)式から(82)式を辺々引いて絶対値をとると，偏微分の定義(79)，(80)式より，

301

第 **10** 章　数学の基本を学ぼう

$$|\Delta z - dz|$$

$$= \left\| \left[\frac{f(x+\Delta x, y+\Delta y) - f(x, y+\Delta y)}{\Delta x} - \frac{\partial f}{\partial x} \right] \cdot \Delta x + \left[\frac{f(x, y+\Delta y) - f(x, y+\Delta y)}{\Delta y} - \frac{\partial f}{\partial y} \right] \cdot \Delta y \right\|$$

$$\leq \left| \frac{f(x+\Delta x, y+\Delta y) - f(x, y+\Delta y)}{\Delta x} - \frac{\partial f}{\partial x} \right| \cdot |\Delta x| + \left| \frac{f(x, y+\Delta y) - f(x, y+\Delta y)}{\Delta y} - \frac{\partial f}{\partial y} \right| \cdot |\Delta y|$$

$$< \varepsilon \big[|\Delta x| + |\Delta y| \big] \tag{83}$$

となります．したがって，一次近似の誤差はいくらでも小さくできます．

　しかし，次のような疑問が生じても不思議ではありません．$\varepsilon \to 0$ のとき，同時に $\Delta z, dz \to 0$ なのだから，この近似には意味がないのではないかという疑問です．この疑問に答えておきましょう．$\varepsilon \cdot |\Delta x|$ は $\varepsilon \to 0$ で，

$$\frac{\varepsilon \cdot |\Delta x|}{|\Delta x|} = \varepsilon \to 0 \tag{84}$$

ですので，$|\Delta x|$ よりも早く 0 へ収束します．ですから，ε が十分小さくかつ近似の区間 $|\Delta x|$ も十分狭いときには，この近似には意味があるのです．なお先に第 7 章で述べたよう，dx, dy は近似の区間を表すとみることができますから，これを $\Delta x, \Delta y$ と置き換えることができます．したがって，

$$dz = \frac{\partial f}{\partial x} dx + \frac{\partial f}{\partial x} dy \tag{85}$$

は，点 (x, y, z) において独立変数 x, y がごくわずか変化したときに，従属変数 z の値がどれほど変化するかを表していることになります．

　公式 (85) を用いると，第 7 章で論じた一次同次関数におけるオイラーの定理を証明できます．すなわち，関数 f が一次同次関数であるということは，任意の正の数 λ について

$$\lambda \cdot f(x, y) = f(\lambda x, \lambda y) \tag{86}$$

が成立することです．ここで x, y を定数とみなして (86) 式を λ の関数であると考えます．すると公式 (85) から，

$$d\big[\lambda \cdot f(x, y) \big] = \frac{\partial f}{\partial x} \cdot d[\lambda x] + \frac{\partial f}{\partial y} \cdot d[\lambda y] \tag{87}$$

302

となります．ここで $x, y, f(x,y)$ は定数ですから，d の前にくくりだせて，(87) 式は確かに，

$$f(x,y)d\lambda = \frac{\partial f}{\partial x} \cdot x d\lambda + \frac{\partial f}{\partial y} \cdot y d\lambda \quad \Rightarrow \quad f(x,y) = \frac{\partial f}{\partial x} \cdot x + \frac{\partial f}{\partial y} \cdot y \qquad (88)$$

となります．

要点の確認

本章では簡単なことあるいは既知のことに帰着させて，複雑な現象を理解しようという学問の基本を，基本的な数学を通じて学びました．こういった知的な姿勢は，数学に限ったことではありません．物理学もそうですし，いわんや実験をできない経済学においておやです．

しかし最近の経済学では，効用関数や生産関数に特殊な関数をあてはめコンピューターで強引に計算させて，「論文」と称している研究が数えきれないほどあります．物理学・化学ではこれが許されます．理論と実験によってそうした関数形の特定やそこに含まれるパラメータの値を定めることができるからです．しかし経済学ではとうていそんなことができないことは，みなさんの常識からも明らかでしょう．自然科学と社会科学の違いはまさにそこにあるのです．

文献ガイド

高木貞治（1961）『解析概論：改訂第三版』岩波書店
   ▷著者は本書を「講義式」と述べていますが，こんな難しい講義が昔はなされていたのです．まったくの驚きです．大部なのですべてを読む必要は差し当たりありませんが，第一章「基本的な概念」と第二章「微分法」は，今後のことを考えると必読です．行間に込められた含意を読み取るのが大変な書物ではあります．「親切な」教科書はあまたありますが，こういう格調の高い本と格闘してこその青春とは思いませんか．

高瀬正仁（2014）『高木貞治とその時代：西欧近代の数学と日本』東京大学出版会
   ▷日本が誇る数学界の金字塔高木貞治先生の生涯とその時代背景を描いた感動の書物．明治の勃興期における高木先生自身の学問の道だけでなく，それを包み込んでいる明治日本の文化の香り高い環境，積極進取の気風には息を呑まずにはいられないはずです．文明の「進歩」とは何かを深く考えさせてくれます．

米沢富美子（1986）『ブラウン運動』物理学 One Point − 27，共立出版
   ▷高校の物理学の基礎知識では少し難しいですが，実に面白い本です．生き生きとした筆致に，みなさんは学問をすること自身の喜びを見出すでしょう．一見複雑に見

第 10 章　数学の基本を学ぼう

えるブラウン運動を既知の理論へ帰着させて考えるという学問の王道ともいうべき
アインシュタインの発想は，理論の美しさを実感させてくれます．また第 5 章の
「ペランの実験」は，自然科学における実験の精密さと社会科学における実証分析
の乱暴さを知るうえで，大変貴重な記述となっています．

用語解説

一般均衡分析（general equilibrium analysis）

1つの市場は他の市場と連関して動いています．こうした経済全体の動きをまとめて分析する手法を，「一般均衡分析」と呼びます．これに対して，他市場との連関を無視してある個別の市場の動きだけを分析する手法を「部分均衡分析」（partial equilibrium analysis）と呼んでいます．

M_2

M_2は，現金通貨と国内銀行等に預けられた預金を合計したもの．対象金融機関は日本銀行，ゆうちょ銀行以外の国内銀行，外国銀行在日支店，信金中央金庫，信用金庫，農林中央金庫，商工組合中央金庫です．なおM_1はより狭い貨幣の定義で，現金通貨に要求払預金を加えたものから金融機関保有の手形・小切手を差し引いたものです．M_2とは異なり対象金融機関が全預金取扱機関になっていることに注意を要します．

外部性（externality）

負の外部性が存在するとき，その財の供給は，必ず過剰になります．負の外部性すなわち他人に与える迷惑に対して，何ら対価を支払う必要がないからです（経済理論では，他人の痛みは価格を通じてしか感じられないと仮定していることに注意してください）．このことを言い換えれば，希少性があるにもかかわらず，価格0で取引されている財やサービスのことを，外部性を持つと表現することもできます．こう考えると，正の外部性とはタダで他の個人や企業に経済的利益を与えている現象を指すことになります．この場合はこうした正の外部性をもたらしている経済主体の社会貢献は過小にしか評価されませんから，ほっておけば供給も過小になります．

完全競争（perfect competition）

完全競争とは，市場で決まる価格・時給のもとで，望むだけの供給・雇用を選ぶことができる状態を指します．

機会費用（opportunity cost）

機会費用とはある選択をすることで失われる利益のことを指します．第4章81ページの例に従えば，大学で学ぶということは働くということを諦めることを意味します．したがって，働くことによって得られる利益すなわち賃金が，ここでの機会費用となります．

用語解説

幾何平均 (geometric mean)

あるデータの列（たとえばテストの点数）$\{x_1, x_2, \cdots, x_n\}$ が与えられたとき，小学校で習う平均，つまり $\dfrac{x_1 + x_2, + \cdots + x_n}{n}$ のことを，算術平均（Arithmetic Mean）と呼びます．これに対して幾何平均（Geometric Mean）は $\sqrt[n]{x_1 \cdot x_2 \cdots x_n} \equiv [x_1]^{\frac{1}{n}} \cdot [x_2]^{\frac{1}{n}} \cdots [x_n]^{\frac{1}{n}}$ として定義されます（この記号の意味がわからない人は第 10 章の 10.2.6.3 を参照してください）．どちらも，あるデータの値が大きくなると，平均が高くなることでは共通です．つまり平均とは読んで字のごとく，数字を均して全体の動向をみるという動作のわけですが，データ（数字）の均し方にはいろいろあるのです．

期待値 (expectation/mean)

2 つの状態が起こりうる確率変数を x として，状態 A でのその値を x_A，状態 B でのその値を x_B とすると，x の期待値 μ（ミュー）は

$$\mu \equiv p \times x_B + [1 - p] \times x_A$$

として定義されます．ここで p は状態 B が起きる確率を表しています．つまり確率変数 x のとりうる平均的な値を，確信の強さを表す確率でウェイトを付けて計算したものが，期待値なのです．期待値は起こりうる状態がどんなにたくさんあっても同じ考え方で計算されます．

逆数 (inverse)

ある数 a の逆数 x は，お互いをかけ合わせると 1 になる数として定義されます．つまり a と x の間には，$a \times x = 1$ という関係が成立します．したがって a の逆数 x は，$x = \dfrac{1}{a}$ となります．たとえば $a = 2$ としてみましょう．すると 2 の逆数は $\dfrac{1}{2}$ であることがわかります．言い換えれば，もとの数を表す割り算の，分母と分子を入れ替えたものが，その数の逆数なのです．

狂乱物価

狂乱物価とは田中角栄内閣の「日本列島改造論」の名のもとでの拡張的な財政・金融政策で需給がひっ迫していたところに，1973 年の第 1 次石油危機のために日本で財・サービスを生産できなくなるという不安がもとで起きたパニックのことです．消費者物価水準は 1973 年で 12 パーセント，74 年で 23 パーセント上昇しました．

限界消費性向 (marginal propensity to consume)

限界消費性向とは，所得が追加的に 1 単位増加したときに，それに対応して消費がどれだけ増えるかを表したものです．一般に 0 と 1 の間の値をとります．第 6 章の 6.1 節ではこの値が $\dfrac{1}{2}$ をとります．

厚生経済学の第一基本定理 (The First Fundamental Theorem of Welfare Economics)

ワルラス均衡が存在すれば，それはどんなものでもパレート効率的であることを主張する

定理です．この逆，どんなパレート効率的な資源配分もワルラス均衡足りうるという主張するのが厚生経済学の第二基本定理です．この定理の証明には，若干の追加的仮定が必要になります．

公的援助

　公的援助とは，バブルで生じた不良債権をさまざまな形で切り捨てて帳簿上無価値のものとするために（専門的には償却すると言います），国（主として預金保険機構）が金融機関へ資金を融通する制度を言います．鎌倉治子氏（「金融システム安定化のための公的資金注入の経緯と現状」，『調査と情報』2005年3月，国会図書館）によれば，平成17年度（2005年度）予算案においてそのために用意された政府保証枠は約58兆円であり，そのうち預金保険機構を通じて実際に投入された金額は40兆円を大きく超えています．

護送船団方式

　護送船団方式とは戦争に由来する言葉です．戦地に必要物資を運ぶ貨物船・タンカーなどからなる船団を，駆逐艦や軽空母で護衛したことから，この名があります．これらの貨物船・タンカーは船足などが異なるものが多く，危険を承知でもっとも性能の劣るものに合わせて護送せざるをえませんでした．転じてもっとも経営効率の劣る金融機関がやっていけるように保護行政を敷くことを「護送船団方式」と呼ぶようになったのです．

コールレート（call rate）

　コールレートとは銀行間の貸し借りをする市場で付く金利のことです．資金に余裕のある銀行は少しでも金利を稼ごうと，コール市場を通じてお金を貸そうとします．一方借り手がたくさんいて資金が不足している銀行は，コール市場からお金を借りて，それを調達しようとします．1980年代のコールレートは事実上の日銀の政策変数で，これが目標の値をとるように，オープンマーケットオペレーションや銀行の日銀に持っている準備預金（日銀当座預金：略して日銀当預）の量を操作していました．資金はリスクが同じならば，より利子が高い資産に一方的に流れてしまいますから，コールと同じく貸し倒れの心配がほとんどない満期の短い国債もコールレートとはほぼ同じ金利が付きます．コール・短期国債どちらにも需要が偏っては，需給が均衡しないからです．したがってコールレートのコントロールを通じて，短期国債の金利も遠隔操作できるのです．

　ところでその昔，電話はもっとも効率的で迅速な情報伝達手段でした．その電話を用いて忙しく短期の資金繰りである銀行間の貸し借りをしたことから，コール（call）市場の名が付きました．

システミックリスク（systemic risk）

　システミックリスクとは，銀行に代表される金融機関が，連鎖倒産を起こして，支払い決済機能に多大な支障をきたすリスクを指します．複雑な金融取引が日常となっている現在，潜在的ですが大変深刻なリスクです．

用語解説

社会的割引因子（social discount factor）

　社会的割引因子とは，現在から将来にわたる最適な消費・資産蓄積計画を立てる際に，現在の消費から得られる効用を1としたときに，同量の消費から得られる将来の効用が何単位に相当するかを表したものです．たとえば社会的割引因子が年当たり0.95だとすると，将来の効用を5パーセントだけ軽く見ていることになります．したがって社会的割引因子が1であることは，現在も将来も同じ重要度で，経済全体の消費・資産蓄積計画を立てることを意味しています．

大数の法則（law of large numbers）

　この本での「大数の法則」とは，投機家の数が膨大な数となると，投機に成功あるいは失敗する確率（一種の確信の度合）$\frac{1}{2}$と，実際に成功・失敗する人の割合（頻度）が等しくなることを意味しています．これはサイコロを繰り返したくさん投げたときそれぞれの目がほぼ6回に1回出ることと同じ原理です．

特金とファントラ

　特金とは「特定金銭信託」の略称です．信託銀行が企業の資金運用を引き受けて手数料を得る代わりに，企業が運用益を受け取る仕組みになっています．企業が資金運用に直接指示を出せることなどがあります．しかし「バブル期」には信託銀行と委託者である企業の契約が不明確だったり，その不明確さを利用して「損失補填」がなされたりして，大きな社会経済問題となりました．ファントラとは「ファンドトラスト」の略で，正式には「指定金外信託」と呼ばれます．委託を受けた信託銀行が，運用対象の範囲は指定を受けるが，その中では運用先を自由に選べることに特徴があります．なお「特金」とは異なり，信託によって生じた収益は換金せずに，委託者に運用された資産そのものの形で（たとえばある会社の株で信託を運用していれば，その会社の株の信託終了時の状態で）還元される約束となっています．

複利計算（compound rate）

　複利計算と単利計算の関係について，より簡単な例で整理しておきましょう．2年後に金利iの複利で1万円返す契約を考えます．すると借金の額は1年後には$1+i$万円になります．複利ではこれを元本として2年目の返済額を決めますから，2年後には，

$$[1+i] \times [1+i] = [1+i]^2 = 1 + 2i + i^2$$

だけ返さねばならないことがわかります．上の式の第1項1が元本で，第2項$2i$が元本に付く利子です．そして最後の第3項i^2が，利子に利子が付くことを表しています．単利計算はこの項を無視して元本と元本そのものに付く利子だけを考えて計算する方法です．

分散（variance）

　2つの状態が起こりうる確率変数をxとして，状態Aでのその値をx_A，状態Bでのその

値を x_B とすると，x の分散 σ^2 （シグマ二乗）は

$$\sigma^2 \equiv p \times [x_B - \mu]^2 + [1-p] \times [x_A - \mu]^2 \qquad\qquad \text{(i)}$$

として定義されます．ここで p は状態 B が起きる確率を表しています．また μ は確率変数の期待値（平均）です．つまり分散とは平均の周りでの確率変数 x の実現値の「ばらつき」具合を表した指標で，リスクの１つの指標となります．なおそれぞれの項は，平均からの「ずれ」を二乗しているので，平均以下の値も「ずれ」として評価されることに注意してください．

　また，起こりうる状態が２つの場合には，$x_A > \mu$ とすると必ず $\mu < x_B$ であることに注意してください．この注意書きのもとで，期待値 μ を一定に保ちながら，状態 A での確率変数 x の値を Δx_A だけ減らすと，

$$p \times [x_B + \Delta x_B] + [1-p][x_A - \Delta x_A] = \mu \quad \Leftrightarrow \quad \Delta x_B = \frac{1-p}{p} \Delta x_A > 0 \qquad \text{(ii)}$$

であることが確認できます．ところで(i)の右辺第２項のかっこの中は正の値をとりますから，状態 A のもとでの消費 Δx_A だけを減らすと，その値（絶対値）が小さくなります．一方右辺第１項のかっこの中は負の値をとりますから，(ii)よりこのような消費計画の変換によって，その絶対値は同じく小さくなります．したがって分散 σ^2 は減少します．これが図4-7で E_0 から同じ無差別曲線に沿って E へ向かって，消費を調整する動作に対応していることを確認しておいてください．

マネタリズム（monetarism）

　マネタリズムとは，物価水準が貨幣供給量に正比例するという貨幣数量説を信奉する学派を指します．この考え方によれば，経済社会に流通する貨幣を増加させても，単に物価を押し上げるだけで実質GDPや雇用などの経済の実体面には何の影響も及ばないことになります．

無差別曲線（indifference curve）

　同じ効用水準，すなわち，個人にとって同じ望ましさにある消費の組み合わせを描いたグラフを無差別曲線と呼びます．

モラルハザード（moral hazard）

　モラルハザードとは保険の用語で，保険に加入することで，その人の行動が変化してしまうことを指します．たとえば自動車の損害保険に加入すると，事故発生時の損害が局限されるために，運転が雑になったりすることは，その典型です．

　hazard とは，

"a chance of being injured or harmed; a possible source of danger"

（American Heritage College Dictionary 3rd edition）

「けがをしたり傷つけられたりする可能性：危険が発生しうる源」

用語解説

のことであり，moral hazard は新聞等の乱暴な訳語とは異なり，本来「自己規律喪失の危険」とでも解し訳すべきものです．

有効需要（effective demand）

第5章の議論を参照すると，貨幣経済では経済全体で足し合わせた財・サービスの需要である総需要が，経済全体での財の供給である総供給を創り出すことになります．ケインズはその著『雇用・利子および貨幣の一般理論』のなかで，総需要を総供給と等しくさせる，総需要の水準を有効需要と呼びました．つまりひとつの経済で総供給が総需要について来られる総需要量こそが意味があると，ケインズは考えたわけです．

余剰（surplus）

余剰とは，一般にある取引をすることによってどれだけ得をしたかを表す概念です．一般に金額すなわちお金の単位で測られます．この本では直接触れませんでしたが，ある財・サービスを購入することで個人がどれだけ得をするかを消費者余剰と呼び，その財・サービスを生産することでどれだけ企業が得をするかを生産者余剰と呼びます．

ワルラス均衡（Walrasian equilibrium）

すべての個人や企業が，価格や時給が自分の行動とは無関係に，市場で決定されるとして消費・生産を計画・実行するという前提のもとで，需給がバランスした状態をワルラス均衡と呼びます．言い換えれば，ワルラス均衡とは，完全競争を前提に経済全体の需給がバランスする状態なのです．

ワルラス法則（Warlas' law）

ワルラス法則は，財やサービスの種類がたくさんあっても成立します．その数（市場の数）を n とするならば，それより1つ少ない $n-1$ 個の市場を分析することで，経済の様子をすべて調べつくせるのです．

310

索　引

アルファベット

ESS　→　進化論的に安定（的）な集合

あ 行

アカロフのレモン　79, 80, 84, 99
アダム・スミス　7, 8, 20, 24, 49, 51
アパシー　166, 198
アーレント　20, 179, 198
安定　13-16, 46, 105, 109, 112, 113, 117, 150,
　151, 154, 155, 160, 161, 169, 174, 176, 185,
　191-193, 195, 199-201, 207, 212, 216, 240, 245,
　259, 261
アンビヴァレンス　180
生き方（diversity）　166, 177, 180, 181, 183-
　185
一次同次関数　152, 302
依頼人　98
インフレ（ーション）　2, 12, 14, 15, 20, 103,
　108, 109, 111, 113, 119, 122, 136-138, 140, 150,
　237, 238, 251, 253, 254, 256, 257
インフレ税　109, 122
インフレ率　119, 120, 137, 237
ヴェーバー　202
ヴェブレン　166, 167
宇沢弘文　195
後ろ向きの帰納法　62
エトス　180-185, 189, 190, 192, 193, 198, 202
オイラーの定理　152, 302

か 行

外部性　56, 57, 66
確率　70, 83-87, 89, 95, 99, 100, 170, 181, 192,
　224, 257, 258, 259, 309

価値尺度　105, 107
価値判断　47, 49, 53
価値保蔵手段　105, 107, 118
貨幣経済　2-4, 6, 12-15, 19, 24, 43, 45, 103-
　105, 109-113, 119-121, 123, 125-127, 131-133,
　141, 144, 238, 241, 244, 245
貨幣経済の基本方程式　113, 119, 122, 123,
　125, 126, 133, 137, 139
貨幣的成長理論　144
貨幣の価値　4, 5, 14, 15, 20, 109, 112, 120,
　123, 130, 131
（神の）見えざる手　7, 8, 24, 47, 49-52, 54
間接効用関数　116, 117, 123
完全競争　35, 36, 153
完全分配の定理　152
機会費用　81
幾何平均　117
企業統治　18
期待値　89, 90, 93-95, 99, 186, 187, 196, 224,
　226, 257
供給関数　31, 33, 37, 38, 40-42, 267
協調の失敗　64, 66, 239, 240, 244, 253
均衡　60
銀行取付　64-66
景気循環　2
経済人　166-170, 172-177, 180-199, 201, 202
経済成長理論　12, 15, 16, 143-145, 160, 161
契約理論　10-13, 72, 75, 83, 95, 98, 100
ケインズ　6, 20, 24, 45, 48, 105, 106, 109, 124,
　131, 139-141, 145, 146, 156, 158, 161, 178, 202,
　236, 237, 245-247, 251
ゲーム理論　6, 9, 11, 55-57, 61, 65, 66, 68, 72,
　73, 75, 95, 98, 100, 240
限界消費性向　129, 226
限界貯蓄性向　147, 150, 155
限定合理性　16, 17, 165-167, 198, 201, 202

311

索　引

厚生経済学　*47, 52, 140, 195*
厚生経済学の第一基本定理　*49, 52, 54, 56*
合成の誤謬　*243*
効用　*24-31, 34, 50, 51, 53, 54, 56, 69, 88-91,*
　96-98, 113, 114, 116-118, 123, 133, 136, 157,
　161, 166, 168, 170-172, 174-176, 196
効用関数　*25, 27, 29, 113, 114, 116, 129, 157,*
　165, 166, 170, 255, 303
功利主義（utilitarianism）　*24-26, 47, 48, 194*
根元事象　*85-87, 99*

さ　行

最適成長理論　*16, 143, 144, 156, 161*
自己組織力　*17, 177-179, 182, 183, 185, 189,*
　190, 192, 193, 198, 202
市場　*2, 6-11, 16, 20, 23, 35, 39-45, 47-49,*
　51-57, 72, 79-81, 84, 93, 99, 100, 105, 125,
　130-132, 140, 146, 147, 149-151, 153, 160, 206,
　209, 212, 216, 219, 221, 232, 235, 237, 239-247,
　250, 253, 262
市場均衡　*39-41, 267*
市場の失敗　*8, 9, 11, 55, 56*
シ団引き受け　*112*
失業　*2, 5, 12-14, 115, 117-119, 125, 130-136,*
　139, 140, 146, 209, 210, 237, 238, 244
実質貨幣残高　*122, 128, 255, 256*
支配戦略　*59, 60, 65*
自発的秩序　*178, 179*
至福　*157, 160*
資本係数　*146, 150*
下村治　*145*
社会的契約　*3, 12, 13, 15, 19*
社会的割引因子　*158, 308*
囚人のディレンマ　*66, 67, 69*
シュタッケルベルグ均衡　*9, 11, 12, 72, 98*
需要関数　*30, 31, 36-41, 43, 53, 267*
乗数　*129, 130, 134, 140, 145, 160, 161, 217,*
　226, 232, 242
状態　*10, 11, 77*
職人　*17, 79, 167-177, 180-199, 201*
職人気質　*166, 167, 169, 180, 181, 183, 197*
所得効果　*32, 33*

所有権　*8*
進化論的ゲーム　*17, 68, 73, 165, 168, 175,*
　176, 181, 199, 201, 202
進化論的に安定（的）な集合（Evolutionary
　Stable Set：ESS）　*68-71, 73, 168-170, 173-*
　177, 182, 185, 189, 191, 192, 201
新自由主義　*24, 236, 237, 239, 241, 245-247,*
　251, 253
信頼　*3, 5, 9, 10, 12-14, 109, 111-113, 117, 119,*
　126, 131, 135, 137, 138, 198, 214, 234, 252-254
生産関数　*35, 36, 53, 146, 147, 151-153, 303*
セイ法則　*126, 127*
世代重複モデル　*109, 110, 123, 238*
絶対価格　*33, 34, 44, 45, 105*
戦略変数　*57, 60, 61, 65, 66, 72*
相対価格　*31, 33, 34, 41-45, 105, 161, 255*
相対取引　*57*
ソロー・スワン理論　*15, 16, 143, 146, 151,*
　155, 156, 158, 161

た　行

大数の法則　*94, 95, 97, 99, 225, 226*
代替効果　*32, 33*
代理人　*98*
抱き合わせ　*11, 76-78, 80-84, 87, 89, 98*
地球温暖化問題　*144, 158*
逐次手番　*61, 62, 64, 72*
定常状態　*153, 155, 156, 195*
ディスインフレ（ーション）　*137, 138, 140,*
　252-254
同時手番　*61-64*
ドマー　*145, 149, 160*
トリガー戦略　*67, 68*
取引決済手段　*105, 107*
トレヴェリヤン　*202*

な　行

内部留保　*38, 39, 210, 243*
ナッシュ均衡　*9, 11, 60-69, 71-73, 98, 169*
日本銀行法　*113*

312

索　引

は 行

ハイエク　79, 178, 179
パレート効率性　47-49, 134, 135
ハロッド　145, 148-151, 160, 161, 300
ハロッド・ドマー（の成長）理論　15, 16, 143, 145, 146, 150, 151, 160
非自発的失業　48, 103, 125, 132-136, 139, 140
非対称情報　78-80, 82
微分法　19, 154, 271-278, 282-291, 300, 303
微分方程式　146, 148, 149, 297-299
不安定性原理　150, 161, 300
フォーク定理　10, 66, 68, 73
不確実性（uncertainty）　10, 72, 76-82
不完全情報　78
不動点　190-192, 195, 200, 201
負の外部性　56
部分ゲームの完全性　62-64, 72
プレーヤー　11, 57, 60, 61, 65, 66, 71-73, 169, 175, 176
分散　90, 257
保険契約　93, 95-98, 100
保証成長率　147-150

ま 行

摩擦的 ESS　185-189, 192, 193, 197
ミル　194, 195, 237
無限繰り返しゲーム　68, 73
無差別曲線　89-93, 96, 97, 114, 161
メリトクラシー　198, 199
モラルハザード　81-83, 97-100, 224, 260

や 行

有効需要　14, 119, 126, 128, 131, 133, 134, 139, 140, 145, 147, 151, 160
予算制約　26, 27, 29-31, 42, 50, 53, 113, 115, 120, 121, 128, 131, 157, 158, 160, 166, 173-175
余剰　47, 125, 132, 134, 221, 232
欲求の二重付合の困難　3, 104, 105, 109, 110

ら 行

ラムジー　16, 143, 156-158
利潤　10, 17, 18, 35-39, 42, 43, 45, 50-53, 94-96, 98, 115, 118, 128, 133, 136, 139, 152, 153, 166, 168, 169, 171, 172, 174-176, 201, 209, 210, 244, 246
リスク　10, 11, 88-97, 99, 210, 225, 232
リスク回避的　92, 99
リスク中立的　91, 92, 99
リスクの価格　91, 92
リースマン　166, 167, 198
立証不能　81-83
利得行列　57-61, 65, 66, 69, 71, 175, 176, 186, 188
流通業者　45, 46, 53
労働生産性　136, 137, 140, 253, 254

わ 行

ワルラス均衡　51, 52
ワルラス法則　41, 44, 131, 132

313

著者略歴
1957 年生まれ
1990 年　東京大学大学院経済学研究科博士課程修了（経済学博士）
現　在　東京大学社会科学研究所教授
専　攻　理論経済学
主要著書
『景気循環の理論：現代日本経済の構造』（東京大学出版会，1994 年）
『動学的一般均衡のマクロ経済学：有効需要と貨幣の理論』（東京大学出版会，2005 年）
『貨幣・雇用理論の基礎』（勁草書房，2011 年）
『国際金融・経済成長理論の基礎』（勁草書房，2013 年）

アカデミックナビ
経済学

2018 年 3 月 20 日　第 1 版第 1 刷発行

著　者　大 $\underset{\text{おお}}{}$ 瀧 $\underset{\text{たき}}{}$ 雅 $\underset{\text{まさ}}{}$ 之 $\underset{\text{ゆき}}{}$

発行者　井　村　寿　人

発行所　株式会社　勁 $\underset{\text{けい}}{}$ 草 $\underset{\text{そう}}{}$ 書　房

112-0005 東京都文京区水道2-1-1　振替　00150-2-175253
（編集）電話 03-3815-5277／FAX 03-3814-6968
（営業）電話 03-3814-6861／FAX 03-3814-6854
本文組版 プログレス・日本フィニッシュ・中永製本

©OTAKI Masayuki　2018

ISBN978-4-326-50445-9　Printed in Japan

JCOPY ＜(社)出版者著作権管理機構 委託出版物＞
本書の無断複写は著作権法上での例外を除き禁じられています。
複写される場合は、そのつど事前に、(社)出版者著作権管理機構
（電話 03-3513-6969，FAX 03-3513-6979，e-mail: info@jcopy.or.jp）
の許諾を得てください。

＊落丁本・乱丁本はお取替いたします。
　　　　　　　http://www.keisoshobo.co.jp

テキスト・シリーズ　アカデミックナビ

　アカデミックナビは，新しい世紀に必要とされる教養を身につけるために企画した，勁草書房の新しいテキスト・シリーズです。本シリーズが目指すのは，専門化が進み細分化された学問分野をあらためて体系化し，初学者にわかりやすく伝える現代のスタンダード・テキストです。そのため，これまでに勁草書房が刊行してきた人文科学各分野から特に重要なものを選び，それぞれの分野の第一人者が必要なポイントを懇切丁寧に解説し，用語解説やＱ＆Ａなどで当該分野の全体像をイメージできるように工夫します。本シリーズは，初学者がアカデミズムの世界を航海する際の最適な指針となることを目指します。

●内容のコンセプト

わかりやすく
初学者にもわかりやすく，共通教育課程（1~2年）のテキストとして最適なレヴェル。

バランスよく
特定の立場に偏らず，その分野全体に広く目を配り，汎用性が高く標準的。

ポイントをしぼって
特に重要な点のみを丁寧に説明しつつ，その分野の全体像を伝える。

体系的に
各章が整合的に構成されており，最初から最後までスムースに読み進められる。

●既刊
子安増生編著『心理学』A5判 2700円　25115-5

●今後の刊行予定ラインナップ
『政治学』，『統計学』，『教育学』，『社会学』，etc.

───────────────────────────── 勁草書房